2018 年度广西地方法治与地方治理研究中心重点项目
"科学立法研究"（项目编号 GXDFFZ2018006）
最终研究成果

向忠诚◎著

科学立法研究

K
E XUE LIFA YANJIU

中国政法大学出版社

2021·北京

图书在版编目（CIP）数据

科学立法研究/向忠诚著. —北京：中国政法大学出版社，2021.7
ISBN 978-7-5764-0080-9

Ⅰ.①科… Ⅱ.①向… Ⅲ.①立法－研究－中国 Ⅳ.①D920.0

中国版本图书馆 CIP 数据核字（2021）第 178416 号

出 版 者	中国政法大学出版社
地　　址	北京市海淀区西土城路 25 号
邮寄地址	北京 100088 信箱 8034 分箱　邮编 100088
网　　址	http://www.cuplpress.com（网络实名：中国政法大学出版社)
电　　话	010-58908586(编辑部) 58908334(邮购部)
编辑邮箱	zhengfadch@126.com
承　　印	固安华明印业有限公司
开　　本	880mm×1230mm　1/32
印　　张	8.5
字　　数	210 千字
版　　次	2021 年 7 月第 1 版
印　　次	2021 年 7 月第 1 次印刷
定　　价	56.00 元

前 言
PREFACE

　　尊重和体现客观规律是科学立法的核心所在。科学立法这一提法有鲜明的中国特色。外国由于与我国在立法制度上差异明显，一般不使用科学立法这一用语，大多是从立法方法或者技术的角度来探讨立法的科学性问题。

　　在中国知网检索可以得知，关于科学立法的文献在 1984 年就已经出现，但当时所称的科学立法是指科学技术方面的立法。到 2000 年，学者们开始从立法科学性的含义上来使用科学立法的概念。2000 年至 2006 年，学术期刊和报纸主要是对科学立法进行宣传和报道，2007 年才有专门探讨科学立法问题的学术论文。从学术界的研究动态来看，学者们主要探讨了科学立法的内涵、科学立法的源流、科学立法的标准、科学立法的动因、科学立法的层次结构、科学立法的逻辑、科学立法的技术、科学立法的实现途径等问题。随着科学立法的观念越来越深入人心，学术界对科学立法研究的广度和深度有了跨越式的发展，研究的内容不断扩宽，研究的质量稳步提升，呈现出从一般意义上的研究逐渐向探讨其法理基础、价值效益和选择的方向深入以及从注重理论向理论研究与具体的实践相结合的发展趋势。但是，由于对这一问题的研究起步较晚，研究的内容还不系统，研究的脉络还不太清晰，研究的力量较为分散，对科学立法进行研究的学术著作几乎没有，高质量的学术论文也不多见，可见，对科学立法的问题进行研究还存在较大的空间。

2003 年，党的十六届三中全会通过了《中共中央关于完善社会主义市场经济体制若干问题的决定》。该决定所确立的科学发展观，推动了科学立法命题的提出。2006 年 3 月，在全国人民代表大会制定的《国民经济和社会发展第十一个五年规划纲要》中，科学立法的命题被正式提出。党的十六届六中全会以及十七大和十八大都提出了要坚持科学立法。2017 年党的十九大报告提出要推进科学立法。2018 年 8 月 24 日，中共中央全面依法治国委员会第一次会议强调，要坚持全面推进科学立法。2019 年 2 月 25 日，中共中央全面依法治国委员会第二次会议要求，要深入推进科学立法。2019 年 10 月 31 日，《中共中央关于坚持和完善中国特色社会主义制度 推进国家治理体系和治理能力现代化若干重大问题的决定》提出，要全面推进科学立法，要坚持科学立法。

对科学立法进行研究，具有重大的学术价值和应用价值。研究科学立法的学术价值主要在于，有利于推进立法学的研究。在法学中，立法学是一门新兴的学科，在自然法学和实证分析法学等传统法学理论中，有关立法问题的讨论没有受到应有的重视。立法学产生以后所探讨的问题，主要是立法原理、立法技术、立法过程、立法制度等。对于科学立法，立法学只是将其作为立法的基本理念、基本原则或者立法技术，并没有将尊重和体现客观规律这一科学立法的核心视为立法的价值判断从整体上加以系统地研究。本书对科学立法的研究，有利于提升科学立法在立法学理论中的地位，从而促进立法学理论体系的完善。

研究科学立法的应用价值主要在于两个方面：一是有利于

将科学立法推向深入。对科学立法如何理解，学者们在认识上存在分歧，实践中仍处于摸着石头过河的阶段，甚至还存在俗化科学立法的情形。这种状况，有理论准备和制度供给不足等方面的原因，对立法科学化水平的进一步提高产生了不利影响，与社会实践对立法的需要存在很大的差距，不利于实现党中央提出的全面和深入推进科学立法的要求。本书不仅深化科学立法的理论研究，使其科学化和系统化，而且以科学立法的理论为指导，结合科学立法的实践，对科学立法的制度建设进行较为深入的探讨，无疑有助于将科学立法推向深入。二是有利于提升立法质量。近年来，我国的立法在公开化和制度化等方面的进步较为明显，但从总体上来看，我国的立法只是基本上达到了形式的合理性，还远未达到科学立法的要求。科学立法的实现，是社会治理秩序化和法治化的基础。科学立法在整个依法治国进程中具有重要的地位和意义。能否做到科学立法，关系到立法中权利与义务以及权力与责任的设置是否合理，关系到法治理想的实现与否。

　　本书分为十章：第一章为科学立法的概念；第二章为科学立法的源流和动因；第三章为科学立法与民主立法；第四章为科学立法与依法立法；第五章为科学立法与立法理念；第六章为科学立法与立法队伍建设；第七章为科学立法与立法体制；第八章为科学立法与立法程序；第九章为科学立法与立法技术和方法；第十章为科学立法与立法监督。

　　本书是广西地方法治与地方治理研究中心 2018 年度重点项目"科学立法研究"（项目编号 GXDFFZ2018006）的最终研究成果。在本课题的研究过程中，作者尽了很大的努力，但本书仍存在诸多不足，敬请读者批评指正。

目 录 CONTENTS

第一章　科学立法的概念 ……………………………………… 001

　一、学术界关于科学立法概念的探讨 ………………………… 001

　二、对科学立法概念的界定 …………………………………… 006

第二章　科学立法的源流和动因 ……………………………… 020

　一、科学立法的源流 …………………………………………… 020

　二、科学立法的动因 …………………………………………… 023

第三章　科学立法与民主立法 ………………………………… 031

　一、民主立法的基本理论 ……………………………………… 031

　二、科学立法与民主立法的关系 ……………………………… 037

　三、民主立法的现状、存在的主要问题及解决办法 ………… 040

第四章　科学立法与依法立法 ………………………………… 057

　一、依法立法的基本理论 ……………………………………… 057

　二、科学立法与依法立法的关系 ……………………………… 059

三、依法立法的实现 ··· 061

第五章　科学立法与立法理念 ································· 064

一、立法理念的意义 ··· 064

二、学术界对立法理念的探讨 ································· 065

三、立法理念的科学化 ··· 068

第六章　科学立法与立法队伍建设 ····················· 080

一、加强立法队伍建设是实现科学立法的重要条件 ········· 080

二、科学立法与立法者 ··· 081

三、科学立法与立法工作人员 ································· 088

四、科学立法与专家参与立法 ································· 090

第七章　科学立法与立法体制 ····························· 099

一、推进科学立法的关键是完善立法体制 ··············· 099

二、科学立法与职权立法体制 ································· 102

三、科学立法与授权立法体制 ································· 124

第八章　科学立法与立法程序 ····························· 137

一、科学的立法程序是科学立法的题中之义 ··········· 137

二、科学立法与立法规划 ·· 139

三、科学立法与立法起草 ·· 154

四、科学立法与立法审议和表决 ····························· 162

第九章　科学立法与立法技术和方法 ················· 174

一、科学立法的实现需要科学的立法技术和方法 ········· 174

二、科学立法与立法语言技术 ································· 177

三、科学立法与立法逻辑技术 ································· 184

四、科学立法与立法结构技术 ·············· 191

五、科学立法与立法调研 ·············· 203

六、科学立法与立法后评估 ·············· 207

七、科学立法与现代科学技术 ·············· 221

第十章　科学立法与立法监督 ·············· 224

一、加强立法监督是实现科学立法的需要 ·············· 224

二、完善立法监督制度促进科学立法的实现 ·············· 227

参考文献 ·············· 246

第一章 科学立法的概念

一、学术界关于科学立法概念的探讨

从学术界的研究动态来看，对科学立法概念的使用，最先是与科学法学相关联。有学者认为：科学法学的主要研究对象是科学立法的问题；科学法学是法学分支的新学科，以科学立法与司法为主要的研究对象；有关科学技术的立法是科学立法；科学立法是指科学法律，即有关科学领域的法律。[1]

学者们从立法科学性的视角对科学立法的概念进行表述，并非完全使用科学立法一词，有时使用与科学立法相近的立法的科学原则、立法的科学性、立法的科学性原则、立法的科学化原则、立法的科学化、科学立法的原则、科学的立法原则等概念。当然，学者们对科学立法概念的表述，更多的是直接表述科学立法的概念。例如，张文显教授认为："科学立法，就是把立法作为一项科学活动，尊重科学规律，运用科学思维，坚持科学精神。"[2]

---

〔1〕 于德胜："科学法学"，载《科学学与科学技术管理》1982 年第 6 期，第 23 页；翁其银："试论'科学法学'"，载《当代法学》1989 年第 1 期，第 15 页；黄湘："我国科学立法的宪法原则"，载《科学学与科学技术管理》1985 年第 4 期，第 24 页；陈先贵："科研体制改革必须科学立法"，载《科学学与科学技术管理》1984 年第 8 期，第 13 页。

〔2〕 张文显："民法典的中国故事和中国法理"，载《法制与社会发展（双月刊）》2020 年第 5 期，第 12 页。

学者们在表述科学立法的概念时，大多认为科学立法要符合客观规律。但是，对到底包括哪些客观规律，学者们的认识并不一致。有的认为是事物发展的客观规律；有的认为是经济与社会发展的客观规律或者经济、社会和自然的客观规律；有的认为是社会发展的规律和法律调整的自身规律；有的认为仅指自然规律；有的认为是法律所调整的社会关系的本质及其内在的规律；有的认为是事物发展的一般规律和社会发展的规律、法学和立法自身的发展规律以及立法对象的客观规律、立法的普遍性规律和中国特色立法的特殊规律；有的认为是指经济规律、自然规律、社会发展规律和立法活动规律；有的认为是人类作为自然部分的自然规律、社会发展的基本规律、特殊社会关系的具体规律、社会事件的因果规律和法律体系构成的规律；有的认为是法律调整的社会关系的客观规律、立法工作本身的规律和法律体系的内在规律；有的认为是经济社会发展规律、法律所调整的社会关系的客观规律和立法自身系统的规律或者法律体系的内在规律。

科学立法除了要符合客观规律外，对于在界定其概念时应当加入哪些元素，学者们的意见存在分歧。有的认为科学立法要求一切从实际出发；有的认为科学立法要求对法律调整的社会关系进行合理的利益分配并形成法律规范；有的认为科学立法是立法者有目的和有意识的自觉活动，是主观与客观的统一；有的认为科学立法要求运用符合法律规定的技术来制定严谨、规范和公正的规则，保障人民的基本权益；有的认为科学立法要求合理运用立法理念和技术，拟制法律内容，推进立法进程；有的认为科学立法要求通过法定的和合乎民意的程序，按照法律固有的职能，科学合理地选择调整对象，科学合理地对相关主体的权利义务进行分配，最终形成逻辑结构合理和语言表达规范的法律文件；有的认为科学立法要求遵循科学的知识和理论，正确认识事物存在和变化发展的状态和原因，使法律制度的供给与社会发展的需求处于一种相对均衡的状态。

在学术界，有的学者在界定科学立法的概念时并没有以符合客观规律为要件，而是从其他方面进行界定。例如，认为科学立法是以科学发展观为指导，在立法中树立以人为本的理念，从而使立法得到全面、协调和可持续发展；[1]科学立法是将科学运用于立法，要求科学地制定社会规则系统，使其符合科学的要求，科学立法具有规律性、客观性和系统性的特征；[2]科学立法作为立法的基本原则，包括立法技术的科学性、立法内容的科学性和立法观念的科学性；[3]科学立法是指制定的法律不能只对社会中某一阶层或社会团体的利益予以考虑或进行保护，而必须对社会中各个阶层和各种不同社会团体的利益均衡地进行考虑。[4]

有的学者基于对科学立法的概念难以表述的考虑，仅仅对科学立法的内涵进行分析，但视角并不相同。一是直接分析科学立法的内涵。有学者认为，除了有关立法方面的法律所规定的内容以外，科学立法的内涵，包括科学立法的基础是尊重并符合社会发展和经济发展规律以及自然规律，要科学地选择适宜用法律来调整的社会关系，必须有科学的立法程序和科学合理的立法体制，必须坚定正确的立法价值取向；[5]科学立法的

〔1〕　陈文琼：“论少数民族自治地方的科学立法”，载《经济与社会发展》2012年第6期，第78页。

〔2〕　张伟：“科学立法初探”，载《人大研究》2016年第10期，第35页。

〔3〕　邓世豹主编：《立法学：原理与技术》，中山大学出版社2016年版，第61～65页。

〔4〕　高旭军、张飞虎：“欧盟科学、民主立法保障机制研究：以法律起草为例”，载《德国研究》2017年第1期，第71页。

〔5〕　方军贵：“科学立法的内涵及实现路径初探”，载《安徽工业大学学报（社会科学版）》2013年第6期，第48页。

内涵，是指在立法过程中，应当以科学精神为指导，法律的制定过程对法律赖以存在的内外在条件应尽可能地予以满足，法律规范应与其规制的事项之间严格地保持最大限度的和谐；[1]科学立法的内涵，包括立法理念强调以人为本和科学地选择立法的调整对象，要有专门化的立法队伍，要有科学的立法程序和科学的立法体制；[2]科学立法的内涵，可以被理解为以科学的理性思考来指导立法工作，立法过程的价值判断应符合法律所调整事态的客观规律，要正确认识、判断和把握立法所调整的社会关系，使立法决策能够产生最好的社会效果，能公平和合理地发挥其最大的职能。[3]二是从科学立法标准的视角分析科学立法的内涵。有学者认为，法的一般性、法不溯及既往、法的公布、避免法律之间的矛盾、完备的立法程序、法律的可执行性以及法律的稳定性和成熟的立法技术为科学立法的判断标准；[4]应当以更加提高立法效益、更加体现特色和更加符合客观规律为科学立法的标准；[5]立法的科学性主要有立法的合法性、立法的合理性和立法的合逻辑性这三个方面的标准；[6]科学立法有认识论标准、策略论标准、公平正义标准、合理因素标准、程序标准、技术性标准、执行性标准、政治与专业标

〔1〕 黄瑶、庄瑞银："科学立法的源流、内涵与动因"，载《中山大学法律评论》2014年第4期，第124页。

〔2〕 王存河："科学立法的内涵"，载《西部法学评论》2014年第6期，第10~11页。

〔3〕 张津："依法治国背景下地方立法科学化与民主化研究"，载《漯河职业技术学院学报》2019年第1期，第42页。

〔4〕 高中、廖卓："立法原则体系的反思与重构"，载《北京行政学院学报》2017年第5期，第80~81页。

〔5〕 曹胜亮："论地方立法的科学化"，载《法学论坛》2009年第3期，第65页。

〔6〕 王珍："科学立法背景下思想政治教育内容的确立"，载《胜利油田党校学报》2015年第1期，第117~118页。

准等；[1]科学立法的判断标准为合宪性、合民族性、合民意性和可操作性；[2]科学立法的标准包括立法立项、立法方式方法、立法内容等方面的科学标准。[3]三是从科学立法要求的视角分析科学立法的内涵。有学者认为，科学立法的要求是，法律应当能够体现人民的共同意志和党的政策主张，要反映社会发展的客观规律，要符合我国的实际，要有可操作性；[4]科学立法的要求为，维护人民民主专政政权，以体现中国特色社会主义的发展道路，契合全面深化改革和全面建设小康社会的要求，以体现社会主义初级阶段的基本特征，统筹兼顾各地区经济、社会和文化的现实情况，以体现不同地区、不同民族和不同阶层的特点与利益，并且应当从实际出发，以解决实践中存在的问题为目标和出发点，增强立法的针对性、实效性和全民性，进行立法、守法和执法的成本社会效益分析。[5]四是对科学立法的内涵从综合的角度进行分析。有学者认为，科学立法包括立法要符合自然和经济规律、立法程序的民主性、立法调整对象的选择以及法律法规关于权力、权利、义务关系设定的合理性等方面；[6]科学立法的科学性包括立法程序和立法内容两个方面，其中立法程序的科学性包括公众参与、正义诉求和技术

〔1〕 刘松山："科学立法的八个标准"，载《中共杭州市委党校学报》2015年第5期，第80~89页。

〔2〕 汪全胜："科学立法的判断标准和体制机制"，载《江汉学术》2015年第4期，第6~7页。

〔3〕 张伟："科学立法初探"，载《人大研究》2016年第10期，第35~40页。

〔4〕 王志祥、戚进松："从危险驾驶入刑看立法的民主性与科学性"，载《山东警察学院学报》2012年第3期，第46页。

〔5〕 冯玉军："中国法律规范体系与立法效果评估"，载《中国社会科学》2017年第12期，第149页。

〔6〕 欧修权："试论科学立法的含义及其实现途径"，载《人大研究》2009年第1期，第37页。

理性，立法内容的科学性包括规律性、发展性、人民性、协调性和持续性；[1]科学立法包括立法指导思想和基本原则、立法权限配置、立项机制、起草机制、工作协调机制、审议修改机制、立法监督机制等方面的科学化；[2]科学立法应高度重视立法的合理性、立法的可操作性和立法的系统性；[3]科学方法、科学内容和科学理念为科学立法的三个维度。[4]

二、对科学立法概念的界定

从学术界关于科学立法概念的探讨可以看出，学者们作了很大的努力，但目前尚未有较为理想的研究成果。有学者认为，对科学立法，目前只能作概括性描述，对其下一个准确的定义为时尚早。[5]有学者还认为，由于无法科学地测量和重复试验立法调整的社会关系和调整行为，导致科学立法的概念不够科学。[6]

笔者认为，对概念的界定是研究问题的前提。科学立法由"科学"和"立法"两个词所构成，对科学立法的概念进行界定，需要界定"立法"和"科学"。

（一）对科学立法中"立法"的界定

科学立法是指导立法活动的，科学立法中的"立法"与一

---

〔1〕 杨小勤："论科学发展观下科学立法的实现途径"，载《宁夏社会科学》2009年第6期，第41~44页。

〔2〕 李玉星："坚持科学立法 努力提高质量"，载《天津人大》2011年第5期，第38页。

〔3〕 胡明："科学立法应高度重视的三个问题"，载《中国律师》2015年第3期，第69~71页。

〔4〕 田成有："科学立法的三个维度"，载《人大研究》2018年第7期，第46~49页。

〔5〕 杜忠文："地方人大理论创新综述"，载《人大研究》2009年第6期，第25页。

〔6〕 周俐、闫鹏涛："关于科学立法的几个层次"，载《人大研究》2012年第11期，第38页。

般意义上的"立法"并不存在区别。

在古希腊和古罗马学者的著作中，"立法"一词经常被使用。柏拉图和亚里士多德的著作中有关于立法家和立法问题的论述。我国古代典籍中也有对"立法"一词的记载，如《荀子·议兵》中就有"立法施令，莫不顺比"的表述。

在世界范围内，学者们对立法的概念表述存在分歧，主要有活动说、过程说和过程结果说。博登海默认为，立法是创制法律法令的活动。《布莱克法律词典》的作者认为，立法是制定或变动法的一个过程。《牛津法律大辞典》的作者认为，立法既是制定或修改法律的程序，也是立法过程的产物。[1]

立法具有规范指引、评价、预测、强制、教育等规范功能，具有社会构建以及社会调整等社会功能。[2]有学者从成文法的技术特征及其积极价值、成文法的局限性和成文法价值选择的二律背反论证了立法在现代社会中的作用。[3]由于立法在现代社会中具有重要的作用，加之所有法学学科都会涉及立法的问题，我国学者对立法的概念也进行了探讨，但认识颇有不同。[4]在笔者看来，界定"立法"的概念，要解决"谁来立""立啥法"和"如何立"这三个问题。

---

〔1〕 徐向华主编：《立法学教程》（第2版），北京大学出版社2017年版，第25页。

〔2〕 杨临宏：《立法学：原理、制度与技术》，中国社会科学出版社2016年版，第66~71页。

〔3〕 徐向华主编：《立法学教程》（第2版），北京大学出版社2017年版，第6~10页。

〔4〕 近年来，我国学术界对立法概念的解释渐多，较为普遍的观点有以下几个：一是对立法进行最广义的解释，认为立法是指从中央到地方一切国家机关制定和变动各种不同规范性文件的活动；二是对立法进行最狭义的解释，认为立法是指国家最高权力机关及其常设机关制定和变动法律这种特定规范性文件的活动；三是介乎广狭两义之间的对立法的解释，认为立法是指有权主体制定和变动规范性文件的活动。杨临宏：《立法学：原理、制度与技术》，中国社会科学出版社2016年版，第7页。

"谁来立"是指立法行为的主体是谁的问题。对于这一问题，学者们的观点有个人立法主体说和国家机关立法主体说。个人立法主体说认为，立法行为的主体为个人，依立法内容所反映的意志不同，该说又细分为统治阶级或者国家意志说和政治意志说。国家机关主体说认为，国家机关为立法行为的主体，该说又有广义说、狭义说和折中说的区分。广义说认为，立法行为的主体是从中央到地方的各级国家代议机关和行政机关以及被授权的机关；狭义说认为，只有国家最高代议机关和它的常设机关才是立法行为的主体；折中说认为，立法行为的主体是各级国家代议机关。事实上，立法行为的主体问题就是谁享有立法权的问题。在我国，这一问题应依《宪法》[1]和《立法法》[2]的规定来确定。从《宪法》和《立法法》的规定来看，能够成为立法行为主体的是依法享有立法权的权力机关和行政机关，具体有以下几种情形：一是全国人大及其常委会是法律的立法行为主体；二是国务院是行政法规的立法行为主体；三是省级人大及其常委会[3]和市级人大及其常委会[4]是地方性法规的立法行为主体；四是国务院部门是部门规章的立法行为主体；五是省级政府[5]和市级政府[6]是地方政府规章的立法行为主

〔1〕 本书所称《宪法》是指 2018 年 3 月 11 日第十三届全国人大第一次会议修正的《中华人民共和国宪法》。

〔2〕 本书所称《立法法》是指 2015 年 3 月 15 日第十二届全国人大第三次会议修正的《中华人民共和国立法法》。

〔3〕 本书所称"省级人大及其常委会"是指省、自治区、直辖市的人大及其常委会。

〔4〕 本书所称"市级人大及其常委会"是指自治州、设区的市（包括广东的东莞市、中山市以及甘肃的嘉峪关市、海南的三沙市）的人大及其常委会。

〔5〕 本书所称"省级政府"是指省、自治区、直辖市的人民政府。

〔6〕 本书所称"市级政府"是指自治州、设区的市（包括广东的东莞市、中山市以及甘肃的嘉峪关市、海南的三沙市）的人民政府。

体；六是自治区、自治州、自治县的人大是自治条例和单行条例
的立法行为主体。除此之外，军事机关和特别行政区分别享有军
事法规立法权和特别行政区立法权，由于这两种立法权较为特殊，
因此本书不讨论军事法规立法权和特别行政区立法权的问题。

　　"立啥法"是指立法行为的对象是什么的问题。这个问题与
"谁来立"的问题相联系，但又具有自身独立的意义。在"立啥
法"的问题上，主要存在规范法学、现实主义法学和法社会学
三种不同的理论观点。规范法学认为，只有代议机关和行政机
关制定的规范性文件才能被称为"法"。现实主义法学认为，法
官造法也是国家立法的一种形式。法社会学将立法泛化为一切
社会规则的生存活动，认为法的结果就是一种公共决策和一种
普遍认可的人类社会规则，非国家机关的组织所制定的规则也
属于"法"。从关于立法的规定来看，我国明显反对法社会学的
观点，不承认非国家机关的组织所制定的规则属于"法"；对规
范法学的观点持肯定的态度，认为只有代议机关和行政机关制
定的规范性文件才能被称为"法"。对现实主义法学所主张的法
官造法是否是国家立法的一种形式，也就是说司法解释是否属
于"法"，在认识上并不一致。笔者认为司法解释不属于法，这
个问题将在后述有关内容中作出具体说明。在我国，只有能够
成为立法行为主体的依法享有立法权的权力机关和行政机关所
制定的规范性文件才可能被称为"法"。但是，这些权力机关和
行政机关所制定的规范性文件并非都属于"法"。依《立法法》
第 2 条的规定，立法文件仅指法律、行政法规、地方性法规、
自治条例和单行条例、国务院部门规章和地方政府规章。[1]享
有立法权而成为立法行为主体的机关所制定的非立法性的规范

────────────

　　〔1〕　在本书中，法律、行政法规、地方性法规、自治条例和单行条例、国务
院部门规章和地方政府规章统称为法律法规。

性文件并不属于法。针对如何区分规范性文件是立法性还是非立法性，有学者就人大及其常委会的立法性文件与非立法性规范性文件作了如下分析：就全国人大及其常委会而言，要依是否由国家主席以主席令的方式公布来判断；就地方人大及其常委会而言，比较好判断的是"条例"基本上都被作为地方性法规来使用，如采用其他标题，则一般依有无公告文进行判断；在市级地方性法规的公告中，会有经省级人大常委会批准的类似说明。[1]对自治条例和单行条例，依其名称就可作出判断。对国务院、国务院部门、省级和市级政府的立法文件与非立法性规范性文件的区分，一般依其名称和制定程序便可以作出判断。2004年国务院《全面推进依法行政实施纲要》将其他行政规范性文件与行政法规、规章并列在一起作为政府立法的形式是不恰当的。

"如何立"是指立法行为的方式手段问题。法的制定、修改和废止即法的立、改、废属于立法行为的方式手段是没有争议的，其中法的修改包括狭义的立法修改和立法补充。法的修改应遵循与法的制定基本相同的程序；法的废止程序通常在操作上比法的制定和修改程序简单，但绝不是说不要程序。正因为如此，《立法法》第2条和第59条第1款、《行政法规制定程序条例》[2]第38条第1款和《规章制定程序条例》[3]第39条第1款规定，法律、行政法规以及规章的制定、修改和废除，适用

---

[1] 黄建武："论人大非立法性规范性文件的功能与效力"，载朱景文、沈国明主编：《中国法学会立法学研究会2017年年会论文集》，法律出版社2018年版，第41~42页。

[2] 本书所称《行政法规制定程序条例》是指2017年12月22日国务院修改的《行政法规制定程序条例》。

[3] 本书所称《规章制定程序条例》是指2017年12月22日国务院修改的《规章制定程序条例》。

《立法法》《行政法规制定程序条例》和《规章制定程序条例》的规定。对法的解释（包括立法解释和司法解释）是否属于立法行为的方式手段，在认识上存在分歧。多数学者主张司法解释不属于立法，但就立法解释而言，不少学者认为作为立法延伸的立法解释本质上应属于立法权。笔者的观点是，立法解释和司法解释应当从解释学而不应当从立法学的角度进行规范和认识。无论是立法解释还是司法解释，均不能产生新的法律规则，不能以解释之名行修改之实，不能对法律条文本来的含义予以突破，故立法解释和司法解释都不能成为立法行为的方式手段。《立法法》《行政法规制定程序条例》和《规章制定程序条例》规定了"法律解释""行政法规解释"和"规章解释"，但这些立法解释与司法解释一样需要专门的程序规则来予以规范，并不适用立法的程序规则，立法行为的方式手段仅指法律法规的制定、修改和废止。

依据上述分析，在我国的语境下，对立法的概念可作如下表述：所谓立法，是指依法享有立法权的权力机关和行政机关制定、修改和废止法律法规的活动。

（二）对"科学立法"中"科学"的界定

对"科学立法"中"科学"的界定，比对"科学立法"中"立法"的界定更为复杂。

1. 学术界关于"科学立法"中"科学"一词含义的探讨

有学者认为，科学立法中的"科学"，应当理解为作为科学的法学，在立法过程中应当充分发挥法学所提供的理论与方法的作用；[1]科学立法中的"科学"包括逻辑科学和社会科学；[2]

---

〔1〕　崔英楠："从立法科学化到科学立法"，载《新视野》2010年第2期，第62页。

〔2〕　吕世伦、金若山："法治中国建设的纵深发展分析——一种文本性的解读"，载《南京师大学报（社会科学版）》2014年第2期，第6页。

科学立法中的"科学"涉及哲学、政治学、社会学、语言学、逻辑学、计算机科学等诸多科学，但要实现科学立法首先要实现逻辑立法；[1] 科学立法中的"科学"包括方法科学和程序科学。[2] 有学者对"科学立法"中的"科学"从否定的角度进行分析，认为科学立法的科学性是对经验立法的否定、是对主观立法的否定、是对封闭性立法的否定、是对政绩立法的否定、是对工程立法的否定。[3]

2. 对科学立法中的"科学"一词的理解

（1）科学立法中的"科学"包括哲学意义上的科学、自然科学和社会科学。

在我国，较为权威的理解是，科学是指"运用范畴、定理、定律等思维形式反映现实世界各种现象的本质和规律的知识体系"。[4] 一般认为，科学包括哲学意义上的科学、自然科学和社会科学，对科学立法中的"科学"也要作同样的理解。

最一般意义上的科学为哲学意义上的科学，即科学就是实事求是，从实际出发，认识事物的发展规律，就是主观与客观的统一，主观认识要符合客观要求。[5] 有学者认为，科学立法中的"科学"不能被理解为包括哲学意义上的科学，因为这种理解太一般化，过于宽泛和抽象、空洞，并且法要体现大多数人的意志并不等同于追求真理而得出的科学结论，法所体现的

---

〔1〕 熊明辉、杜文静："科学立法的逻辑"，载《法学论坛》2017 年第 1 期，第 80~89 页。

〔2〕 徐战菊、沙林、范晓鹮："欧盟的科学立法"，载《中国标准化》2017 年第 1 期（上），第 126 页。

〔3〕 关保英："科学立法科学性之解读"，载《社会科学》2007 年第 3 期，第 76~78 页。

〔4〕 夏征农主编：《辞海》（缩印本），上海辞书出版社 2002 年版，第 919 页。

〔5〕 崔英楠："从立法科学化到科学立法"，载《新视野》2010 年第 2 期，第 61 页。

大多数人的意志背后更多的是利益，立法往往受到人们的利益追求、风俗习惯、价值观等特殊情形的影响。笔者不赞同上述认识。某些特殊情形在立法过程中虽然可能影响立法，但体现的是法所调整的社会关系的特殊性和阶段性，是立法者追求真理和认识规律的局限性、相对性和阶段性，是通往科学立法目标的必经阶段，[1]与追求科学立法并不存在冲突。更为重要的是，尊重和体现客观规律是科学立法的核心所在，强调立法过程中的主观认识要符合客观实际，是追求真理和探索规律的过程，是哲学意义上科学的要求。因此，科学立法中的"科学"不仅包括哲学意义上的科学，并且其首要的和最为重要的含义是哲学意义上的科学。

有学者对将科学立法中的"科学"理解为包括自然科学的观点持反对意见。理由在于：法律与自然科学存在区别。首先，违反法律会受到法律的制裁，违背自然科学则要受到自然规律的惩罚；其次，对于一项法律，没有是非之分，同意或者反对可能只是利益之争，而自然科学在本质上则是真伪是非之争；再次，法律是人的意志的体现，是人定的，民主体制下的立法是采取多数决定原则，自然科学则是求真，真理不在于人多；最后，法律说到底只是地方性知识，自然科学则无国界。[2]笔者认为，之所以将科学立法中的"科学"理解为包括自然科学：一是从法所调整的社会关系来看，其涉及的范围相当广泛，与自然科学和社会科学都存在关联；二是社会科学与自然科学的交叉和融合趋势，在现代社会已十分明显，在立法过程中使用

---

〔1〕 刘松山："科学立法的八个标准"，载《中共杭州市委党校学报》2015年第5期，第84页。

〔2〕 崔英楠："从立法科学化到科学立法"，载《新视野》2010年第2期，第62页。

现代科学技术手段是十分常见的情形。

学者们对将科学立法中的"科学"理解为包括社会科学没有不同意见。法所调整的社会关系涉及社会科学,以常识论之,法学也属于社会科学,立法本身是一门科学,立法学为法学的分支学科。

(2)科学立法中的"科学"应当包括实体的科学和程序的科学。

科学立法中实体的科学,是指"科学的立法",是将科学视为立法所具有的一种属性,将立法理解为立法活动的结果,要求立法的成果符合科学性的要求。

科学立法中实体的科学有以下两方面的内容:

其一,科学立法的核心在于尊重和体现客观规律。[1]从前述学术界关于科学立法概念的探讨可知,大多学者认为科学立法要符合客观规律。对于这里所指的客观规律包括哪些客观规律,学者们的认识存在分歧。笔者在前述"学术界关于科学立法概念的探讨"这一问题中已经介绍了学者们的不同观点。事实上,从全国人大常委会的官方解释来看,[2]立法应当尊重和体现的客观规律,包括法律体系的内在规律、法律所调整的社会关系的客观规律和社会发展的客观规律。

立法对法律体系内在规律的尊重和体现,强调的是在立法

---

〔1〕 习近平总书记在党的十八届四中全会所作的《关于〈中共中央关于全面推进依法治国若干重大问题的决定〉的说明》中指出,科学立法的核心在于尊重和体现客观规律。

〔2〕 2013年10月30日,全国人大常委会时任委员长张德江在全国人大常委会立法工作会议上的讲话中指出,科学立法就是要求法律准确反映和体现所调整的社会关系的客观规律,同时遵循法律体系的内在规律,使法律符合经济社会发展要求。全国人大常委会法工委时任副主任信春鹰具体地将科学立法要尊重和体现的客观规律归纳为社会发展的客观规律、法律所调整的社会关系的客观规律和法律体系的内在规律。信春鹰:"深入推进科学立法民主立法",载《光明日报》2014年10月31日。

时不得违背法学上公认的原理、原则和规则，应当遵循法学的科学性。法学是一门科学，有些问题在认识上存在争议，但多数的问题有公认的原理和原则。在立法时，如果违背这些公认的原理和原则，无疑不是科学的立法。例如，意思自治是民法学上公认的原则，在民事立法时如果制定违背意思自治的条款，就不符合科学立法的要求。立法尊重和体现的法律所调整的社会关系的客观规律，是指某一具体的法律的调整对象所存在的不以人们意志为转移的客观规律。某个具体的法律的调整对象，涉及社会关系的某个方面或者某些方面，立法的目的在于规范其所调整的社会关系并促进其健康发展。在立法时，立法者存在主观选择的空间，只有尊重和体现法律所调整的社会关系的客观规律，才能使立法的目的得以实现。立法尊重和体现的社会发展的客观规律，从《立法法》第 6 条第 1 款〔1〕、《行政法规制定程序条例》第 12 条第 2 项和《规章制定程序条例》第 6 条第 1 款〔2〕的规定来看，是指经济社会发展的要求以及全面深化改革的要求和精神。在我国，随着改革的不断深入，立法与改革之间的内在规律逐渐得以揭示，我国的立法应当尊重和体现立法决策与改革发展稳定必须协调发展的内在规律。

科学立法是立法的一种价值判断和追求的理想目标，科学立法只有更好而没有最好，科学立法是一个不断完善和逐渐发展的命题。在尊重和体现客观规律方面，我国的立法还存在不足。例如，社会立法在我国的法律体系中未能达到相应的比重，明显滞后于社会发展的状况，致使在劳动和社会保障方面出现

---

〔1〕《立法法》第 6 条第 1 款规定，立法应适应经济社会发展和全面深化改革的要求。

〔2〕《行政法规制定程序条例》第 12 条第 2 项和《规章制定程序条例》第 6 条第 1 款规定，立法应当体现全面深化改革的精神。

纠纷和矛盾时，经常出现缺乏法律依据的情形；立法对如何科学地体现和尊重精神文明建设、民主建设和生态文明建设发展规律的探讨较少；在立法如何尊重全面深化改革的要求之广度和深度上做得还很不够，在很长一段时间里，我国的立法对改革开放经验的总结和改革开放成果的确认较为注重，但这种立法较为被动，属于经验主义和工具主义立法思想的体现，并不符合科学立法的要求，随着改革的深入发展，需要立法进行推动和引领。立法要有一定的超前性，我国对此方面关注得比较晚，在现阶段，较为深入和广泛地把握改革开放规律、体现和尊重全面深化改革的要求还有很大的探索空间。

其二，科学立法内在的实质维度要求是科学合理地规定公民、法人和其他组织的权利与义务以及国家机关的权力与责任。科学立法中实体的科学这一内容，实际上是指立法合理公正的程度，它反映着立法是否体现了高效合理和公平正义的原则，并与人们的公正观念在多大程度上相符。[1] 对于这一内容，《立法法》第 6 条第 1 款作了原则性的规定，《行政法规制定程序条例》和《规章制定程序条例》的规定则较为具体和细致。[2] 权利与义务以及权力与责任是法律制度的核心要素和内容。对公

---

〔1〕 冯玉军："中国法律规范体系与立法效果评估"，载《中国社会科学》2017 年第 12 期，第 153 页。

〔2〕《行政法规制定程序条例》第 12 条第 2 项和第 3 项以及《规章制定程序条例》第 6 条规定，立法要科学规范行政行为，促使政府职能向宏观调控、市场监管、社会管理、公共服务和环境保护等方面转变；要符合精简、统一、效能的原则，相同或者相近的职能规定由一个行政机关承担，简化行政管理手续。《行政法规制定程序条例》第 12 条第 4 项以及《规章制定程序条例》第 5 条第 1 款规定，立法在规定公民、法人和其他组织应当履行的义务的同时，应当规定其相应的权利和保障权利实现的途径。《行政法规制定程序条例》第 12 条第 5 项以及《规章制定程序条例》第 5 条第 2 款规定，立法要体现行政机关的职权与责任相统一的原则，在赋予有关行政机关必要的职权的同时，应当规定其行使职权的条件、程序和应承担的责任。

民、法人和其他组织的权利与义务进行科学合理的规定，主要是指应当平衡权利与义务，不能规定只尽义务或只享受权利，也不能只规定不享受权利或不尽义务。在科学合理地规范公民、法人和其他组织的权利与义务方面，我国的立法还有改进的余地。例如，立法在对公民、法人和其他组织的权利进行规定时，有的没有从某一领域事业发展的长远或全局来考虑权利的正当性和合理性；立法在对公民、法人和其他组织的义务进行规定时，有的没有对合理与适当的原则予以遵循；立法有时未能充分考虑公民、法人和其他组织权利与义务的对等性和平衡性；下位法对《宪法》和法律规定的公民权利进行具体化时，有的进行了不适当的干预与限制。对国家机关的权力与责任进行科学合理的规定，是指立法在配置国家权力时，要符合权力自身运行的客观规律，将国家机关的权力与责任置于同等的位置，要同时明确其权力和责任，不能只规定行使权力而不承担责任。在科学合理地规范国家机关的权力与责任方面，我国的立法也有改进的余地。例如，全国人大常委会的工作报告对如何处理国家机关之间的关系以及如何配置权力与责任等问题很少予以探讨；《立法法》对中央与地方立法权限的划分，是基于何种条件和基础，是否符合权力运行客观规律的要求，在《立法法》及其立法说明中无法找到答案；在权力配置上，有的监督与制约的措施并不是十分有力，甚至还存在空白；有的立法对国家机关权力与责任的规范不合理；有的立法重权力、轻责任，甚至只有权力、不承担责任；有的立法存在争权诿责或者地方利益和部门利益法律化的现象。

科学立法中程序的科学，是指"科学地立法"，将科学视为立法的手段和方法，将立法理解为立法活动本身，要求立法的手段和方法要符合科学性的要求。科学立法中程序的科学是为实现科学立法中实体的科学、追求科学立法的目标而应当采取的措施。与科学立法中实体的科学相比，科学立法中程序的科学也许更为重要，因为科学立法中实体的科学是科学立法所追求的目标，是一个不断发展的过程，并且很难有一个量化的标准。但科学立法中程序的科学是指如何实现科学立法的问题，是怎样进行科学立法的问题，与科学立法中实体的科学相比较为具体，更具有可操作性。

科学立法中程序的科学，要求遵循科学的立法工作规律。按照唯物辩证法的观点，任何事物都是有规律可循的，立法工作也不例外。立法工作规律这一概念，在 2003 年全国人大常委会工作报告中就已被提出。在 2013 年 10 月 30 日召开的立法工作会议上，全国人大常委会时任委员长张德江提出，要实行科学的立法工作规律。2014 年全国人大常委会的工作报告不仅明确了立法结果要尊重和体现客观规律，而且明确了立法活动要体现客观规律。

具体说来，科学立法中程序的科学，主要包括科学的立法理念、高素质的立法队伍、科学的立法体制、科学的立法程序、科学的立法技术和方法以及科学的立法监督制度。此外，要对科学立法与民主立法以及科学立法与依法立法之间的关系予以正确处理。科学立法不等同于民主立法，科学立法也不等同于依法立法，但民主立法有利于促进科学立法，依法立法是科学立法的前提，科学立法应以民主立法和依法立法为基础。

（三）对科学立法概念的表述

通过上述分析，可以对科学立法的概念作如下表述：所谓科学立法，是指依法享有立法权的权力机关和行政机关，在制定、修改和废止法律法规的过程中，在民主立法和依法立法的基础上，遵循科学的立法工作规律，通过科学的立法理念、高

素质的立法队伍、科学的立法体制、科学的立法程序、科学的
立法技术和方法以及科学的立法监督制度，使所立之法能够尊
重和体现客观规律，符合法律体系的内在规律、法律所调整的
社会关系的客观规律和社会发展的客观规律，科学合理地规定
公民、法人和其他组织的权利与义务和国家机关的权力与责任。

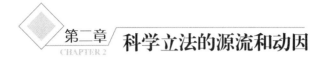

第二章 科学立法的源流和动因

一、科学立法的源流

法学是关于法律的学问。在分析实证法学和自然法学的传统法学理论中，一直缺乏对立法问题的讨论，立法作为一个充满价值纷争和非理性的过程，要实现科学立法是不可能的。[1]受启蒙思想和人文主义思想的影响，理性法学得以产生。法学科学化的问题是由理性法学提出的。理性法学这一重要思潮指出，法学应当像制造计算机一样操作，希望对国家统治者想依靠法律贯彻自己特权的思想予以扼制，同时对拥有裁判权的法官的权力进行控制，旨在消除立法的任意和司法的随意。

有学者认为，早在两千多年前的我国，对科学立法的论述就已出现于《管子》一书中。为对君主立法的随意性进行阻止，该书对君主应当遵循什么和禁止君主去做什么作了规定。"不法法，则事毋常；法不法，则令不行。"强调对政令的起草要慎重，不然的话就不能有效地执行政令，国事就会没有常规。统一标准和严正法律是《管子》科学立法思想的统领思想。这一观点注重法律的公正性和强制力，即只有对立法上的科学公正予以保证，才能

---

〔1〕 洪冲："科学立法的法理探微：基于理性概念嬗变的分析"，载《地方立法研究》2017年第6期，第91页。

使君主的执法严明得到进一步的促进。[1]但是，较为普遍的观点是，从社会实践的意义上来讲，科学这一概念在我国最早可被追溯至五四运动时期。民主科学的口号作为五四运动的一面旗帜，唤醒了中国人民，用科学开道来重建社会秩序和开辟社会未来。

中华人民共和国成立以后，将立法视为科学的最早记载是毛泽东同志在主持起草 1954 年《宪法》时提出的"搞宪法就是搞科学"。20 世纪 50 年代末至 70 年代末，受政治运动和法律虚无主义的影响，我国不认可法律科学并对其持批评态度，使得当时的立法丧失了科学要素。这一时期，社会主义法制遭到了破坏，我国的立法工作基本停顿。

1978 年党的十一届三中全会以后至 2006 年之前，虽然科学立法这一概念没有被明确地提出，但在加快立法的进程中，科学立法的思想得到了发展和提炼。1978 年党的十一届三中全会提出的"有法可依"对我国立法工作的快速发展有重要的促进作用。1986 年 9 月，《中共中央关于社会主义精神文明建设指导方针的决议》提出，要支持和鼓励以科学研究为基础的大胆探索和自由争论，要求在科学的基础上进行各项决策。1987 年 10 月，党的十三大提出了党的决策科学化的问题。2000 年通过的《立法法》将立法的科学原则规定在第 6 条。[2]2004 年 9 月《中共中央关于加强党的执政能力建设的决定》以及党的十五大报告和十六大报告提出，要推进决策的科学化。在这一时期，全国人大常委会的报告并未界定科学立法，但强调提高立法质量的词语

---

〔1〕 何亦邨："依法治国与大国之路——《管子》法治思想对大国崛起的重要作用"，载安徽省管子研究会：《2015 第十届全国管子学术研讨会交流论文集（二）》，第 78 页。

〔2〕 2000 年《立法法》第 6 条规定，立法应当从实际出发，科学合理地规定公民、法人和其他组织的权利与义务、国家机关的权力与责任。

从不同的角度体现了科学立法的思想。1978 年全国人大常委会的工作报告提出，立法要坚持科学态度。1992 年和 1996 年全国人大常委会的工作报告要求，要科学论证立法草案。2001 年全国人大常委会工作报告提出，要力争做到立法决策的科学化。2003 年全国人大常委会工作报告提出，要努力使法律内容科学、规范。

2006 年 3 月，全国人大在《国民经济和社会发展第十一个五年规划纲要》中提出，要推进科学立法。这是科学立法的命题在我国的首次提出，明确地将科学立法作为一个有助于对我国的法律体系予以完善的价值判断标准。党的十六届六中全会和党的十七大提出，要坚持科学立法。党的十八大要求推进科学立法，提出了"科学立法、严格执法、公正司法、全民守法"的新的法治建设十六字方针。党的十八届四中全会提出，要深入推进科学立法和实现科学立法。党的十八届五中全会通过的《中共中央关于制定国民经济与社会发展第十三个五年规划的建议》再次重申推进科学立法。2013 年 2 月 23 日，习近平总书记在中央政治局集体学习时的讲话中指出，必须坚持科学立法。2013 年 10 月 30 日，在全国人大常委会举行的立法工作会议上，张德江同志对科学立法的目标和要求首次进行了阐明。2015 年《立法法》修改时，对立法的科学原则进行了补充。2017 年党的十九大再次强调要推进科学立法。2019 年 2 月 25 日，在中共中央全面依法治国委员会第二次会议上，习近平总书记提出，要深入推进科学立法。2020 年 11 月 16 日至 17 日，在中央全面依法治国工作会议上，习近平总书记指出，要坚持全面推进科学立法。在 2006 年以后全国人大常委会的工作报告中，科学立法的提法也被明确且连续地提出，其内涵日趋丰富。2006 年全国人大常委会工作报告指出，要对科学立法进一步推进，使之规范化、制度化和程序化。2007 年全国人大常委会工作报告指出，提高立法质量的内在要求之一是科学立法。2008 年全国人大常委会工作报告要求，要对科学立法积极推进。2013 年全国人大常委会工作报告在总结过去五年的立法工作时，提到了坚持科学立法。2014 年全国人大常委会工作报告指出，尊重和体现客观规律是科学立法的核心所在。2018 年全国人大常委会工作报告指出，要深入推进科学立法，坚持科学立法，核心在于立足中国实际和国情，对客观规律予以尊重和体现，使立法工作的系统性、协调性和科学性得到增强，使制定出来的法律能够经得起历史和实践的考验。

二、科学立法的动因

　　对于科学立法的动因，学者们论述的角度并不完全相同。一是从立法科学原则意义的视角进行论述，认为立法科学原则体现了立法作为一种科学活动的本质，体现了理念、内容与形式的统一，体现了法律关系内容的调整规则，体现了提高立法质量的理性要求；[1]立法科学原则有助于尊重客观规律，有助于产生高质量的良法，有利于降低立法成本，有利于减少或者避免立法的错误或失误，有利于克服立法中的盲目性和主观随意性。[2]二是从科学立法的作用的视角进行论述，认为科学立法是立法机关坚定不移的追求，是一国法律体系是否完善的价值判断标准之一，是一个庞大、系统的工程，也是立法质量得以提高的重要保障；[3]科学立法是贯彻落实科学发展观的必然要求，是全面推进依法治国基本方略的前提，是全面建成小康

---

〔1〕　徐向华主编：《立法学教程》（第 2 版），北京大学出版社 2017 年版，第 59 页。

〔2〕　陈光主编：《立法学原理》，武汉大学出版社 2018 年版，第 4~5 页。

〔3〕　许晓峰："《中国法治建设年度报告（2008 年）》中立法工作的几个亮点"，载《北京政法职业学院学报》2009 年第 3 期，第 27 页。

社会奋斗目标的法律保障，是提高立法质量的前提基础；[1]科学立法可以防止立法违背事物本质和客观规律，可以防止立法超越国情，可以使立法尊重客观规律，能激发人的创造性，可以有效地实现以人为本，是协调价值冲突和弘扬法治精神所必需的；[2]科学立法在法律的制定、修改、清理、废止等方面，都是公民基本权利保障的基础；[3]科学立法有助于对立法过程中的随意性、盲目性和主观性予以克服，进而对立法失误和主观错误予以避免或减少，有助于制定高质量的良法；[4]坚持立法的科学化，可以克服立法过程的主观随意性，有助于使法律法规的准确性、有效性和及时性得以增强，有助于使立法成本得以降低，有助于使立法决策的失误得以减少或避免；[5]科学立法是法治体系现代化的关键，是国家善治和法治现代化的重要基础，是立法程序和技术现代化的重要前提，是立法体制机制现代化的重要保障。[6]三是从科学立法的必要性的视角进行论述，认为立法科学化是为了使立法资源得到优化配置而达到效益最大化，是为了实现对立法效率的追求；[7]科学立法是依法

〔1〕 方军贵："科学立法的内涵及实现路径初探"，载《安徽工业大学学报（社会科学版）》2013 年第 6 期，第 47 页。

〔2〕 周宗良："立法的科学原则探析——一种概念学的研究进路"，载《福建法学》2015 年第 2 期，第 40~41 页。

〔3〕 朱冬玲："法治是实现人权的保障"，载《领导之友（理论版）》2016 年第 19 期，第 30~31 页。

〔4〕 高旭军、张飞虎："欧盟科学、民主立法保障机制研究：以法律起草为例"，载《德国研究》2017 年第 1 期，第 72 页。

〔5〕 封丽霞："面向实践的中国立法学——改革开放四十年与中国立法学的成长"，载《地方立法研究》2018 年第 6 期，第 29 页。

〔6〕 刘永红、刘文怡："科学立法对于法治现代化的意义及路径"，载《西华师范大学学报（哲学社会科学版）》2019 年第 3 期，第 96~98 页。

〔7〕 徐平、薛侃："论构建和谐社会视野下的地方立法"，载《福建法学》2006 年第 4 期，第 54 页。

治国的基础，依法治国实际上是依良法治国，要有良法，就必须科学立法；[1]科学立法是法律本身属性的必然要求，是践行科学发展观的必然要求，是提高立法质量的必然要求；[2]推进科学立法是完善中国特色社会主义法律体系的现实要求，是促进转型升级的迫切要求，是践行科学发展观的必然要求，是提高立法质量的自身要求。[3]科学立法是立法质量提高的集中体现，是法律规范性和普遍性的必然要求，也是新时期社会主义法治建设的前提基础。[4]四是从科学立法的可行性的视角进行论述，认为以下因素表明我国基本具备了科学立法所需的制度架构与体系基础，科学立法时代已经开启：已经确立了国家层面科学立法的大致思路和方针；对科学立法，公众充满了新的期待；平稳有序的经济社会环境为科学立法提供了有利条件。[5]

笔者认为，科学立法的动因主要在于以下三个方面：一是建设法治中国的基本要求之一在于科学立法。1996年2月，在中央政治局法制讲座上，江泽民同志指出，依法治国是我们党和政府管理国家和社会事务的重要方针。1996年3月，在第八届全国人大常委会第四次会议制定的《关于国民经济和社会发展"九五"计划和2010年远景目标纲要的报告》中，依法治国和建设社会主义法治国家的提法，以国家文件的形式得到了确

〔1〕　谭世贵："依法治国贯彻实施的四大方略"，载《法治论坛》2007年第1期，第8~9页。

〔2〕　欧修权："试论科学立法的含义及其实现途径"，载《人大研究》2009年第1期，第37~38页。

〔3〕　浙江省人大常委会课题组、王永明："推进立法科学化的体制机制保障研究"，载《法治研究》2010年第5期，第46~47页。

〔4〕　钟华、赵璐："以'科学立法'为指针，重构'拐卖人口罪'的罪与刑"，载《云南大学学报（法学版）》2013年第4期，第91页。

〔5〕　董珍祥："科学立法：一个划时代的重大课题（上）"，载《人大研究》2016年第12期，第26~28页。

认。1997年，党的十五大将建设社会主义法治国家作为依法治国的目标，首次将依法治国确立为治理国家的基本方略。1999年，"依法治国、建设社会主义法治国家"被写入宪法。2013年，"法治中国"的概念在党的十八届三中全会被第一次提出。党的十八届四中全会进一步明确，法治中国是"法治国家、法治政府、法治社会"建设的三位一体。2020年，党的十九届五中全会通过的《关于制定国民经济和社会发展第十四个五年计划和二〇三五年远景目标的建议》再次强调，要全面依法治国。法治中国具有系统性、统一性、责任性、自觉性、宪法依托性、渐进性、开放性和规范性的时代特点。系统性，是指法治中国是一个系统工程，具有发展的阶段性和历史继承性；统一性，是指党的意志、国家意志和人民意志的统一性，适用范围与标准的统一性，主观与客观的统一性，维稳与维权的统一性；责任性，是指目标责任为法治中国建设的重要"抓手"；自觉性，是指法治中国建设，以党和政府自上而下的积极推动为主导，但也有行业推动和民间推动的作用；宪法依托性，是指法治中国的建设，离不开宪法文本，并且以宪法所确定的根本政治制度为依托；渐进性，是指由初级阶段和发展不平衡的长期性所决定，法治中国建设是一个逐渐推进的过程；开放性，是指对于人类法治建设的优秀文明成果和我国历史上的法治建设资源，法治中国可以兼容并蓄；规范性，是指法治更多的是对公权力的运行进行规范、约束和监督。[1]法治中国的建设，需要科学立法，需要高层次的立法。二是实现良法善治的基本要求之一是科学立法。最早提出良法标准的人是亚里士多德。他认为，良法的目的，不是为某一阶级或个人的利益，而是应该体现和

---

〔1〕 杨小军、陈建科："法治中国的内涵与时代特征"，载《社会主义研究》2014年第5期，第65~68页。

保障公众利益；法律毋宁是拯救，不应该被看作是和自由相对的奴役，良法应该对古希腊人珍爱的自由予以体现；良法必须能够对合理的城邦政体的久远进行维护。[1]良法对立法的实质要求予以关注，在不同的历史时期，这种要求存在差异。古典自然法学派认为，良法是符合正义和公平等价值规律的自然规则的法。功利主义法学派认为，良法就是那些能够实现最大多数人的最大幸福的法律。在我国法学界，对何为"良法"，学者们进行了探讨，但尚未形成一致的意见，主要有以下不同的观点：良法至少应建立在国人道德价值基础之上，通过实在的民主方式制定，容易被人民大众理解和遵循，能有效约束和控制行政权力，正确估计人性和国情，民主性和科学性相结合，顺应世界发展潮流，最终使国家长治久安和持续发展；[2]良法的内涵包括法的价值符合正义标准，法的内容合乎规律性，法的形式符合科学性，能促进实现社会成员的共同利益；[3]良法的衡量标准为符合客观规律和中国基本国情，符合人民的共同意志，符合可操作性和能管事的要求；[4]良法的标准包括价值标准、维护标准、程序标准和形式标准，其中价值标准包括自由、公平、正义、秩序和效率，维护标准包括违宪违法审查制度、备案审查制度、定期评估制度、修订废止机制和法律解释制度，程序标准是指立法程序具有正当性，形式标准包括法的体系门

---

〔1〕刘平：《立法原理、程序与技术》，学林出版社、上海人民出版社2017年版，第3页。

〔2〕程宗璋："良法论纲"，载《玉溪师范学院学报》2003年第3期，第32~34页。

〔3〕王利明："法治：良法与善治"，载《中国人民大学学报》2015年第2期，第114~121页。

〔4〕杨景宇："站在新的历史起点上做好立法工作的几点思考"，载朱景文、沈国明主编：《中国特色社会主义立法理论与实践：中国法学会立法学研究会2016年年会论文集》，法律出版社2017年版，第4页。

类齐全和系统完整、法律规范的结构简洁严谨和形式多样且互补、法的内容有机联系且和谐统一、法律规范的层次清楚且不同层次的法律规范和谐不冲突、法律规范的体系科学合理和法律的文本简明易懂通俗;〔1〕良法的含义为体现客观规律的真法、契合政治理念的美法和符合科学形式的实法;〔2〕良法包含的意义为,法律应当符合人性、人文、自然、经济、政治和社会等规律,法律制定得良好,法律实施得良好,法律体现社会善良价值。〔3〕

笔者认为,在我国现阶段,良法就是科学的立法,良法来自科学立法,科学立法与良法是相统一的。"全面推进依法治国,不仅需要有'法'可依,而且需要有'良法'可依……没有良好的立法,难以有良好的执法、司法和守法……"〔4〕20世纪90年代初,世界银行首次提出了善治这一概念。良法与善治是紧密结合在一起的,善治是良法的内在要求。提高立法质量,需要良法与善治相结合。我国的立法工作自改革开放以来进步巨大,中国特色社会主义法律体系在2011年3月第十一届全国人大四次会议上被宣布已经形成。但是,法律体系形成及其规模的持续扩大,并不表明法律体系能够自动产生实效或者已经完备,更不意味着立法让人民有更多的获得感或者立法必然符合社会需要。〔5〕在

〔1〕 刘平:《立法原理、程序与技术》,学林出版社、上海人民出版社2017年版,第30~50页。

〔2〕 刘风景:"基于'正反合'定律的良法重述",载朱景文、沈国明主编:《中国法学会立法学研究会2017年年会论文集》,法律出版社2018年版,第319~322页。

〔3〕 张文显:"民法典的中国故事和中国法理",载《法制与社会发展》2020年第5期,第11~12页。

〔4〕 封丽霞:"新时代中国立法发展的理念与实践",载《山东大学学报(哲学社会科学版)》2018年第5期,第1页。

〔5〕 冯玉军:"中国法律规范体系与立法效果评估",载《中国社会科学》2017年第12期,第139页。

2000 年《立法法》颁布之前，我国的立法对形式合理性较为注重，对实质合理性不太重视。2000 年《立法法》的颁布尤其是 2015 年《立法法》的修改，使得我国的立法工作在制度化方面有了明显的提高，但还远未达到理想的状态。立法要有必要的数量，但立法的高质量更为重要，低质量的立法尤其是违法的立法还不如无法，法律体系的生命线在于立法的质量。习近平总书记在十八届中央政治局第四次集体学习时敏锐地指出，越是强调法治，越是要提高立法质量，不是什么法都能治国，不是什么法都能治好国。[1]党的十八届四中全会指出，良法是善治之前提。党的十九大报告提出，要以良法促进发展和保障善治。三是科学立法是我国社会主义立法工作的优良传统。在我国，科学立法的提法较晚，但从实质意义上来讲，党早在革命根据地的立法工作中就十分注重科学立法，尽可能地使法律更加合理、更加科学、更加符合实际情况。[2]不仅如此，董必武和邓小平等革命家还有针对科学立法的较为系统的思想。董必武科学立法的思想主要为：立法要有重点，尤其应以国家建设的重点为重点；立法机关应及时立法再逐步完善；立法要立足于当下条件，又要适当超前；立法要以实践经验为依据，司法机关可为立法提供参考资料；立法必须发动民众参与，以保障人民权利为宗旨。[3]科学立法原则在董必武法学思想中的体现

---

〔1〕 习近平："在十八届中央政治局第四次集体学习时的讲话"，载中共中央文献研究室编：《习近平关于全面依法治国论述摘要》，中共中央文献出版社 2015 年版，第 43 页。

〔2〕 张希坡："科学立法、民主立法是人民法制建设历史经验的总结"，载孙琬钟、杨瑞广主编：《董必武法学思想研究文集》（第 12 辑），人民法院出版社 2013 年版，第 406~407 页。

〔3〕 季长龙："董必武的立法科学性思想与当代立法"，载孙琬钟、杨瑞广主编：《董必武法学思想研究文集》（第 11 辑·上），人民法院出版社 2011 年版，第 464~472 页。

为：立法指导思想的科学性——人民立法观；立法内容的科学性——立法要代表人民利益；立法程序的科学性——立法要让人民参与；立法过程的科学性——立法与完善立法都要及时；立法技术的科学性——立法语言要简明。[1]科学立法是邓小平行政立法思想的重要内容。根据我国法制建设的现实需要，邓小平同志指出，行政立法必须建立在基本国情和客观规律的基础上，实事求是，讲求效率，并对行政法律体系的完备化提出了要求，主要体现为行政编制、行政责任、经济管理和社会管理等方面的法定化。[2]由此可见，在新的历史时期，我国明确提出科学立法的命题，是对我国社会主义立法工作优良传统的继承和发展。

---

[1] 季长龙："科学立法原则在董必武法学思想中的体现"，载孙琬钟、杨瑞广主编：《董必武法学思想研究文集》（第13辑），人民法院出版社2014年版，第422~428页。

[2] 卢华锋、牛玉兵："邓小平行政立法思想探析"，载《毛泽东思想研究》2006年第1期，第110~111页。

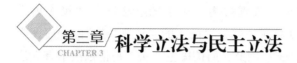

第三章 科学立法与民主立法
CHAPTER 3

一、民主立法的基本理论

(一) 民主立法的概念

民主立法由"民主"与"立法"两个词复合而成。前述对"立法"概念的界定，同样适用于民主立法的"立法"。就"民主"而言，其基本的或者最初的含义是指人民对政府或者国家权力的参与或者行使。在不同的社会体制或者不同的历史时期，民主的概念是以不同的形态来表现的，但人民主权和人民统治是民主这一概念的基本内容，民主与人民的意志密切相连。民主立法的"民主"是立法活动对民主的要求，在我国现阶段，应当以《立法法》的规定为依据。从《立法法》第5条的规定来看，民主立法的"民主"包括实体民主和程序民主两个方面。立法的实体民主，是指立法应当对人民的意志予以体现。具体而言，有以下两方面的要求：一是立法应体现人民的根本利益和要求；二是立法应确认和保障公民多方面的自由和权利，尤其是应赋予人民更多的管理国家事务和社会事务的权利以及人民监督国家机关及其工作人员的权利。立法的程序民主，指的是立法过程的民主化，要求在立法过程中坚持立法公开，发扬社会主义民主，保障人民通过多种途径参与立法活动。习近平总书记在《中共中央关于全面推进依法治国若干重大问题的决定》起草情况的说明中指出，民主立法的核心在于为了人民和依靠人民。立法为了人民，就是立法的实体民主；立法依靠人民，就是立法的程序民主。民主立法可以被理解为"民主的立法"和"民主地立法"。[1]立法的实体民主就是"民主的立法",立法的程序民主就是"民主地立法"。因此,所谓民主立法,是指依法享有立法权的权力机关和行政机关,在制定、修改和废止法律法规的过程中,应当坚持立法公开,发扬社会主义民主,保障人民通过多种途径参与立法活动,从而使所立之法体现人民的意志。[2]

（二）民主立法的意义

对于民主立法的意义,有学者从民主立法的发动、民主立法的过程和民主立法的结果三个方面进行了分析,认为民主立法确保国家立法主体的广泛性,确保国家立法过程的合法性,确保国家立法实体的人民性。[3]有学者认为,立法的民主原则之意义在于,其是实现立法目的所必需,是反映社会客观规律所必需,是实现人民主权所必需。[4]由于民主立法具有较为深厚的理论渊源,外国学者对民主立法的理论进行了较为深入的探讨,我国有学者对民主立法的理论基础也进行了分析。从学者们的观点来看,民主立法的理论基础包括人民主权理论、直接民主理论、间接民主理论、政治参与理论、协商民主理论、利益博弈理论、程序正义理论等。有学者对"双元协商民主视角下的民主立法"进行了专门探讨。[5]笔者认为,民主立法最

---

[1] 黄建武:"科学立法与民主立法的潜在张力及化解",载《地方立法研究》2020年第2期,第3页。

[2] 孙莹:"立法过程研究述评",载《中山大学法律评论》2014年第4期,第271页。

[3] 冯祥武:"民主立法是立法与社会资源分配的理性路径",载《东方法学》2010年第4期,第147~154页。

[4] 徐向华主编:《立法学教程》（第2版）,北京大学出版社2017年版,第54~55页。

[5] 牛旭:"双元协商民主视角下的民主立法——兼论公众参与立法问题",载《社会科学论坛》2017年第12期,第198~208页。

为重要的意义在于以下两个方面：一是民主立法是立法过程中民主原则的体现。国家的一切权力属于人民是民主原则的核心。"在共和制政府的长期发展过程中，在所有领域中，根本权力仍然属于人民，……"[1]"在一个自由的国家里，每个人都被认为具有自由的精神，都应该自己统治自己，所以立法权应该由人民集体享有，……"[2]立法权的享有者是人民，立法的过程应当是民主政治的典型形式。民主政治作为人们普遍追求的政治生活方式，应当以民主立法为必要的前提和条件，立法应当对公民的政治参与予以重视。民主原则要求对公民的权利予以保障，宪法规定的公民的各项基本权利通过民主立法可以得到落实。民主原则需要对社会各方面的利益进行兼顾，民主立法有利于人们利益诉求的表达，有利于消除立法内容的不和谐，有利于评断各种利益关系，是构建和谐社会的推动力。民主立法还可以优化我国的国际"民主"形象。二是民主立法是法律正当性的基础。民主立法要求人民参与立法形成公意并据此制定法律，人民参与制定法律，人民服从法律就会像服从自己一样。这样，不仅会使法律的权威得以树立，也有利于法律文化和法律信仰的形成，对公众了解法律精神和普及法律也是有益的。因此，"法律活动中更为广泛的公众参与乃是重新赋予法律以活力的重要途径"。[3]通过民主立法，法律才能充分体现人民的意志，才会更加符合我国的实际和国情，才会更加切实可行。

---

〔1〕　[丹] 努德·哈孔森：《立法者的科学：大卫·休谟与亚当·斯密的自然法理学》，赵立岩译，刘斌校，浙江大学出版社 2010 年版，第 225 页。

〔2〕　[法] 孟德斯鸠：《论法的精神》（上），张雁深译，商务印书馆 1961 年版，第 158 页。

〔3〕　[美] 伯尔曼：《法律与宗教》，梁治平译，中国政法大学出版社 2003 年版，第 35 页。

（三）民主立法的源流

从制度起源而言，早在古希腊和古罗马时期就已经存在公民参与立法，并且是以公民个体参与的形式存在的。在现代社会，民主立法是各国立法实践中的普遍做法。

从我国社会主义性质的立法来看，根据地和解放区的立法就十分注重民主立法。中华人民共和国成立以后，民主立法的历史演变具有特定的政治背景，具体来说可以分为五个阶段。

第一个阶段是中华人民共和国成立至1956年。在这一阶段，立法对党的"从群众中来，到群众中去"的工作方针予以遵循。当时的立法并无严格的程序规范，但在立法的实践方面做到了大范围的公众参加，征求意见和全民讨论是这一时期民主立法的特征。1954年《宪法》以及这一时期颁布的《婚姻法》[1]《兵役法》和《农村合作社章程》等，都采用了广泛讨论或者向群众征求意见的方法。

第二阶段是从1957年至1978年。1957年夏天，反右斗争开始，致使法律虚无主义抬头。1958年的"大跃进"和人民公社化运动，使得法律虚无主义有了进一步的发展。"文革"时期法制更是遭受破坏。

第三个阶段是20世纪70年代末到20世纪90年代初。1978年12月，加强社会主义民主法制的方针在党的十一届三中全会上得到了确立。这一时期，我国制定了大量的法律法规，法律体系的最初萌芽开始形成，民主立法有了一定的程序依据和规范化保障，1982年《宪法》被交付全民讨论。这一阶段的立法，虽然全民很有热情地参与了讨论，但在许多情况下，就整

---

[1]《婚姻法》，即《中华人民共和国婚姻法》，为表述方便，如无特别论述，本书中涉及的我国法律直接使用简称，省去"中华人民共和国"字样，全书统一，不再赘述。

体而言，依然是行政主导型。

第四个阶段是 20 世纪 90 年代初至 20 世纪 90 年代末。这一阶段的立法仍然主要采用全民讨论的形式，但开始了对听证制度等民主立法制度的实践和探索，虽不太成熟，但对民主立法工作产生了较大的影响，民主立法工作有了很大的进步。

第五个阶段是 20 世纪 90 年代末到现在。在这一阶段，我国在政治层面和法律层面对民主立法进行了双重确认，民主立法日趋规范化。党的十六大报告提出，通过公民有序的政治参与进一步提高立法质量；在党的十七大报告中，民主立法被明确提出；党的十八大报告指出，要拓宽人民有序参与立法的途径；党的十九大报告提出，要深入推进民主立法。从全国人大常委会的工作报告来看，第九届全国人大第四次会议提出，要力争做到立法决策的民主化；第十届全国人大第二次会议提出，要坚持立法为民和以人为本；第十届全国人大第五次会议提出，要继续推进民主立法；第十一届全国人大第一次会议提出，要坚持走群众路线，充分发扬民主，扩大公民对立法的有序参与；第十一届全国人大常委会五年立法规划提出，要继续推进民主立法。从法律层面而言，《立法法》《行政法规制定程序条例》和《规章制定程序条例》等都规定了民主立法的原则和具体规则。

（四）民主立法的域外考察

只要是民主国家，便都会通过立法来表达民意。资本主义国家的民主立法具有虚伪性，但一般而言，域外的民主立法主要体现在以下几个方面：一是制度较为成型。许多国家都致力于提高民主立法的规范化、程序化和制度化，从而对公民参与立法的权利进行保障。二是范围较为广泛。在立法实践中，涉及政治、经济和社会生活等诸多方面，都不同程度地存在民众参与立法的影响。三是方式较为多样。较为常见的民主立法形式为立法听证。此外，具有相同主张的公民，可以组成利益集团，以利益集团的形式对某一法律的制定施加影响；就某项立法，公民还可直接向自己选出的议员提出诉求；对宪法性法条等某些重大事项，有时还需通过全民公决。由于各国的具体国情不同，不同国家民主立法的做法并不完全相同。

美国的民主立法主要有两个特点：一是通过公众的立法创制权来实现民主立法。这种权利是最为直接的民主立法的方式，具体表现为公众享有提出法律议案的权利和公众否决权。公众否决权，是指允许公民提出请愿书请求对议会已经通过的法案进行全民公决，美国有 24 个州承认公民否决权。二是将立法制定过程的信息在相关网站上进行公开，便于公众搜查，实时参与互动。在英国的地方立法中，调查是其适用得最为广泛的一种形式，通过设立调查程序，建立公开征求市民意见的制度，目的在于使公众有机会针对立法机关的决定陈述意见。调查分为听证和公开调查，两者的区别主要在于参与的公众范围不同。听证参与的公众是与立法有权利义务关系的人或者地方立法机关邀请的人，公开调查参与的公众则无范围的限制。日本的民主立法主要有咨询程序和提交意见书程序。咨询程序，是指在立法过程中，立法机关原则上应当征求咨询机关的意见。提交意见书程序，是指在立法过程中，有利害关系的公民可以对立法提出意见书，立法机关对公众的意见应当予以充分考虑，要报告意见采纳的结果，对意见是否采纳应说明理由并向社会公开。此外，为帮助民众理解法规草案的内容，法规草案以及与法规草案有关的文件和其他资料等立法资料要全部公开。在瑞士，民众能够深入和广泛地直接参与立法。公民可以通过他们选出的代表提出法案，也可以直接提出立法动议或者立法建议。在审议法案时，立法的进程或者内容往往受到公众多数意见的影响。在欧盟，保障民主立法的机制有内部参与机制和外部公众参与机制。外部公众参与机制有公开咨询程序和专门咨询程序。公开咨询程序，是指社会公众的直接参与；专门咨询程序，是指特定组织或者群体的立法参与。为了保证公正，欧盟在立法时必须向受到未来政策影响的一方群体或者组织、参与或者负责实施未来政策的一方群众或者组织以及政策明确将赋予其直接利益的群体或者组织征求意见。[1]

二、科学立法与民主立法的关系

对科学立法与民主立法的关系，可以从以下几个方面进行分析：

（一）科学立法与民主立法存在的区别

科学立法是科学属性在立法活动中的体现，强调的是立法内容的科学化和立法程序的科学化；民主立法是人民属性在立法活动中的体现，强调的是立法程序的民众参与和立法内容要体现人民的意志。科学立法要求对客观规律予以尊重和体现，代表了立法权的分权要求，因为只有将立法权在一定程度上分配给具有专门知识的机构和人员，才能对有关的资源性要素进行充分挖掘，从而制定出高质量的法律；民主立法要求立法依靠人民、为了人民，代表了立法权的集权要求，因为民主立法是为了保障和实现人民主权，人民享有立法权，但在现代社会，只有代议制权力机关才具有广泛的民主性。科学立法与民主立法在价值追求上存在差别，前者追求意志的合规律性，关注意志的内容是什么的问题；后者追求意志的主体性，关注意志的主体是谁的问题。[2]

---

〔1〕　高旭军、张飞虎："欧盟科学、民主立法保障机制研究：以法律起草为例"，载《德国研究》2017 年第 1 期，第 82~83 页。

〔2〕　黄建武："科学立法与民主立法的潜在张力及化解"，载《地方立法研究》2020 年第 2 期，第 4 页。

（二）民主立法是科学立法的前提和基础

民主立法制约科学立法，只有在民主立法的基础上才能追求科学立法。立法权来源于人民，立法的正当性在于民主立法，科学立法不能对立法的民主性进行损害。就权力机关的立法而言，一个十分科学的立法草案如果得不到立法机关的多数通过，便不可能成为法律。"常识是行为合理性的判断及规范性的来源，社会规范的制定要以常识为准则。"〔1〕没有公众的自觉遵守和认可，一项立法即使再科学、再先进，也是无源之水和无本之木。因此，科学立法应尽可能顾及民众的意愿，要体现以人为本的精神。

民主立法本身就是一种科学的立法方法，实现科学立法的重要途径之一是民主立法。虽然少数人的手中可能掌握真理，但一般说来，多数人的决定达到真理的可能性和概率远远大于少数人的决定。立法越民主，越能广集民意和广开言路，越能集中民智和集思广益，越能充分表达多数人的意志，越能解决社会生活中的实际问题，因而立法也越趋科学。因此，应当将民主立法作为科学立法的生命线来对待。〔2〕合理的民主立法模式能够保证立法科学化的实现。民主立法是实现效益最大化的可靠保证，可以最大限度地实现社会公平，可以对立法决策的失误予以避免或者减少，是实现立法科学性的根本途径。〔3〕

（三）民主立法与科学立法可能存在冲突，民主立法需要科
　　　学立法的保障与促进

有学者对自由民主制进行了批判性反思，认为民主有时会

〔1〕 叶一舟："常识理性下科学立法与民主立法的统一内涵"，载姜明安主编：《行政法论丛》（第15卷），法律出版社2014年版，第246页。

〔2〕 汤维建："从《立法法》修改　看科学立法关键所在"，载《人民政协报》2015年3月9日。

〔3〕 尹林、路国连："关于立法科学性的若干思考"，载《法治研究》2010年第2期，第54~57页。

侵犯自由与平等。[1]正是因为这一原因，民主与科学有时并不存在关联。"科学"强调的是专业人士的认识，其实质是"真"，是否是"真"是客观的，并不是多数人说了算。民主强调的是普罗大众的认识，其实质是依多数人的意志作出决定，但这种决定不一定是"真"的，并不必然导致正确的决定。民主立法只是解决了立法的正当性问题，并不必然导致立法的科学性，不一定导致科学的立法。民主立法强调立法尊重民意，但民意有时并不符合客观规律，科学立法强调立法应当符合客观规律，但客观规律有时并不符合民意，仅通过民主立法所制定的法律不一定是良法。民主的不一定是科学的，就立法内容而言，民意可能与客观规律并不相符。例如，在破产法中，依民意，大多会赞同劳动债权优先于抵押权，但依客观规律，抵押权应当优先于劳动债权。因此，民主立法与科学立法可能因存在冲突而产生内在的张力。这种冲突存在的原因在于：一是在一般情况下，人们习惯于常识性的、简单直观性的思考，这种思考不一定正确，并且多数人的意志包含了利益追求、价值观和风俗习惯等因素的影响，可能与对科学立法的要求不符；二是民主立法的直接作用是依程序化的方式解决多数人意志形成的问题，但科学立法涉及科学问题，专业化程度较高，涉及立法中的诸多价值考虑，并不是多数人说了算；三是公众由于信息和知识的缺陷，大多只关注过去和当下，不太关注未来的长远规划，大多只关注自身利益，不太关注整体利益。因此，不能仅仅追求民主立法，民主立法需要科学立法的保障与促进。在排斥科学、愚昧无知和奴化盲从的条件下，不可能真正实现民主立法。通过科学立法，专家与公众进行充分的交流，公众有可能

---

〔1〕 张强："调和法律的强制性与自由性——论民主立法通向法律信仰的实践理性根据"，载《石河子大学学报（哲学社会科学版）》2017年第6期，第52~53页。

调整自己的意愿，在很大程度上可以消除民主立法中不符合客观规律的情形，科学地平衡社会关系，考虑立法中的诸多价值含量，关注立法的可操作性和可预测性，引领和支持民主立法。

由此可见，在立法过程中应当做到科学立法与民主立法相统一，两者需要相互结合。科学立法是关键，民主立法是手段，要以科学立法保障民主立法的实现，要将追求立法的科学结果置于民主立法的过程中。不能将科学立法理解为仅仅是专家的事而排斥民众对立法的参与，也不能将民主立法理解为民意都是正确的而否定专家在立法过程中的创造性工作。只有既做到科学立法，又做到民主立法，才能保证所制定的法律是高质量的法，从而提升立法的水平和质量。

三、民主立法的现状、存在的主要问题及解决办法

（一）民主立法的现状

《宪法》第1条第1款、第2条第1款、第3条第1款、第27条第2款和第41条第1款是民主立法在我国的宪法依据。[1]

立法的实体民主是立法希望达到的目标。就立法的实体民主而言，《立法法》第5条、[2]《行政法规制定程序条例》第12条第4项和《规章制定程序条例》第5条第1款[3]作了规

---

〔1〕《宪法》第1条第1款规定，我国是工人阶级领导的以工农联盟为基础的人民民主专政的社会主义国家；第2条第1款规定，国家一切权力属于人民；第3条第1款规定，国家机构实行民主集中制的原则；第27条第2款规定，国家机构实行密切联系群众的原则；第41条第1款规定了公民的建议权等，都是民主立法的宪法依据。

〔2〕《立法法》第5条明确规定了立法应当体现人民的意志。

〔3〕《行政法规制定程序条例》第12条第4项及《规章制定程序条例》第5条第1款规定，起草行政法规和制定规章，应当切实保障公民、法人和其他组织的合法权益。

定。对立法的实体民主所体现的"立法坚持人民利益至上、服务于人民的根本利益"，就全国人大常委会的立法而言，可以划分为六个阶段：第一个阶段是 1978 年至 1988 年，为重点强调保障民主立法、加强立法的阶段；第二个阶段是 1988 年至 1993 年，为由单一强调民主权利立法逐步转变为注重公民各方面权利保护立法的阶段；第三个阶段是 1993 年至 1998 年，为开始将权力控制与权利保障相结合的阶段；第四个阶段是 1998 年至 2003 年，为注重对行政权予以规范和进行社会法立法以保障权利的阶段；第五个阶段是 2003 年至 2008 年，为继续关注保障权利与规范权力的统一并且对社会立法予以关注的阶段；第六个阶段是 2008 年以后，为继续强调为维护人民利益立法的阶段。[1]

　　立法的程序民主是指在立法过程中所采用的民主方法，主要是指立法过程中的民众参与，强调的是立法对民意的尊重。《立法法》第 1 条、第 3 条和第 5 条对立法的程序民主有总体的规定。[2]《立法法》的其他有关条文、《行政法规制定程序条例》和《规章制定程序条例》较为具体地规定了立法的程序民主问题。立法的程序民主的现状，主要有以下几个方面：一是向社会公众征集对立法规划的意见。立法规划实际上是立法预告制度，理应有民众参与，允许公民个人或者有关组织提出立法的建议，这是实现公民建议权的要求。《立法法》第 52 条第 1 款、《行政法规制定程序条例》第 8 条第 3 款和《规章制定程序

---

　　〔1〕　朱应平："孜孜追求立法科学化的四十年"，载《法治现代化研究》2018 年第 5 期，第 46 页。

　　〔2〕　《立法法》第 1 条将"保障和发展社会主义民主"作为立法法的立法目的，第 3 条将"坚持人民民主专政"作为立法的指导思想，第 5 条规定了立法要"发扬社会主义民主，坚持立法公开，保障人民通过多种途径参与立法活动。"

条例》第 10 条第 3 款对此作了规定。[1]2016 年，全国人大常委会法工委制定了《立法项目征集和论证工作规范》。在立法实践中，2002 年，福建省人大常委会在全国率先发布了向社会公开征集地方立法的公告。从有关媒体的报道和文献资料来看，向社会公众征集对立法规划的意见，目前已是享有立法权的权力机关和行政机关较为普遍的做法。二是在立法过程中广泛征求意见。这主要有两种情形：第一种情形是，将法律草案及其起草、修改的说明等以及行政法规或者规章的草案、送审稿及其说明等向社会公布，广泛征求意见。《立法法》第 37 条和第 67条第 2 款、《行政法规制定程序条例》第 13 条第 2 款和《规章制定程序条例》第 15 条第 2 款对此作了具体的规定。[2]公开立法草案让公民参与讨论，是我国长期坚持的传统的民主立法形式。中华人民共和国成立后，在 2008 年 4 月 15 日第十一届全国人大常委会第二次委员长会议召开之前，公民广泛参与了 1954年《宪法》和 1982 年《宪法》的讨论。同时，我国对《行政诉讼法》《全民所有制工业企业法》《集会游行示威法》《香港特别行政区基本法》《澳门特别行政区基本法》《村民委员会组

---

〔1〕《立法法》第 52 条第 1 款规定，全国人大常委会编制立法规划和年度立法计划，应当广泛征集意见。《行政法规制定程序条例》第 8 条第 3 款和规定，国务院法制机构应当向社会公开征集行政法规制定项目建议。《规章制定程序条例》第 10 条第 3 款规定，国务院部门以及省级和市级政府，可以向社会公开征集规章制定项目建议。

〔2〕《立法法》第 37 条规定，除经委员长会议决定不公布的除外，应当在常务委员会会议后将列入常务委员会会议议程的法律草案及其起草、修改的说明等向社会公布征求意见，征求意见的情况应当向社会通报。《行政法规制定程序条例》第 13 条第 2 款规定，除经国务院决定不公布的除外，行政法规草案及其说明等应当向社会公布征求意见；第 20 条第 2 款规定，国务院法制机构可以将行政法规送审稿或者修改稿及其说明向社会公布征求意见。《规章制定程序条例》第 15 条第 2 款规定，除依法需要保密的外，应当将规章草案及其说明向社会公布征求意见；第 21 条第 2 款规定，法制机构可以将规章送审稿或者修改稿及其说明向社会公布征求意见。上述规定都明确了向社会公布征求意见期限一般不少于 30 日。

织法》《土地管理法》《合同法》《劳动合同法》《物权法》《婚姻法》《水污染防治法》《就业促进法》等法律的草案均公开向社会征求了意见。2008年4月15日第十一届全国人大常委会第二次委员长会议决定，法律草案原则上应公开征求意见。此后，公布法律草案征求意见更加制度化和常态化，在制定《车船税法》《反家庭暴力法》《资产评估法》《反间谍法》《监察法》《民法总则》等法律和修改《劳动合同法》《预算法》《个人所得税法》《刑事诉讼法》《立法法》《广告法》等法律时，都将草案公开征求意见。2017年，全国人大常委会制定《向社会公布法律草案征求意见的工作规范》，明确了常委会初次审议和再次审议的法律草案都应当及时向社会公布。党的十七大报告指出，制定与群众利益密切相关的法律法规和公共政策原则上要公开听取意见。近年来，无论是权力机关的立法还是行政机关的立法，无论是国家层面的立法还是地方立法，大都将立法草案向社会公布征求意见。第二种情形是，将法律草案发送相关领域的全国人大代表、地方人大常委会以及有关部门和组织征求意见，将行政法规或者规章的送审稿或者送审稿涉及的主要问题发送国务院有关部门、地方政府或者有关的机关和组织征求意见。《立法法》第36条第4款、《行政法规制定程序条例》第20条第1款和《规章制定程序条例》第21条第1款对此提出了明确要求。[1]三

---

[1]《立法法》第36条第4款规定，常务委员会工作机构应当将法律草案发送相关领域的全国人民代表大会代表、地方人民代表大会常务委员会以及有关部门、组织和专家征求意见。《行政法规制定程序条例》第20条第1款规定，国务院法制机构应当将行政法规送审稿或者行政法规送审稿涉及的主要问题发送国务院有关部门、地方人民政府、有关组织和专家征求意见，国务院有关部门、地方政府应当在规定期限内反馈书面意见，并加盖本单位或者本单位办公厅（室）印章。《规章制定程序条例》第21条第1款规定，法制机构应当将规章送审稿或者规章送审稿涉及的主要问题发送有关机关、组织和专家征求意见。

是采用听证会的形式听取意见。《立法法》第 36 条第 1 款和第 3 款、第 67 条第 1 款以及《行政法规制定程序条例》第 22 条第 1 款、第 22 条第 2 款和《规章制定程序条例》第 23 条第 1 款、第 16 条第 2 款规定了立法听证。[1]《规章制定程序条例》第 16 条第 2 款还对起草的规章的听证程序作了具体规定。[2]《规章制定程序条例》第 23 条第 2 款规定了规章送审稿存在《规章制定程序条例》第 16 条第 2 款规定的应当听证的情形起草单位未举行听证会时的听证程序。[3] 全国人大法律委员会、财政经济委

---

[1]《立法法》第 36 条第 1 款规定，列入常委会会议议程的法律案，法律委员会、有关的专门委员会和常委会工作机构应当听取各方面的意见，听取意见可以采用座谈会、论证会、听证会的形式；第 3 款规定，法律案有关问题存在重大意见分歧或者涉及利益关系重大调整，需要进行听证的，应当召开听证会，听取有关基层和群体代表、部门、人民团体、专家、全国人大代表和社会有关方面的意见。听证情况应当向常务委员会报告。《立法法》第 67 条第 1 款规定，行政法规在起草过程中应当广泛听取有关机关、组织、人大代表和社会公众的意见，听取意见可以采取座谈会、论证会、听证会的形式。《行政法规制定程序条例》第 13 条第 1 款和《规章制定程序条例》第 15 条第 1 款规定，起草行政法规和规章，应当广泛听取有关机关、组织和公民的意见，听取意见可以采取听证会的形式。《行政法规制定程序条例》第 22 条第 1 款和《规章制定程序条例》第 23 条第 1 款规定，对行政法规和规章送审稿涉及重大利益调整的应当进行论证咨询，广泛听取有关方面的意见，论证咨询可以采取座谈会、论证会、听证会、委托研究的形式。《行政法规制定程序条例》第 22 条第 2 款和《规章制定程序条例》第 16 条第 2 款规定，行政法规送审稿或者起草的规章涉及重大利益调整或者存在重大意见分歧，对公民、法人或者其他组织的权利义务有较大影响、人民群众普遍关注的，国务院法制机构可以举行听证会，规章需要听证的，起草单位应当举行听证会，听取有关机关、组织和公民的意见。

[2]《规章制定程序条例》第 16 条第 2 款规定，听证会公开举行，起草单位应当在举行听证会的 30 日前公布听证会的时间、地点和内容；参加听证会的有关机关、组织和公民对起草的规章有权提问和发表意见；听证会应当制作笔录，如实记录发言人的主要观点和理由；起草单位应当认真研究听证会反映的各种意见，起草的规章在报送审查时，应当说明对听证会意见的处理情况及其理由。

[3]《规章制定程序条例》第 23 条第 2 款规定，规章送审稿存在《规章制定程序条例》第 16 条第 2 款规定的应当听证的情形，起草单位在起草过程中未举行听证会的，法制机构经本部门或者本级政府批准，可以举行听证会，举行听证会的，依《规章制定程序条例》第 16 条第 2 款规定的程序组织。

员会和全国人大常委会法制工作委员会于 2005 年 9 月共同举行了个人所得税工薪所得减除费用标准听证会，这是全国人大常委会首次举行立法听证会，不仅在全国范围内产生了重要影响，而且使立法听证逐渐走向法治化的轨道。上海、北京、广东和甘肃等地方人大常委会还颁布了立法听证的具体规则。四是采用座谈会的形式听取意见。《立法法》第 36 条第 1 款规定的对法律案听取意见、《立法法》第 67 条第 1 款和《行政法规制定程序条例》第 13 条第 1 款规定的听取意见和《规章制定程序条例》第 15 条第 1 款规定的听取意见、第 23 条第 1 款规定的论证咨询，除可以采取听证会的形式外，也可以采取座谈会的形式。座谈会召开的方式和会议流程较为灵活，与会人员可以畅所欲言，各自的观点能够得到充分的讨论，可以达到有效表达民意的目的。在立法过程中，有立法提案权的国家机关经常召开座谈会，征求有关方面的意见，根据这些意见起草或者提出修改法律法规草案。在立法审议阶段，享有立法权的机关也经常召开座谈会，以便更好地听取各方面的建议和意见，更好地审议法律。五是在立法审议过程中，邀请人大代表列席和公民旁听。人大代表列席和公民旁听人大常委会审议法律是立法公开原则的要求，可以使人大代表和普通公民了解法律的制定过程以及主要内容和矛盾焦点，可以使法律审议时直接反映基层的声音，可以增强人大代表和普通公民参与立法的积极性和责任感，并且对立法也可以起到宣传和监督的作用。这种做法在有关立法方面的法律中没有相关规定，但《代表法》[1]第 26 条和第 27 条的规定提供了

---

　　[1]　本书所称《代表法》是指 2015 年 8 月 29 日全国人大常委会第十六次会议第三次修正的《中华人民共和国全国人民代表大会和地方各级人民代表大会代表法》。

法律依据。[1]北京、石家庄、青岛、郑州、上海、山东、广东和湖南等地的人大常委会还对公民旁听制定了具体办法。六是进行立法协商。不同阶层对立法的需求在不断增加，为了各自的利益，不同的利益主体越来越多地将立法作为博弈的平台，立法协商十分必要。在实践中，不少享有立法权的机关十分重视在立法过程中与政协进行立法协商。

（二）民主立法中存在的主要问题及解决办法

1. 立法的实体民主存在的问题及解决办法

立法的实体民主，要求人民的意志在立法中得以体现。我国的立法并没有全面体现人民的意志，主要表现在两个方面：一是对公民权利的规定，立法还存在某些欠缺。国家尊重和保障人权已被载入宪法，但生命权等权利并未被作为基本权利在宪法中予以规定，宪法对公民基本权利的规定还不太全面。全国人大常委会的报告没有对权利立法的规律性予以探讨，"权利"一词的使用频率很低，有时以合法权益代替。二是党的十九大精神在立法上没有得到很好的体现。党的十九大为我国未来的发展指明了方向。十九大报告指出，我国的社会主要矛盾，已经转化为人民日益增长的美好生活需要和不平衡不充分的发展之间的矛盾。2018 年修改《宪法》时，并没有体现这一精神。人民美好生活的需要，不仅包括物质文化生活的需要，还包括公平、正义、民主、法治、安全和环境等精神方面的需要，全国人大常委会在立法方面对此没有作出有针对性的安排。对立法的实体民主存在的问题，要在宪法上扩展公民基本权利的

---

[1]《代表法》第 26 条规定，县级以上的各级人大代表可以应邀列席本级人大常委会会议、本级人大各专门委员会会议；第 27 条规定，全国人大代表、省级和市级的人大代表可以列席原选举单位的人大会议，并可以应邀列席原选举单位的人大常委会会议。

范围，要对宪法规定的公民的基本权利通过立法予以落实和具体化，并且在立法上要使党的十九大提出的满足人民日益增长的美好生活需要的要求得以体现。

2. 立法的程序民主存在的问题及解决办法

从国外的立法实践来看，公众参与立法的最为行之有效的形式就是听证。我国的立法听证制度存在以下问题需要加以解决：一是要明确规定应当进行立法听证的情形。从《立法法》第 36 条第 3 款、《行政法规制定程序条例》第 22 条第 2 款和《规章制定程序条例》第 16 条第 2 款的规定来看，[1] 对应当进行立法听证情形的规定过于抽象和原则，对哪些立法项目必须经过立法听证以及哪些项目不必经过立法听证没有作出明确的规定，在具体操作时随意性较大，实践中实行立法听证的情形较为少见。例如，走在民主立法前沿的上海，仅于 2013 年和 2014 年对《轨道交通管理条例》和《消费者权益保护条例（修正案）》进行了立法听证。立法听证是一种准司法程序，工作量大，所耗成本高，程序性也较强，要求立法过程都举行听证不太现实。我国可以考虑依立法听证的功能从实体和程序两个方面来规范应当进行立法听证的情形。在实体上可规定在立法涉及不同利益主体的对立利益时，应当举行听证；在程序上可规定立法者可依职权组织听证，在立法涉及的利益主体提出要求时，立法者应当组织听证。二是要明确立法听证的实施阶段。对于立法听证应当在立法的哪一个阶段组织，《立法法》并没有

---

〔1〕《立法法》第 36 条第 3 款对应当召开听证会的情形规定为"法律案有关问题存在重大意见分歧或者涉及利益关系重大调整，需要进行听证"；《行政法规制定程序条例》第 22 条第 2 款和《规章制定程序条例》第 16 条第 2 款对行政法规送审稿或者起草的规章适用听证制度的情形规定为"涉及利益关系重大调整或者存在重大意见分歧，对公民、法人或者其他组织的权利义务有较大影响，人民群众普遍关注的"。

作出规定。依《行政法规制定程序条例》和《规章制定程序条例》的规定，既可以对行政法规和规章草案进行听证，也可以对行政法规和规章送审稿进行听证。为了使不同利益主体的主张尽早在立法过程中得到体现，对应当组织立法听证的，应在法律法规草案形成以后组织立法听证。三是要明确立法听证的参与人。对于立法听证应由哪些人参与，《行政法规制定程序条例》没有作出规定，《立法法》第36条第3款和《规章制定程序条例》第16条第2款作了规定。[1] 上述规定使得立法听证的参与人与立法座谈的参与人不易被区分，没有体现立法听证的功能。听取不同利益主体的主张是立法听证的主要功能。因此，立法听证参与人应当是不同利益主体的代表，尤其应当有弱势群体利益的代表。四是要明确立法听证的程序。对立法听证的程序，《立法法》和《行政法规制定程序条例》没有作出规定，仅有《规章制定程序条例》第16条第2款作了规定。事实上，无论何种类型的立法，立法听证的程序基本上都是一致的，《规章制定程序条例》第16条第2款规定的听证程序大体上也适用于对法律、行政法规、地方性法规以及自治条例和单行条例的听证，有必要统一规定立法听证的程序。就《规章制定程序条例》第16条第2款规定的听证程序而言，也有许多问题并不明确。例如，没有规定如何遴选听证参与人，使得参与人的代表性不足，各地的做法也各异；规定了听证参与人有权提问和发表意见，但没有规定不同利益群体代表相互之间的辩论，对听证的内容如何确定没有作出规定，听证参与人有可能无法进行有针对性的辩论，也就可能无法形成民主的听证结果；未规定

---

　　[1] 对立法听证的参与人，《立法法》第36条第3款规定为有关基层和群体代表、部门、人民团体、专家、全国人大代表和社会有关方面；《规章制定程序条例》第16条第2款规定为有关机关、组织和公民。

听证参与人的平等地位，有可能使弱势群体的代表在听证程序中处于被动地位，进而使应当享有的权利得不到保护；对听证参与人的发言顺序和陈述规则没有作出规定，对听证报告及其效力也没有作出规定，致使实践中立法听证会不制作听证报告的现象较为常见，对听证意见处理的公开程度不够，公民对立法听证的实效性和公正性有所怀疑；没有规定旁听制度和新闻媒体报道制度，影响了立法听证的公开性。对上述存在的问题，应当有针对性地予以解决。听证参与人的遴选，公民个人作为参与人的，可以采用公开报名或者组织推荐等形式，人数较多时，以不同利益主体的比例为标准抽签决定，人数不足时，可以由听证主持单位邀请；单位作为参与人的，由所在单位确定。这样，就能保证立法听证参与人的代表性和选择程序上的公开、公正和透明。听证的最大特征在于其辩论性，辩论是立法听证的核心所在，应当规定听证过程中不同利益主体的代表相互之间有权进行辩论。听证程序设置的魅力在于议题的产生和辩论的焦点。在听证程序开始之前，应当事先确定听证的内容，将预设好的辩论主题和焦点予以公示。不同利益主体的代表在听证时进行针锋相对的辩论，表达自己对法律法规草案的见解，可以使立法者找到利益冲突的平衡点。在听证过程中，不同利益主体的代表在实际地位上是不平等的，掌握较多社会资源的群体（尤其是有关的机关）在立法过程中有可能控制立法的方向。因此，在立法听证中，要明确听证参与人的平等地位，注重对弱势群体利益主体代表的权利保护，使他们的诉求能够被立法机关充分考虑。关于听证参与人的陈述规则，可以借鉴美国的"5分钟规则"。5分钟规则是针对陈述时间的限制，使所有的听证参与人都有机会发表意见是这一规则的目的。关于听证参与人发表意见的顺序，可由听证主持人依不同利益主体来决定，可以考虑由弱势群体利益的代表优先发言。立法听证会结束后必须制作听证报告，听证报告的内容为对立法听证的意见进行客观和真实的归纳。为了增强立法听证的实际效果，听证报告应当向媒体公开，并且应当送享有立法权的机关，作为立法的依据之一或者重要参考。在享有立法权的机关未采纳立法听证意见时，应当以适当的方式向听证参与人及社会公众作出详细的解释。为了贯彻立法听证的公开原则，应当允许新闻媒体报道和公民旁听立法听证，并制定相应的规则，从而促进立法听证的实际效果。

立法协商主要存在两个问题需要予以解决：一是要明确立法协商的平台。对立法协商在认识上存在分歧，有的从协商民主的视角来理解，有的理解为将法律法规草案提交政协进行政治协商，致使立法协商的平台得不到确定。从协商民主的视角来理解立法协商，使得立法协商过于宽泛，如果作这样的理解，立法协商与民主立法就几乎不存在区别了。立法协商的平台宜从狭义上来确定，仅指政协参与立法协商。之所以作这种理解，是因为政协是社会主义协商民主的重要渠道，是专门的协商机构，具有汇聚各方面优秀人才的智力优势，具有比较完备的制度和组织方面的优势，联系面广、包容性大、代表性强，可以广泛听取意见，增进社会共识，在组织委员参与立法协商的工作中能够发挥独特的作用。在立法实践中，大多也是将立法协商理解为政协参与立法协商，如北京市委就政协参与立法协商下发了专门的文件，青海省政府与省政协双方的有关部门签订了政协参与立法协商的备忘录。社会主义协商民主建设对立法的其他要求，可以通过民主立法的其他制度予以实现。二是要明确立法协商的程序。将立法协商的平台确定为政协参与立法协商，有学者对人民政协参与立法协商的完善从规范建设、组织建设、程序建设等方面进行了探讨。[1]为了提高立法协商机制运行的效率，可对政协参与立法协商的程序规则进行如下规范：法律草案、行政法规草案和部门规章草案，应当送全国政协进行立法协商，地方性法规草案、自治条例和单行条例草案和地方政府规章草案，应当送同级政协进行立法协商；政协应当在收到草案1个月内，将对草案的意见送相应的享有立法权的机关。此外，将立法协商从狭义上确定为政协参与立法协商，应在法律上作出规定，并将政协参与立法协商作为立法的必经程序。

立法中的程序民主，除了立法听证制度和立法协商外，还应向社会公众征集对立法规划的意见、在立法过程中广泛征求意见、采用座谈会的形式听取意见以及在立法审议过程中邀请人大代表列席和公民旁听。这方面的规定旨在体现民主立法的公众参与。民主立法程序民主的其他方面需要解决的问题主要有：

第一，民众参与立法的数量少、参与的主体不广泛。对立法规划只规定了应当或者可以征集意见，没有规定立法规划的草案应当公开，缺乏民众的充分参与，如果在法律法规草案向社会公开征求意见时民众反映立法条件尚未成熟且确有道理，便可能导致立法资源的浪费。对法律和行政法规草案及其起草、修改的说明，立法允许经委员长会议或者国务院决定可以不公布的规定不存在正当性，依法应当保密的规章不公布不存在事实前提，因为制定的规章只有公开才能产生法律效力，不存在规章的内容需要保密的问题。对于法律草案的一审和二审等所有草案是否都应公开，我国在立法上没有作出规定。对行政法

---

〔1〕　江国华、肖妮娜："人民政协参与民主协商的法理与机制"，载《湖南大学学报（社会科学版）》2019年第2期，第130~131页。

规或者规章的送审稿或者修改稿可以向社会公布征求意见的过于灵活，实际上赋予了不公布的权力。在实践中，法律法规草案向社会公开、让公众参与讨论并未成为常态。主要原因在于：在立法过程中，享有立法权的机关并未将公众参与立法视为公民的基本权利，存在不愿让群众对法律政策内容过早知晓从而使有关工作"被动"的传统思维。[1]在现实生活中，参与到民主立法的公民是较少的，距离民主立法的要求还存在很大的差距。因此，有必要建立强制公开制度，扩大民众参与立法的主体范围。对立法规划，不仅要公开征集意见，而且要公开立法规划的草案；对立法过程中形成的所有法律法规草案（包括一审稿和二审稿以及修改稿和送审稿等），都必须公开向社会征求意见。建立上述强制公开制度，立法成本并不高，有利于充分听取民众的意见，可以使法律法规的制定能够有效地体现人民的意志。立法公开是民主立法的构成要件，是科学立法的重要保障，是公正立法的实现途径。[2]立法公开是一种覆盖面最广和最为直接的民主立法制度。立法公开有利于保障公民对立法的参与权、知情权、表达权和监督权，可以在立法工作中集思广益从而提高立法质量。就扩大公众参与立法的主体范围而言，公众参与立法的人数越多、程度越高、力度越大，就越符合民主法的要求。为了扩大公众参与立法的主体范围，我国在实践中进行了一定的探索。例如，运用社区和村委会搜集民众意见；赋予地方司法所、法律援助中心以及妇联和消协等基层组织为民众参与立法保驾护航的义务；享有立法权的机关设置专职人员通过专门电话、传真、邮箱或者电子信箱方式接受公众

---

〔1〕 冯玉军："中国法律规范体系与立法效果评估"，载《中国社会科学》2017 年第 12 期，第 151 页。

〔2〕 陈光主编：《立法学原理》，武汉大学出版社 2018 年版，第 58~62 页。

意见，鼓励群众通过多种有效途径提出意见。

第二，民众参与的能力不强，主动性和积极性不高。不少的民众欠缺法律知识，法律意识较为薄弱，不太具备创制法律的专业知识和信息，所以，在参与立法的过程中，他们大多只对局部利益、暂时利益或微观利益较为关注，很难提出较为成熟的意见。这种情形又反过来制约了民众参与民主立法的热情，民众感觉到对立法提出建议遥不可及，心有余而力不足，缺乏参与立法的积极性和主动性。对新出台的法律法规，民众真正关注的并不多，更不会积极主动地获取与立法有关的信息、提出建议。多数的民众存在一种从众的心态，对立法的参与较为淡漠，少数民众甚至因有法不依而对法律产生了信仰危机。因此，有必要增强公众参与民主立法的能力，提高公众参与民主立法的积极性和主动性。从总体上讲，提升公民素质、培养公民的政治文化素养、大力开展法治教育、制定相关的公民参与立法的程序和规则是解决这一问题的关键。为了培育公民参与立法的意识和能力，有必要采取以下途径和方式：对抽象或专业的法律条文，由媒体运用其法律解读功能，使其变得较为生动和易懂；享有立法权的机关履行法律解答职责时，使公民对法律法规草案的含义和争议焦点得以理解；社会组织发挥其在社会领域中的作用，使公民参与立法的实效性、有序性和广泛性得以提高；为了给公众参与立法提供基本的经济或者技术支撑，可建立公众参与立法的协助制度。[1]此外，还可探索公众立法提案权制度和公众参与立法的奖励或者补偿机制。

第三，公众参与民主立法的信息不对称。在立法过程中，享有立法权的机关对公众的意见是否采纳以及理由如何很少予

---

〔1〕 冯玉军："中国法律规范体系与立法效果评估"，载《中国社会科学》2017年第12期，第153页。

以说明，为公众提供的信息量明显不足，使得公众难以把握立法的意图。立法过程也未完全公开，一般只局限于法律法规草案及其说明，其他信息几乎没有披露，公众对立法过程的具体操作流程并不知晓。因此，对公众的意见是否采纳及其理由，应建立反馈机制，对立法信息公开制度应予以完善。对公众的意见，享有立法权的机关进行归纳整理后，应及时以公开的方式进行反馈，让公众知道哪些意见被采纳，哪些意见没有被采纳，采纳与否的理由是什么。这样才能体现享有立法权的机关对公众意见的尊重，公众也能切实感受到自身在立法活动中的价值。民主立法的前提是立法信息的公开，在立法的整个过程中，都应当贯穿立法信息公开。在立法信息公开方面，享有立法权的机关开展了不少工作，但仍未达到理想的状态。要树立立法公开的理念，实现立法公开的法制化，完善立法公开的具体机制。[1]立法的成果都应当向社会公布。立法不同于司法裁判，一般不存在需要保密的问题，应当实行立法过程完全公开和绝对公开。第四，参与的程序和保障机制不够完备。对民众参与民主立法的程序，现行立法的规定过于笼统、不够完备，并且公民参与民主立法的保障机制同样不够完备。例如，对法律法规草案如何公开没有作出具体规定，各地的做法也不一；对采用座谈会听取意见是否是必经程序没有作出规定，在立法审议过程中邀请公民旁听只是地方立法机关的规定，缺乏国家层面的立法依据。此外，对享有立法权的机关在违反民众参与民主立法的程序规定而非法剥夺公民立法知情权时应当承担何种法律责任的规定在现行法律中缺失，使得民众参与民主立法缺乏法律上的保障。为了完善民众参与民主立法的程序和保障

---

〔1〕 陈光主编：《立法学原理》，武汉大学出版社 2018 年版，第 69~72 页。

机制，法律法规草案应当通过本行政区域内的报纸、广播、电视、电台、网站、微信、微博、社区公告栏等各种大众传播方式予以公开，以扩大立法信息的公开面；采用座谈会形式征求意见较为灵活，成本不高，应将其作为立法的必经程序，在立法起草和审议时必须采用座谈会的形式征求意见，以杜绝闭门立法之情形；享有立法权的机关违反民众参与民主立法的程序而非法剥夺公民立法知情权的，不仅将因立法程序违法而导致所立之法无效，而且还应当对有关负责人和直接责任人追究法律责任。第五，人大代表参与立法的规定存在欠缺。人大代表不仅应直接参加人大的立法，而且应参与人大常委会的立法、参与行政法规或者规章的制定，以体现人民代表大会制度的要求。现行立法规定了法律草案和行政法规起草时应当征求或者听取人大代表的意见，但对规章没有作这种要求。立法审议过程中邀请人大代表列席，只有《代表法》上的依据，有关立法方面的法律并没有作出规定，也没有针对人大代表能否列席行政法规和规章的审议的规定。人大代表参与立法，还存在代表责任心不强、代表素质不高、代表与选民相脱节等问题，因此，对人大代表参与立法的制度，应当予以完善。人大代表是人民依法选举的，他们对民情比较了解，可以在立法过程中作为民意的代表。不仅法律、行政法规、地方性法规以及自治条例和单行条例的草案应当征求或者听取人大代表的意见，规章的起草也应当听取人大代表的意见。不能只在《代表法》中规定法律、地方性法规以及自治条例和单行条例审议邀请人大代表列席，还应在有关立法方面的法律中予以规定，并且行政法规和规章的审议也应当邀请人大代表列席，以体现人民对行政立法的监督。2014年3月，浙江省人大常委会主任会议通过《关于省人大代表分专业有重点参与立法工作的若干规定》，建立了省人大代表有序参与立法的新机制，在全国首开先河。为了使人大代表参与立法的制度发挥更大的作用，应当提高人大代表的民主观念，加强对其专业知识（尤其是法律知识）的培训，完善人大代表联系制度。有学者还建议，应实行人大代表竞争机制，提高其决策能力，并且建议人大代表专职。[1]

---

〔1〕 刘裕："民主立法的完善途径"，载《安庆师范学院学报（社会科学版）》2003年第5期，第25~27页。

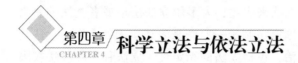

第四章 科学立法与依法立法
CHAPTER 4

一、依法立法的基本理论

对立法的原则，以前我们的提法以及较为倡导和关注的是民主立法和科学立法，相比较而言，依法立法这一提法出现得较晚。在2003年的全国人大立法工作会议上，时任委员长吴邦国提出要严格依法立法。在2010年的两会期间，徐显明代表在接受采访时表示，实践中需要科学立法、民主立法和依法立法。2010年以后，在湖北、安徽、福建、贵州、杭州等省市的有关立法方面的文件中，依法立法的概念被相继使用。时任委员长张德江在2015年9月召开的第二十一次全国地方立法研讨会上指出，要牢固树立依法立法、为民立法和科学立法的理念。《立法法》第3条和第4条[1]对依法立法提出了明确的要求。在党的十九大报告中，科学立法与民主立法、依法立法被同时提出，表明了在新时代立法工作中依法立法具有重要的作用和地位。

就学者们的研究而言，湛中乐和杨君佐在《科技与法律》2000年第2期发表的《依法立法·依法治法——〈立法法〉述评》一文，是笔者在中国知网中检索到的第一篇提出依法立法概念的学术论文。但是，学者们在以往的研究中很少对立法的

---

〔1〕《立法法》第3条规定，立法应当遵循宪法的基本原则；第4条规定，立法应当依照法定的权限和程序，从国家整体利益出发，维护社会主义法制的统一和尊严。

基本原则用依法立法来表述，大多用立法法治或者立法的法治原则或者立法的国家法制统一原则来表述。例如，作为立法基本原则的立法法治，包括立法的宪定性、立法程序和立法权限的法定性、立法结果的合法性；[1]法治原则是立法的基本原则，是指立法应当从国家的整体利益出发，应当遵循法定的程序和权限；[2]立法的法治原则包括立法程序和立法权限的法定性以及立法内容的合法性，其中立法权限法定体现为立法主体的法定性、立法权的受制约性和立法权限的明晰化，立法内容的合法性体现为立法内容的协调性、合宪性和良善性；[3]立法的国家法制统一原则是指，立法应当从国家整体利益出发，应当依照法定的程序和权限，应当维护社会主义法制的尊严和统一。[4]依法立法被载入党的十九大报告在立法认识论上是一次巨大的提升，极大地丰富和发展了立法理论。[5]此后，学者们对依法立法的概念进行了一定的探讨，但研究得并不深入。例如，认为依法立法是指积极履行立法职责，依法定程序和法定权限立法，立法内容合法；依法立法是指确保立法内容合法，遵循法定程序和权限立法，落实立法责任，维护法制统一；依法立法的核心就是立法要符合宪法和法律的精神，维护国家法制统一，不越权、不抵触，依照法定程序，要遵循党的路线、

---

〔1〕 邓世豹主编：《立法学：原理与技术》，中山大学出版社 2016 年版，第 49~52 页。

〔2〕 杨临宏：《立法学：原理、制度与技术》，中国社会科学出版社 2016 年版，第 80~84 页。

〔3〕 徐向华主编：《立法学教程》（第 2 版），北京大学出版社 2017 年版，第 48~49 页。

〔4〕 朱力宇、叶传星主编：《立法学》（第 4 版），中国人民大学出版社 2015 年版，第 60~62 页。

〔5〕 郑文睿："新时代科学立法民主立法依法立法的价值意蕴"，载《光明日报》2018 年 5 月 31 日。

方针和政策。

笔者认为，对依法立法概念的界定，也可遵循对科学立法和民主立法概念的界定方法，对"依法"和"立法"分别予以界定。在界定科学立法和民主立法的概念时，对"立法"的界定同样适用于依法立法。依法立法的"依法"有两层含义：一是指立法应依照法定的程序和权限；[1]二是指立法应当遵循宪法的基本原则，符合宪法和上位法的规定，不得与宪法和上位法相抵触，应与效力等级相同的其他法律法规相协调。[2]

依据上述分析，可以对依法立法的概念作如下界定：所谓依法立法，是指依法享有立法权的权力机关和行政机关在制定、修改和废止法律法规的过程中，应当依照法定的程序和权限，遵循宪法的基本原则，符合宪法和上位法的规定，不得与宪法和上位法相抵触，应与效力等级相同的其他法律法规相协调。

二、科学立法与依法立法的关系

依法立法被载入党的十九大报告与民主立法和科学立法并提，民主立法、科学立法和依法立法三者之间形成了严密的立法逻辑。民主立法主要关注的是程序层面的理性公正，突出了立法活动的人民属性；科学立法主要关注的是事实层面的合规律性，突出了立法活动的科学属性；依法立法主要关注的是在规范体系的内部推动正当法律规范的形成，突出了立法活动的

---

〔1〕《立法法》第4条对此作了原则规定。《行政法规制定程序条例》第3条和《规章制定程序条例》第3条明确了制定行政法规和规章要遵循立法法确定的立法原则。

〔2〕《立法法》第3条规定，立法应当遵循宪法的基本原则；第4条规定，立法应当从国家整体利益出发，维护社会主义法制的统一和尊严。《行政法规制定程序条例》第3条和《规章制定程序条例》第3条规定，制定行政法规要符合宪法和法律的规定，制定规章要符合宪法、法律、行政法规和其他上位法的规定。

合法属性。

由依法立法的地位和作用所决定，依法立法是科学立法的前提和基础。依法立法理念及其原则化是宪法基本原则的题中应有之义；依法立法理念及其规范化是构建和完善我国立法体制的应有之义和规范保障；依法立法理念及其实践化是改革开放与发展的应有之义和依据保障；依法立法理念及其遵循是维护宪法权威和国家法制统一的应有之义和必要保障；依法立法理念及其实施是构建和完善社会主义法律体系的应有之义和基础性保障。[1]依法立法有助于促进依法行政，为改革开放继续推进并在新的历史起点上再创辉煌提供保障；有助于使宪法和法律的权威得以树立，为法治中国的建设提供保障；有助于立法质量的提升，为推进立法工作朝着更高质量的方向和目标迈进提供保障。依法立法是立法的基本前提和基础，立法如果不具备合法性这一前提和基础，就无从谈起立法的科学性，科学立法不能在违法立法的背景下实现，不能以科学立法为由违法立法，科学立法需要法治的支撑。依法立法之所以应当被强调，是因为立法权是国家公权力的重要组成部分，与行政权、监察权、司法权等国家公权力一样，都应当依法进行，这是全面依法治国的应有之义和内在要求，并且与行政权、监察权、司法权等国家公权力相比，应当更加强调立法权的行使要依法进行。行政权、监察权、司法权等国家公权力的违法行使，对法治的破坏一般是局部的，但违法的立法活动使针对不特定人的立法成果得以实施，因而对法治的破坏更为严重。

依法立法强调立法要依法进行，但规范立法活动的法有的是科学的，有的则不一定是科学的。科学立法具有理念传播、

---

[1] 陈俊："依法立法的理念与制度设计"，载《政治与法律》2018 年第 12 期，第 88~90 页。

立法准则、过程控制等功能。依法立法需要科学立法的指导，不科学的规范立法活动的法在其生效期间虽对立法活动仍然具有约束力，但我们可以通过对科学立法的探讨，修改或废止不科学的规范立法活动的法而使其科学化，从而使依法立法与科学立法尽可能统一起来，以推进依法立法水平的提高。

三、依法立法的实现

（一）依照法定的立法程序和权限进行立法

立法这种公权力行使的行为，不仅在实体上要合法，而且在程序上也要合法。我国的《立法法》《行政法规制定程序条例》和《规章制定程序条例》等对立法程序作出了规定，严格依照法定的立法程序进行立法是立法的必备要求，就像行政机关行使行政权要遵循法定的行政程序一样。

何海波教授对立法的权限要求从法律保留和法律优先两个方面作了较为全面的论述。[1]立法机关应当依法定的立法权限进行立法，主要是指享有立法权的机关在立法时既要遵循不越权的原则，不能在自己的法定立法权限范围之外立法，又要在自己的法定立法权限范围内积极地行使立法权。目前，地方享有立法权的机关超越立法权限的现象仍然存在，主要表现为：地方性法规超出法律的规定，对公民、法人和其他组织的权利进行限制，对其义务予以增加或减免；享有地方立法权的机关，有的超越权限，对本属于宪法内容的基本权利义务作出规定，有的未经授权或超越授权的范围和幅度，或者对依法属于中央立法范围的事项制定地方性法规和地方政府规章。对立法越权的，应依法追究有关机关或个人的责任。就立法不作为而言，

---

〔1〕 何海波："行政法治，我们还有多远"，载《政法论坛》2013年第6期，第33~35页。

其存在逻辑为立法裁量权的客观存在、维护既得利益、集体行动困难、非法治方式的效率偏好和立法功能不足的问题；其识别困难在于责任边界难以明确厘定、条件判断容易各执一词、行为认定存在较大困难以及与损害之间不存在直接的因果关联；其认定依据为具备立法条件和能力、负有明确的立法责任、客观上有不作为的行为和民权得不到保障。[1]享有立法权的机关未完成立法规划尤其是年度立法计划，应当视为立法不作为。对立法不作为，同样应依法追究有关机关或个人的责任。有学者认为，以一定的强制措施监督立法规划的完成是完全可以的，对于因主观原因造成立法规划落空的，应当作必要的处分；作为国家权力的产物，立法规划接受问责是对国家权力监督的内在要求。[2]

(二) 立法应当遵循宪法的基本原则，符合宪法和上位法的规定，不得与宪法和上位法相抵触，应与效力等级相同的其他法律法规相协调

我国社会主义法律体系的核心和统帅是宪法这一根本大法，立法应当遵循宪法的基本原则、符合宪法的规定、不得与宪法相抵触是不存在异议的。我国的立法还有等级效力的差异，存在下位法与上位法的区分，立法应符合上位法的规定，不得与上位法相抵触，还应与效力等级相同的其他法律法规相协调，否则就会有违法制统一原则。在我国的立法实践中，也存在一些立法不统一的情形。例如，在我国劳动法律体系中，关于用人单位对劳动者工资无故克扣或者拖欠的法律责任、一周标准

---

〔1〕 代水平："立法不作为的存在逻辑、识别困难及认定依据"，载朱景文、沈国明主编：《中国法学会立法学研究会2017年年会论文集》，法律出版社2018年版，第350~361页。

〔2〕 李晓莉："立法规划落空的反思与解决路径"，载《中山大学研究生学刊》2020年第2期，第130页。

工作时间、医疗补助费、试用期期限以及解除劳动合同后未依法支付劳动者经济补偿的赔偿金和额外经济补偿金等问题，不同的法律法规所规定的内容不尽相同；在企业并购领域，相关的法律法规对国有企业并购和上市公司并购重组等问题也存在相互矛盾的情形；在交通领域中，机动车登记规定与《道路交通安全法》关于车辆年检的规定并不一致；《反不正当竞争法》与其他法律法规发生竞合和冲突的情形较为普遍，《商业银行法》《建筑法》《产品质量法》《价格法》和《电信条例》等对《反不正当竞争法》的法规竞合，可能影响该法作用的发挥。

第五章 科学立法与立法理念

CHAPTER 5

一、立法理念的意义

理念是欧美思想体系中一个古老的词汇。古希腊文"Eidos"意为"看到的东西"，被认为是理念一词的来源。一般认为，理念是指人们对某种事物的看法、观点或者信念。在许多场合下，理念和观念是互用的。

理念属于主观的或者精神层面的范畴，它是人们的一种内心确认或者思想，因而其本身不具有外在的强制力。但是，理念影响人们对自己的行为进行取舍，其所具有的约束力是内在的，因为理念指导人们的行为，人们的行为服务于自己的理念，人们对某一行为的正确实施必须以正确的理念作为指导。

立法是法运行的起点，执法、司法和守法都应以立法为基础和依据。立法理念是指立法者对立法的信念或者观念，是立法者对立法的看法，它的形成不仅受到法本身（包括法的本质、精神、价值、目的）和法自身安定性的内在要求的影响，而且还受到国情的影响。[1]立法理念能够为立法活动提供思想上的指导，在法律世界中具有十分重要的地位。它是实现法的价值的观念基础，是推进科学立法的思想路线，是处理权利与权力

---

〔1〕 刘树桥："立法理念的当代诠释"，载《湖北警官学院学报》2013年第10期，第27~29页。

关系的基本准则。[1]

二、学术界对立法理念的探讨

2000 年《立法法》颁布之前，法学界对立法理念进行了探讨。有学者从"法律的滞后与观念的僵化""立法技术的现代化和法制的现代化"和"变革立法观念依法建立社会主义市场经济体制"这三个方面对立法观念的变革进行了分析。[2]有学者认为，经济立法的观念，要变粗犷型立法、经验立法、按中国国情立法和按身份立法为细密型立法、超前立法、按国际惯例立法和平等立法。[3]

2000 年《立法法》颁布以后，学者们对立法理念的研究进一步深化。有学者认为，立法者应当树立质量和效益至上的观念，强化质量意识，淡化数量意识；广泛吸纳民意，强化以人为本的立法理念；强化立法的基本权利保障意识和程序正义理念，以制定良法为神圣使命。[4]有学者从立法的现状及其重要性、对法律移植的盲目追求、对习惯作为法源的认识缺乏和对法律功能局限性认识的缺乏这四个方面，就法文化视角下的现行立法观念进行了剖析。[5]就 1980 年至 2014 年全国人大常委会公报对社会转型背景下立法者立法理念的发展变化，有学者进行了如下分析：立法者对法律功能的认识，从单一的专政工具转变为较全面的治国方略，立法者对自身立法的活动和对其应遵循的基本原则的认识越来越清楚，对其应遵循的程序和规

---

〔1〕 刘敏："论立法理念"，载《牡丹江大学学报》2012 年第 9 期，第 93~94 页。

〔2〕 孙潮："论立法观念的变革"，载《中国法学》1992 年第 6 期，第 30~34 页。

〔3〕 梁保安："论经济立法观念的转变"，载《宿州师专学报》2000 年第 2 期，第 24~25 页。

〔4〕 刘武俊："中国主流立法观念检讨"，载《学术界》2001 年第 2 期，第 192 页。

〔5〕 李君莉："法文化视角下的现行立法观念剖析"，载《淮北煤炭师范学院学报（哲学社会科学版）》2005 年第 4 期，第 35~37 页。

则的认识经历了一个循序渐进的过程；在社会急剧转型的背景
下，对法律的稳定性和宜粗不宜细的立法思想应当进行再认识，
法律的稳定性不能绝对化而只能是相对的，固守法律的稳定性，
同样会对法律的权威性造成损害，因此立法者应当根据社会需
要适时地修改法律而不能一味求稳，法律在制定之初可以较为
原则、概括，但法律在修改过程中应当具体化并具备更强的操
作性。[1]有学者从和谐立法内涵的文化哲学讨论以及和谐立法
的系列观念两个方面，对文化哲学视域的和谐立法观念系统进
行了分析。[2]高其才教授认为，现代的立法理念包括民主立法
的理念、合法立法的理念、科学立法的理念、人本立法的理念、
平衡立法的理念、客观立法的理念和全球视野立法的理念。[3]
有学者对宜粗不宜细的立法观念进行了反思，认为应当从"加
强立法规划，完善立法技术""健全立法体制，合理配置立法权
限"和"加强立法机构建设，提高立法者的职业水平"这三个
方面予以改变。[4]郭道晖教授认为，改革开放以来，我国的立
法工作贯穿以经济建设为中心和稳定压倒一切的指导思想，不
能完全适应以人为本和立法为民的理念追求，必须适度转变立法
思路，政治体制改革的立法刻不容缓。[5]有学者对国家利益本

---

[1] 徐路、刘万洪："社会转型背景下的立法者——从1980—2004年人大常委会公报看立法理念的发展变化"，载《法律科学（西北政法学院学报）》2005年第6期，第9~16页。

[2] 董志霄、李来和："文化哲学视域的和谐立法观念系统"，载《中国青年政治学院学报》2006年第1期，第106~110页。

[3] 高其才："现代立法理念论"，载《南京社会科学》2006年第1期，第85~90页。

[4] 曲玉萍、刘明飞："反思'宜粗不宜细'的立法观念"，载《长春师范学院学报（人文社会科学版）》2006年第5期，第39~41页。

[5] 郭道晖："立法理念与重心的与时俱进——以'十七大'精神审视我国法律体系"，载《政治与法律》2008年第6期，第2~7页。

位、立法浪漫主义和以经济建设为中心的传统立法理念进行了探讨，认为应当构建法治与民主、以人为本以及公正、公开和参与的现代立法理念，其中现代立法理念的基本准则为法治与民主，现代立法理念的核心内容为以人为本，现代立法理念的具体指向为公正、公开和参与。[1]有学者认为，当代立法理念的确立，应当树立立法的民主性理念、立法的人本性理念、立法的开放性理念和立法的多元性理念。[2]对"四个全面"视域下立法理念之善治意蕴，有学者进行了分析：一是在立法依据上，既要重"因人之性"，又要重"因道""全法"。"因人之性"，在当下就是要对人民群众追求幸福生活的天性和本能予以遵循；"因道"，是指应对客观规律予以遵循；"全法"，是指要对国家的法令制度予以成全或者顾全，并且能在顺应客观规律的前提下使法令的正能量作用得以发挥。二是在立法原则上，既要重"立法依众"，又要重"众端参观"。"立法依众"，是指要按照多数原则立法，要发挥人民大众的智慧。"众端参观"，是指立法工作要听取方方面面的意见，发挥方方面面的力量，防止偏听则暗，做到兼听则明，以示立法的科学合理。三是在立法目标上，既要重"释放活力"，又要重"追求和谐"。"释放活力"，是指从尊重个人的能动性入手释放民众的能量，使国家活力四射；"追求和谐"，是指立法能通过法律手段，使国家和谐井然。四是在立法体系上，既要重"可依必究"，又要重"违法必知"。"可依必究"，是指有法可依，违法必究；"违法必知"，是指执法部门要做到知其违法从而追究到底。五是在法

---

〔1〕 刘敏："论立法理念"，载《牡丹江大学学报》2012 年第 9 期，第 94～95 页。

〔2〕 刘树桥："立法理念的当代诠释"，载《湖北警官学院学报》2013 年第 10期，第 29～30 页。

治功能上，既要重依法治国，又要重以德治国。[1]

三、立法理念的科学化

理念是方向、先导和灵魂，要实现科学立法，必须有科学的立法理念予以指导，因此，立法理念的科学化是实现科学立法的重要因素。我国科学立法还未达到较为理想的目标，与引领科学立法的理念还未达到足够的高度存在关联。

在学术界，学者们除了在一般意义上对立法理念进行探讨之外，还就立法理念科学化的相关问题进行了分析，主要提出了以下观点：一是树立科学的立法观念，要从国家本位向社会本位和个人本位转变，从计划经济体制向符合市场经济要求转变，从注重立法数量向注重提高立法质量转变，从保护权力向保护权利转变，从注重制定新法律法规向法律法规的立改废并重转变，从过度依赖行政部门立法向公众广泛参与的民主立法转变；[2]二是科学的立法精神和态度，包括民主精神、理性精神、求真精神和求实精神；[3]三是科学的立法理念，包括立法要准确反映经济社会的需要、坚持公平正义和协调平衡各方利益、坚决维护社会主义的法治统一、规范行政行为和推动政府职能转变；[4]四是立法理念的科学化，是指尊重事物本质和规律的立法理念、权衡客观条件的立法理念和价值选择科学化的

---

〔1〕 韩镨："'四个全面'视域下立法理念之善治意蕴"，载《观察与思考》2015年第7期，第32~38页。

〔2〕 马宜生："坚持科学立法　提高立法质量"，载《天津人大》2007年第11期，第41页。

〔3〕 浙江省人大常委会课题组、王永明："推进立法科学化的体制机制保障研究"，载《法治研究》2010年第5期，第47~52页。

〔4〕 周俐、闫鹏涛："关于科学立法的几个层次"，载《人大研究》2012年第11期，第38页。

立法理念；[1]五是科学的立法理念包括立法与宪法精神相统一的理念、以民为本的立法理念和与时俱进的立法理念。[2]有学者还认为，科学的立法观念，要求准确把握客观规律，真实反映客观现实，对待立法应当持严谨、科学和慎重的态度；立法理念的科学性，包括全面把握和理解法的本质以及树立现代法治和权利本位的理念。

学术界关于立法理念的探讨尤其是对立法理念科学化相关问题的探讨，为我们研究立法理念科学化的问题奠定了基础。作为对科学立法的指导，科学的立法理念应当是多元的而不是单一的，虽然存在不同的立法主体，但科学的立法理念应当是统一的，并且科学的立法理念具有时代性，应当是与时俱进的。在现阶段，科学的立法理念应当包括以下几个方面的内容：

（一）体现宪法的指导思想

从《宪法》和《立法法》对宪法这一国家根本大法最高法律效力的规定来看，二者均要求法律法规不得同宪法相抵触。实际上，就宪法与法律法规的关系而言，仅作这方面的要求是不够的，宪法的精神还需要在法律法规中得到体现，宪法的规定需要在法律法规中予以具体化。法律法规体现宪法的精神以及将宪法的规定具体化，最为关键的问题是要体现宪法的指导思想。2018 年《宪法》修改后，我国宪法的指导思想为马克思列宁主义、毛泽东思想、邓小平理论、"三个代表"重要思想、科学发展观和习近平新时代中国特色社会主义思想。基于自身的特殊性，不同的法律法规可能存在不同的立法宗旨或者目的，

---

〔1〕　周宗良："立法的科学原则探析——一种概念学的研究进路"，载《福建法学》2015 年第 2 期，第 42 页。

〔2〕　徐凤英："提升我国立法质量的路径选择"，载《东岳论丛》2016 年第 10 期，第 119 页。

但都必须体现宪法的指导思想。《立法法》第 3 条关于立法"坚持马克思列宁主义毛泽东思想邓小平理论"的规定是不全面的，应当完全体现宪法的指导思想，立法还要以"三个代表"重要思想、科学发展观和习近平新时代中国特色社会主义思想为指导。

（二）将社会主义核心价值观融入立法过程

在第十八届中央政治局第十三次集体学习时，习近平总书记指出，核心价值观的建设要用法律来推动。2016 年 12 月，中共中央办公厅和国务院办公厅印发了《关于进一步把社会主义核心价值观融入法治建设的指导意见》，要求对社会主义核心价值观建设的立法需求进行深入分析，使公民的价值准则、社会的价值取向和国家的价值目标在法律法规中得到更好的体现。2018 年 5 月，中共中央印发了《社会主义核心价值观融入法治建设立法修法规划》，切实有效地部署了社会主义核心价值观融入法律法规的有关工作，要求在法律法规的立改废释全过程，都要着力将社会主义核心价值观予以融入。2020 年 12 月中共中央印发的《法治社会建设实施纲要（2020-2025 年）》提出，要培育和践行社会主义核心价值观。就本质上而言，社会主义核心价值观与社会主义法治理念是一致的。社会主义核心价值观的有效践行，需要立法的支撑与保障。将社会主义核心价值观融入立法过程，是立法成为良法的重要因素，是科学立法的题中之义。对社会主义核心价值观入法的必要性和可能性，有学者进行了较为深入的分析，认为必要性在于有助于树立社会主义法治信仰、有助于克服法治"自治性"局限和有助于维护主流意识形态的安全，并且从中国"法的精神"是社会主义核心价值观入法的切入点、社会主义核心价值观和法治为"魂"与"体"的关系的解读以及社会主义核心价值观与法治"魂体相符"的契合式融入三个方面，对社会主义核心价值观入法的可能性进行了论证。[1]有学者对社会主义核心价值观体系融入立法的历史进程以及现实和理性考量进行了分析，认为社会主义核心价值观融入科学立法的具体路径为价值软法化和道德法律化。[2]有学者从把社会主义核心价值观融入人工智能立法的根因和动因、社会主义核心价值观融入人工智能立法的维度与进路等方面，对把社会主义核心价值观融入人工智能立法的必要与可能性进行了分析，其中维度与进路包括富强平等之维、民主公正之维、文明自由之维以及和谐法治之维。[3]2018年《宪法》修正以后，其第24条第2款规定了"国家倡导社会主义核心价值观"。2020年全国人大通过的《民法典》第1条规定了要"弘扬社会主义核心价值观"，第10条规定了处理民事纠纷不得违背公序良俗。《行政法规制定程序条例》第12条第1项规定了起草行政法规应当弘扬社会主义核心价值观。这些都是将社会主义核心价值观融入立法过程的具体体现。

（三）从实际出发，实事求是

习近平总书记指出，全面推进依法治国，必须从我国的实际情况出发。[4]《立法法》第6条规定了立法应当从实际出发。第十二届全国人大第三次会议发言人傅莹认为，科学立法就是要实事求是，不能拍脑袋作决策。

立足于中国国情，是立法应当从实际出发、实事求是对国家

[1] 赵蓉、黄明理："社会主义核心价值观融入法治建设的逻辑思路"，载《理论探讨》2018年第5期，第69~73页。

[2] 李锦："社会主义核心价值观融入科学立法的路径选择"，载《新疆师范大学学报（哲学社会科学版）》2019年第1期，第35~41页。

[3] 陈兵："把社会主义核心价值观融入人工智能立法的必要与可能"，载《兰州学刊》2020年第6期，第41~49页。

[4] 习近平："加快建设社会主义法治国家"，载《求是》2015年第1期，第3~8页。

层面立法的要求。我国仍处于并将长期处于社会主义初级阶段，是我国立法应立足的最大的国情，同时立法也要适应我国改革开放不断深化和社会主义现代化建设不断推进的要求。立足于本地的实际情况，是立法应当从实际出发、实事求是对地方立法的要求。地方立法要立足于本地的实际情况，主要是指地方立法应当体现地方特色。影响地方立法的自变量有三个方面：一是地方的自然条件；二是地方的政治经济条件状况；三是地方的历史文化传统。[1]

立法应当从实际出发，实事求是，但这并不意味着对传统法律文化予以消极对待。相反，在立法过程中要对我国优秀法律传统文化的精华积极地予以吸取，只是这种吸取应当建立在立足于目前中国国情或者目前本地实际情况的基础之上。法律是一个民族、一个国家的文化和历史的重要组成部分，抛开我国优秀的法律文化传统进行立法明显是不可取的。要做到将我国优秀法律传统文化的精华融入现代立法，除了需要立法者的智慧、学识和技术外，还需具备四个条件：一是立法者必须熟悉中国社会的历史、国民性格、政治、经济和文化；二是立法者需具备剥茧抽丝的能力和洞察历史的智慧，剥离和抽取出历史上有关法律制度中真正促进了时代进步与社会繁荣并且至今仍有现实价值的精要；三是立法者要独具匠心、思想深邃，要有高超的语言驾驭能力，能够运用现代法律的词语、语句和逻辑来表达这些精要，从而为现代立法所融入；四是立法者要对传统法律与当时社会之间的真实关系和现代立法的法律需求与传统法律之间的关系进行思考。[2]

---

〔1〕 陈文琼："论少数民族自治地方的科学立法"，载《经济与社会发展》2012年第6期，第78~81页。

〔2〕 何珊君："科学立法的总要求与具体路径"，载《江西社会科学》2015年第4期，第176~177页。

　　立法应当从实际出发，实事求是，意味着对外国的法律制度或者外地的立法，在立法时不能生搬硬套。习近平总书记指出："我们要学习借鉴世界上优秀的法治文明成果。但是，学习借鉴不等于是简单的拿来主义，必须坚持以我为主、为我所用，认真鉴别、合理吸收，不能搞'全盘西化'，不能搞'全面移植'，不能照搬照抄。"[1]在立法理念上，孤立地提出"全球视野立法的理念""立法视野全球化的理念"或者"国际视野的理念"是不恰当的。在 20 世纪 40 年代，美国法学家庞德曾两次来华，他在广泛调查中国的法治现状后认为，法治现代化不同于法治西方化，要因地制宜、因时制宜，西方法制中有些内容不是现代性的东西，不要抄袭外国制度，如果法律还可以创造的话，则人们应该使它适应其所支配的人民，而不应该强迫人民去适应法律。[2]立法不能对外国的法律制度生搬硬套，但也不能关起门来立法，因为基于法律的相对自主性和技术性，法律是可以移植的，并且人类文明存在某些普遍的评价规则，经济全球化时代有关经济领域的立法也不能游离于世界规则之外，只是借鉴国外的立法经验要在立足于中国国情的基础之上，不能全面移植。立法在借鉴国外的立法经验对国外立法进行法律移植时：一是要注重法律移植的超前性；二是要注重法律移植的文化因素；三是要注重法律移植过程中的比较研究，对国外的立法经验作出真实的评价和科学的鉴别。[3]全国人大及其常委会在立法实践中，有一些的立法借鉴了国外的立法经验。例如，1994 年的《中华人民共和国仲裁法》在"撤销裁决、不予执行

---

〔1〕　习近平："加快建设社会主义法治国家"，载《求是》2015 年第 1 期，第3~8 页。

〔2〕　郝铁川："庞德对中国法治的忠劝"，载《法制日报》2016 年 5 月 5 日。

〔3〕　邓世豹主编：《立法学：原理与技术》，中山大学出版社 2016 年版，第109~111 页。

裁决"等内容上，就借鉴了荷兰、瑞士、瑞典和日本的立法经验。就地方立法而言，借鉴外地的立法经验要在立足于本地的实际情况的基础之上，不能照抄照搬。在地方立法的实践中，有的享有立法权的机关不注重立足本地的实际情况，不在本地进行深入的调查研究，只热衷于收集外地相关立法文献，采用简单的拿来主义，致使所立之法并不适应本地经济社会发展的需要。不同的地方，经济发展水平存在差异，民情和社情等也不完全相同，在一个地方较为成熟的立法，并不一定在其他地方就行之有效。因此，地方立法虽然可以借鉴外地的立法经验，但务必要立足于本地的实际情况，使所立之法有本地的特色，能够解决本地需要解决的问题。

（四）抓住重点进行科学立法

以宪法和基本法以及重点领域立法的完善推动法律体系的不断完善，实际上是要抓住重点进行立法的科学立法理念。宪法是法律法规的总依据，宪法的内容要通过法律法规的具体规定予以体现，如果宪法不完善，科学立法就是无本之源。科学立法应从梳理和修改宪法做起，宪法是制定和规制一切法律法规的根本大法，宪法与社会时代的契合是一个国家法律体系的基础，是科学立法的根本保障。[1]就法律体系而言，一个国家的法律应当有基本法和一般法之分。基本法在一个国家的法律体系中的地位仅低于宪法，但高于一般法，它是一国法律体系的基础框架。在我国，中国特色社会主义法律体系到底有哪些法律部门在认识上并不统一，在法律部门中哪些是基本法而哪些是一般法也存在不同的意见。笔者认为，依据传统的观点，基本法应包括刑法、刑事诉讼法、民法、民事诉讼法、行政程

---

〔1〕 李晓明："论行政刑法教义学的前提和基础"，载《法治现代化研究》2017年第4期，第23页。

序法〔1〕和行政诉讼法。明确上述法律的基本法地位，其他的法律部门在立法时就不得与基本法相冲突，就能使整个法律体系和谐统一、层次分明和重点明确。就重点领域立法而言，是指立法不可能面面俱到而必须突出重点，立法要对各项改革事业进行引领，要主动适应改革和经济社会发展的需要。有学者认为，我国的立法在新时代应主要围绕五个方面的重点领域进行：一是以编纂民法典为中心，完善社会主义市场经济法律制度；〔2〕二是为进一步完善保障人民基本文化权益的文化法律制度，加强文化领域的立法；三是以推进社会主义民主政治制度化、规范化和程序化为目的，加强保障和发展各项公民权利的立法；四是加强生态文明建设领域的立法；五是加强推进社会治理体制创新、保障和改善民生以及国家安全法治建设的立法。〔3〕2020年12月中共中央印发的《法治社会建设实施纲要（2020-2025）》对"完善社会重要领域立法"作了明确规定。〔4〕

---

〔1〕　行政法包括行政实体法和行政程序法，行政实体法律变动性较大，大多数国家没有统一的行政实体法典。

〔2〕　2020年5月28日第十三届全国人大第三次会议已通过《中华人民共和国民法典》。

〔3〕　封丽霞："新时代中国立法发展的理念与实践"，载《山东大学学报（哲学社会科学版）》2018年第5期，第8~9页。

〔4〕　2020年12月中共中央印发的《法治社会建设实施纲要（2020-2025）》对"完善社会重要领域立法"的规定为："完善教育、劳动就业、收入分配、社会保障、医疗卫生、食品药品、安全生产、道路交通、扶贫、慈善、社会救助等领域和退役军人、妇女、未成年人、老年人、残疾人正当权益保护等方面的法律法规，不断保障和改善民生。完善疫情防控相关立法，全面加强公共卫生领域相关法律法规建设。健全社会组织、城乡社区、社会工作等方面的法律制度，进一步加强和创新社会治理。完善弘扬社会主义核心价值观的法律政策体系，加强见义勇为、尊崇英烈、志愿服务、孝老爱亲等方面立法。"

（五）坚持以人为本

立法要坚持以人为本，是因为国家的主人是人民，我国是人民当家作主的社会主义国家，人民是立法权的主体。立法以人为本，要求立法代表民意、体现民意和反映民意。贯彻以人为本的立法理念，有利于科学立法与民主立法的统一。

立法以人为本，必然要求对权利立法予以足够关注。但是，在我国的立法尤其是在地方立法中，存在着重管理、轻服务和重权力、轻权利的理念，对权利立法重视有待加强。

对权利理论存在的认识偏差，影响了权利立法的正常进行，具体表现为：将权利视为手段而非目的，使得法律文本中的内容轻权利、重管理；对权利合法性的来源的分析缺失，使得立法轻程序协调、重利益之争；对权利义务关系理解的偏差，使得立法对权利人缺乏应有的义务约束；权利规范行为指引认识的矛盾，使得法律文本中权利性条款的可操作性不强。[1]为了规范我国的权利立法，应当由注重观念宣示转向注重行为指引，由利益手段论转向相互尊重的制度构建，由概念中心主义转向实践合法性探求。[2]

（六）以经济建设为中心，坚持社会主义道路，正确处理改革与立法的关系

《立法法》第 3 条和第 6 条对此作了规定。党的十一届三中全会以后，我国对经济立法较为关注，经济立法取得了较大的成绩。有学者对目前立法要以经济建设为中心提出了不同的看法。笔者认为，这种认识是不正确的。法律作为上层建筑，要为经济基础服务，最为核心的任务是要促进经济的发展。经济立法取得了较大的成绩，但已经制定的经济立法不是固定不变

---

〔1〕 陈光主编：《立法学原理》，武汉大学出版社 2018 年版，第 157~160 页。
〔2〕 陈光主编：《立法学原理》，武汉大学出版社 2018 年版，第 160~164 页。

的，如果其不适应经济发展的要求，就应当及时地予以修改或者废止，否则，就会成为经济发展的阻碍。经济建设是一个不断发展的动态过程，新的情况会不断出现，也需要在立法上及时作出回应。

对立法要坚持社会主义道路不存在疑义。这是确保我国法律社会主义性质的要求。

对改革与立法的关系，依《立法法》的规定，立法要坚持改革开放，要适应全面深化改革和经济社会发展的要求。正确处理改革与立法的关系是立法过程中必须予以强调的理念，也是科学立法的重要使命。法具有稳定性，其特点是"定"，改革要突破现有的某种制度，其特点是"变"。因此，改革有可能与立法的规定存在冲突。但是，不能无视立法的规定进行改革，不能允许在法治之外进行所谓的改革试点。要在法治的轨道内进行改革，做到立法先行，发挥立法对改革的引领作用，使法律主动适应全面深化改革和经济社会发展的要求。习近平总书记指出，凡属重大改革都要于法有据。正确处理改革与立法的关系，主要应注意以下问题：一是立法不能因循守旧，党的改革决策精神要在立法中得到体现；二是改革的成果被实践证明是成熟和正确的，如果需要在立法上进行肯定，应当及时上升为法律；三是改革需要突破现行立法规定先行先试的，要按照法定程序进行授权，依法暂时调整或者停止适用法律的部分规定；四是改革需要立法的引领，迫切需要立法，但实践经验尚不成熟，可以通过立法先把改革的原则确定下来，并为进一步改革留下必要的空间；五是改革尚无实践经验，意见又不一致的，在立法上暂不作规定，待条件成熟时再作规定；六是现行的立法已被实践证明不适应改革与经济社会发展的需要，甚至成了改革的障碍，应当及时启动法定程序予以修改或者废止。[1]

（七）应当精细化，做到明确和具体，具有针对性和可执行性

宜粗不宜细是我国在改革开放之初所持的立法理念，2000年后改变为少而精的立法理念，2010年后才形成了立法精细化的理念。2013年11月，全国人大法律委员会主任委员乔晓阳明确提出了立法要朝精细化的方向努力。张德江同志在第十二届全国人大第三次会议的工作报告中指出，立法精细化的推进是立法的新常态。中共中央十八届四中全会作出的《关于全面推进依法治国若干重大问题的决定》也要求应当推进立法的精细化。

如何理解立法精细化，在认识上并不一致。有学者认为，立法精细化就是要建立以质量至上、内容细致、体例精简和总体管用为目标的立法模式。[2]有学者认为，立法精细化综合了形式法治与实质法治，涵盖了立法的各动态环节，取决于立法技术的提升，以结构规范化为标准。[3]实际上，依《立法法》第6条第2款的规定，立法精细化主要是指法律规范应当明确和具体，具有针对性和可执行性。这是科学立法内在的形式维度要求。《行政法规制定程序条例》第6条第1款[4]和《规章制定程序条例》第8条第1款[5]对立法精细化作了具体的规

---

[1] 杨景宇：“站在新的历史起点上做好立法工作的几点思考”，载朱景文、沈国明主编：《中国特色社会主义立法理论与实践：中国法学会立法学研究会2016年年会论文集》，法律出版社2017年版，第5~6页。

[2] 李宝山：“关于精细化立法的思考”，载《人民代表报》2015年4月7日。

[3] 张晓晓：“立法精细化的实现路径探析——兼评《法的结构规范化研究》”，载《山东工商学院学报》2017年第2期，第81~82页。

[4] 《行政法规制定程序条例》第6条第1款规定：“行政法规应当备而不繁，逻辑严密，条文明确、具体，用语准确、简洁，具有可操作性。”

[5] 《规章制定程序条例》第8条第1款规定：“规章用语应当准确、简洁，条文内容应当明确、具体，具有可操作性。”

定。立法要明确和具体，本书将在后述"科学立法与立法技术和方法"的内容中作出具体论述。立法要具有针对性和可执行性，是指要针对问题立法，立法要解决问题，立法后要能够得到执行而具有可操作性和有效性。因此，在立法时，要考虑执法主体和执法环境因素和守法者的因素，要综合考虑立法的成本与效益的关系。在以往的立法中，我们在这方面还存在不少的问题。例如，2008 年的"限塑令"实际效果很不理想；2012 年《老年人权益保障法》将"常回家看看"写入条文但很难予以操作。这样的立法也许看似很完善，但只是一种"观赏性"的立法，甚至是"休眠立法"。因此，不能万事呼唤立法，如果立法不具有针对性和可执行性，立法后就会形同虚设而形成泛立法主义。

需要指出的是，在我国，立法理念还有一项十分重要甚至可以说是最为重要的理念，就是"立法必须坚持中国共产党的领导"。《立法法》第 3 条对此作了规定。《行政法规制定程序条例》第 3 条第 1 款和第 4 条和《规章制定程序条例》第 3 条第 1 款和第 4 条[1]较为具体地规定了立法必须坚持党的领导。对这一问题，笔者将在本课题研究工作结束后进行专题的研究，在本书中不进行具体讨论。

---

〔1〕《行政法规制定程序条例》第 3 条第 1 款和《规章制定程序条例》第 3 条第 1 款规定，制定行政法规、规章应当贯彻落实党的路线方针政策和决策部署；《行政法规制定程序条例》第 4 条规定："制定政治方面法律的配套行政法规，应当按照有关规定及时报告党中央。制定经济、文化、社会、生态文明等方面重大体制和重大政策调整的重要行政法规，应当将行政法规草案或者行政法规草案涉及的重大问题按照有关规定及时报告党中央。"《规章制定程序条例》第 4 条规定："制定政治方面法律的配套规章，应当按照有关规定及时报告党中央或者同级党委（党组）。制定重大经济社会方面的规章，应当按照有关规定及时报告同级党委（党组）。"

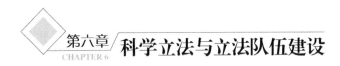

第六章 科学立法与立法队伍建设

一、加强立法队伍建设是实现科学立法的重要条件

立法队伍是指直接参与立法过程的人员。一般认为，立法队伍包括立法者、立法工作人员和参与立法的专家。立法者指的是享有立法权的机关中享有审议权、表决权等立法职权的人员，具体包括以下人员：一是享有立法权的权力机关的人大代表、人大常委会委员、人大专门委员会委员；二是国务院常务会议成员；三是国务院部门中部务会议或者委员会会议成员；四是享有规章制定权的地方政府的常务会议成员或者全体会议成员。立法工作人员指的是享有立法权的机关中不具有立法职权但具体参与立法调研、起草等立法过程的国家公职人员。立法工作人员包括享有立法权的权力机关中为立法服务的工作委员会、办公厅（室）等工作机构的人员、专门委员会办公室的工作人员以及国务院、国务院部门、享有规章制定权的地方政府中法制工作机构的工作人员。这些工作人员不具有立法职权，但具体参与立法的过程，因而对立法活动有十分重要的影响。专家参与立法对增强立法的科学性有十分重要的作用，并且专家的立场较为中立，能够对立法活动中许多利害关系的协调提出较为合理的建议，因此，参与立法的专家也属于立法队伍的范畴。

在现代社会，人们越来越认识到，立法是一门艺术。如果把立法看作是一门职业，它无疑是一种比执法和司法难度系数更高的职业。"法律所有方面所取得的重大进展都发生于思考的年代。"〔1〕"几乎没有任何脑力工作像立法工作那样，需要不仅有经验和受过训练，而且通过长期而辛勤的研究又训练有素的人去做，一个具有决定意义的理由是，法律的每个条款，必须有明确而富于远见地洞察到它对所有其他条款的效果的情形下制定。"〔2〕立法队伍的素质，对立法质量的高低有十分重要的影响。立法队伍直接参与立法过程，如果其素质达不到应有的要求，由他们所制定出来的法律就很难是良法，科学立法也将无法实现。习近平总书记指出："立法是为国家定规矩、为社会定方圆的神圣工作，立法人员必须具有很高的思想政治素质，具备遵循规律、发扬民主、加强协调、凝聚共识的能力。"〔3〕党的十八届四中全会《关于全面推进依法治国若干重大问题的决定》也提出了要加强立法队伍建设。因此，加强立法队伍建设是实现科学立法的重要条件。

二、科学立法与立法者

从常理上讲，立法者对立法享有审议权、表决权等立法职权，应当具有法律知识和立法知识。但是，立法者是依法定机制产生的，这就决定了他们并不必然掌握法律知识和立法知识。据秦前红教授的调查，具有法律实践经验和法律知识背景的人，在我国享有立法权的地方人大常委会委员中还不到10%。〔4〕为

---

〔1〕 [丹]努德·哈孔森：《立法者的科学：大卫·休谟与亚当·斯密的自然法理学》，赵立岩译，浙江大学出版社2010年版，第227页。

〔2〕 [英]J.S.密尔：《代议制政府》，汪瑄译，商务印书馆1984年版，第76页。

〔3〕 习近平："加快建设社会主义法治国家"，载《求是》2015年第1期，第3~8页。

〔4〕 转引自庞凌："依法赋予设区的市立法权应注意的若干问题"，载《学术交流》2015年第4期，第88页。

了解决这一问题，党的十八届四中全会《关于全面推进依法治国若干重大问题的决定》要求，在人大常委会委员中，应当提升有法治实践经验的专职常委的比例。但是，这种比例的提升只能是有限的，很难使人大常委会专职常委中有法治实践经验的成员占大多数或多数，并且立法者除人大常委会委员外，还有享有立法权的权力机关的人大代表和专门委员会委员、国务院常务会议成员、国务院部门中部务会议或者委员会会议成员以及享有规章制定权的地方政府的常务会议成员或者全体会议成员，这些立法者法律专业素养不高的问题仍然未能得到解决。

立法者本身没有接受系统的法律教育，缺乏现代立法理念和技术，这在一定程度上会造成立法的非科学化。要实现科学立法，必须对这一问题予以解决。从一般意义上讲，我们可以通过对立法者进行法律培训，让立法者通过努力使其自身的法律专业素养得到提高，但这种提高只能是相对的，很难满足科学立法对立法者法律专业素养的要求。从国外的经验和我国的实践来看，为立法者配备立法助理是解决这一问题的有效办法。

立法助理，是指协助立法者在立法过程中履行立法职责和完成立法工作的立法方面的辅助人员。国外一些国家，随着立法专业化和技术化的不断强化，大多较早地建立了立法助理制度，在立法中发挥了不可忽视的作用。国外的立法助理制度自建立以来，在提高立法质量、提高立法效率、提高立法的民主化程度以及巩固和加强议会机关的地位等方面发挥了重要作用。

美国国会较早地实行了立法助理制度，在 19 世纪 20 年代，就已经开始雇佣助理人员。1856 年，美国众议院筹款委员会和参议院财政委员会开始首次雇佣永久性的助理，其他委员会随后纷纷效仿。为了在经费上为立法助理制度提供保障，美国国会于 1924 年制定了一个立法支付方案，立法助理可以获得授权的拨款。1946 年，美国的立法组织法明确区分了委员会助理与议员个人助理，肯定了议员个人助理在法律上的地位。立法助理在美国国会两院是分别设立的，立法助理的工作由助理办公室主任负责统一安排。现行美国国会的立法助理制度，在组织机构上主要由立法顾问局、国会各常设委员会下属的专门委员会和立法资料馆三个部门组成。议员个人的立法助理包括专职的助理和非专职的助理，他们都会被指派处理具体的议题，如阅读组织和选民的信件、了解议题涉及的法案以及会见选民和院外人士等。

　　与美国相比，英国的立法助理制度起步较晚。在英国，议会的下院设有图书馆和秘书局等专门的助理机构，但在很长一段时间内并未为议员配备个人立法助理。英国第一位议员个人立法助理直到 1967 年才出现。1969 年，对于议员个人的立法助理，英国议会提供了专项的经费支持。但有的英国议会议员个人立法助理，大多办理的是日常杂务。从整体上而言，与其他发达国家相比，英国对立法助理制度并不太重视。因立法任务日益繁杂，英国也开始努力推进对议员聘用"专职研究助理"。

　　在法国，立法助理制度较为健全。例如，法国的国民议会有会议记录办公室、会议记录资料库、议会会议办公室、公共关系办公室、议长秘书室、议会委员会办公室、议会图书馆、档案馆和资料中心等立法助理机构。对每个议员个人，法国的议会不仅为其配备 1 名到 2 名秘书，还为其配备了立法助理。法国议会的助理，大多由议会工作人员担任，要通过考试的方式产生，由议会自行管理。

　　德国对立法助理制度十分重视，除每个常设委员会设有立法助理外，对议员个人，议会的行政管理部门也为其聘请立法助理，但议员个人的立法助理不能由议员本人来聘请。德国的立法助理大多是法律专家或者其他方面的专家，并且具有与公务员类似的中立性，他们的职责并不限于立法咨询，还负责处理选举问题，协助议员履行其他方面的职责。

受一些国家立法助理制度的启发，我国有不少学者对建立立法助理制度持肯定态度。对建立我国立法助理制度的必要性和可行性，有学者从立法的科学化要求、立法的民主化要求、监督制度和人力资源管理制度等方面进行了分析。[1]有学者认为，建立立法助理制度，能够保障法律的公正性和客观性，克服非立法机关起草法案中的本位主义倾向；能够使人大代表充分行使立法权；有利于解决法案起草中的技术性和专业性问题；有助于新时期立法观念在立法中予以体现；能够为享有立法权的机关行使立法权提供服务；能够为法学家提供理论与实践相结合的舞台。[2]对我国建立立法助理制度的理由，有学者进行了如下分析：在立法成本控制的范围内对程序和环节予以增加，可以提升对立法民主的保障力度；立法机关"功能"的衰退是现代国家的一个共同趋势；现代立法技术的复杂化，要求国家建立现代立法助理制度；为了缓解我国现行立法任务的紧迫性和繁重性，大量的立法准备工作需要立法助理来承担。[3]笔者对上述观点予以赞同，认为立法助理制度最大的作用在于弥补立法者法律专业素质的不足，有利于科学立法的实现。

我国不仅在理论上探讨了立法助理制度的建立问题，而且对这一制度在立法实践中进行了探索。全国人大常委会 10 名委

---

〔1〕 秦前红、李元："关于建立我国立法助理制度的探讨"，载《法学论坛》2004 年第 6 期，第 31~35 页。

〔2〕 毕可志："论建立地方立法的立法助理制度"，载《吉林大学社会科学学报》2005 年第 5 期，第 118~120 页。

〔3〕 俞荣根、刘霜："立法助理制度述论"，载《法学杂志》2007 年第 2 期，第 60~61 页。

员于 2003 年将行政关系转入全国人大常委会机关，被全国人大常委会办公厅任命为 7 个相关委员会主任委员的助理，身兼"常委会委员"和"主任委员助理"的双重身份。2002 年，深圳市人大常委会从拥有硕士以上学历的仲裁员、律师中，为 19 名兼职委员每人聘请了一位立法助理，制定了人大常委会为兼职委员聘用法律助理的办法，于 2003 年又制定了人大常委会兼职委员法律助理工作规范。2003 年，重庆市人大常委会主任会议决定，每位常委会组成人员依自己的意愿可以聘请一位立法助理，2004 年制定了人大常委会组成人员立法助理工作规则。在其他省市的人大常委会中，也有立法助理的实践。

借鉴国外的做法来建立我国的立法助理制度，一定要从我国的实际情况出发，即使在国外，立法助理制度的内容和模式也有本国特色，并不完全一致，并且立法助理制度还可能存在使立法成本增加或者导致立法权流失等弊端。对于立法助理制度，我国现行立法没有任何规定，对这一制度各地在进行探索时的做法存在差异，全国人大常委会的做法与地方人大常委会的做法也不相同，因此，有必要对这一制度进行规范。有学者对建立我国立法助理制度提出了如下建议：对立法助理的各项工作制度与管理制度，应当予以建立和健全；立法助理制度应当实行专职和兼职相结合；应当建立有效的立法助理制约机制。[1] 有学者指出，建立立法助理制度，要确定适当的立法助理人员，规定立法配套管理方式，明确立法助理的职责，规定立法助理人员适当的待遇。[2]

---

〔1〕　曹海晶："西方国家立法助理制度及其借鉴"，载《政治与法律》2003 年第 1 期，第 145~147 页。

〔2〕　毕可志："论建立地方立法的立法助理制度"，载《吉林大学社会科学学报》2005 年第 5 期，第 120~121 页。

笔者认为，建立立法助理制度，至少应当明确以下几个问题：一是要明确立法助理的服务对象。不同国家立法助理制度的内容不同，但为立法者个人提供服务是各国共同的做法。在我国，立法者包括享有立法权的权力机关的人大代表、常委会委员和专门委员会委员、国务院常务会议成员、国务院部门中部务会议或者委员会会议成员以及享有规章制定权的地方政府的常务会议成员或者全体会议成员。人大代表人数较多，大多为兼职，为人大代表配套立法助理，在我国目前还不具有可能性。人大专门委员会委员虽有权审议法律、地方性法规以及自治条例和单行条例，但没有最终决定权，立法工作人员可为其提供服务，也没有必要为其提供立法助理。有规章制定权的地方政府全体会议成员人员相对较多，且立法实践中地方政府规章多由政府常务会议决定，也没有必要为其配备立法助理。因此，在我国，立法助理的服务对象是享有立法权的权力机关中的人大常委会委员、国务院常务会议成员、国务院部门中部务会议或者委员会会议成员和有规章制定权的地方政府常务会议成员。明确了立法助理的服务对象，就可以对立法助理与立法工作人员以及立法助理与参与立法的专家予以区分。立法工作人员是享有立法权的机关中为立法提供整体上的广泛服务的工作人员，他们不仅对立法提供专业性的协助，而且还承担大量的行政后勤服务。参与立法的专家是法学或者其他方面的专家，他们不是立法机关的工作人员，主要就立法本身提供专业咨询，面向立法机关整体提出自己的意见和建议。立法助理是对立法者个人提供服务，他们只提供立法方面的专业服务，并不为立法者个人提供行政后勤方面的服务。二是要建立专职和兼职相结合的立法助理制度。在我国目前的条件下，可以为每一位全国人大常委会委员配套 2 名专职立法助理，为每一位国务院常务会议成员和省级人大常委会委员配套1名专职立法助理；为市级人大常委会委员、国务院部门中部务会议或者委员会会议成员和有规章制定权的地方政府常务会议成员每人配备1名兼职立法助理。之所以作这样的设计，是因为全国人大常委会、国务院和省级人大常委会承担的立法任务较多，也较为重要，专职立法助理可以更好地发挥作用。相比较而言，市级人大常委会、国务院部门和有规章制定权的地方政府承担的立法任务较少，立法效力的层次也较低，并且专职立法助理的适用范围不能过大，兼职立法助理完全可以为这些立法者提供服务。三是要建立立法助理的人力资源管理制度。专职立法助理为国家公职人员，应当按照国家公职人员的管理办法，对其录用、试用、调配、考核、奖惩、晋升、社会保障、辞退等进行管理。专职立法助理属于法律职业群体，除具备一般公务员报考的资格和条件外，还需要取得国家法律职业资格证书，具有法律或者法学硕士以上学位，单独组织报考。专职立法助理应当作为技术类公务员，待遇应当高于一般的公务员，单独设立职称序列。兼职立法助理，通过聘任的方式产生，聘请具有一定法学造诣的人员担任，对其应每月或者每年发给一定的补贴，所需经费列入国家财政预算。无论是专职立法助理还是兼职立法助理，都应当在享有立法权的机关中设立立法助理办公室，负责立法助理的管理工作。四是要明确立法助理的职责。立法助理是为立法者个人提供服务，并不为立法机关整体提供服务。立法助理只为立法者个人提供立法方面的专业服务，并不为立法者个人提供后勤方面的服务。不能将立法助理的职责规定得过于宽泛，否则就可能将立法助理混同于立法工作人员或者参与立法的专家。尤其是专职立法助理，他们的编制虽然属于享有立法权的机关，也受享有立法权的机关管理，但不能将专职立法助理视为享有立法权机关的一般工作人员。无论是专职立法助理还是兼职立法助理，他们的职责都在于为立法者个人提供一对一的服务，主要是为立法者提供有关立法方面的法律咨询和有关法律资料，陪同立法者参加有关立法方面的会议和活动，为立法者准备有关立法方面的发言材料。说到底，立法助理只能是立法者个人在立法工作方面的法律顾问和法律方面的服务者。只有对立法助理的职责作这样的定位，才能真正发挥立法助理制度的作用，同时又不会使立法者个人的立法权旁落。

三、科学立法与立法工作人员

立法工作人员不具有立法性职权，但他们具体参与立法过程，因此，立法工作人员的素质对立法质量也有十分重要的影响，科学立法的实现要求有高素质的立法工作人员。在地方立法权的主体扩大之前，我国立法工作人员的素质就不是很理想，也没有对此作出特殊的要求。在地方立法权的主体扩大以后，我国拥有地方立法权的市级单位由原来的 49 个"较大的市"扩大到 284 个地级市，这些单位的立法人才更是缺乏。因此，立法工作人员的缺乏及其素质不高，已经成为提升立法质量的一个瓶颈。正因为如此，全国人大常委会在党的十八大以后明确提出，要着力培养一批素质优良的国家级立法人才、专家级立法工作骨干人才和立法工作专业人才。党的十八届四中全会《关于全面推进依法治国若干重大问题的决定》指出，要建立从符合条件的法学专家或者律师中招收立法工作者的制度。

立法工作人员应当具备怎样的素质？学者们对此进行了分析。有学者认为，立法工作人员的政治素质，包括敏锐的政治眼光、坚定的政治立场、相应的政治艺术、政治智慧和高度的政治责任感。[1]有学者对立法工作人员的角色要求从学识条件、业务能力条件和品行条件三个方面进行了分析。[2]有学者认为，立法人才的基本定位为专事立法的职责担当、公平正义的职业伦理和法治人才的重要类型。[3]有学者认为，立法人才的职业素养和能力要求为：更高的政治素养要求、更广博的知识、与司法型法律职业人才的思维有显著差异的立法思维、更为扎实的法学理论功底、敏锐的洞察力以及社会调查和分析等能力。[4]

不同职业的人员有不同的素质要求，但不能过分强调立法工作人员素质的特殊性，因为这种特殊性有时难以把握，并且大多是在立法实务过程中才得以体现的。立法工作人员从法官、检察官或者律师队伍中选用是一个重要举措，但问题在于，我国目前法官、检察官和律师队伍本身也存在人才不足的问题。要提高立法工作人员的素质，关键在于严把立法工作人员的入口关，大力提高现有立法工作人员的素质。以往我们对立法工作人员是按一般公务员招考的条件予以录用，并未作出特殊的要求。中共中央办公厅和国务院办公厅在 2015 年 12 月颁布的《关于完善国家统一法律职业资格制度的意见》中，明确了法律职业群体包括立法、执法、司法、法律服务、法律教育研究等。《行政处罚法》和《行政复议法》已要求初次从事行政处罚、

---

〔1〕 刘松山："科学立法的八个标准"，载《中共杭州市委党校学报》2015 年第 5 期，第 89 页。

〔2〕 胡弘弘、白永峰："地方人大立法人才培养机制研究"，载《中州学刊》2015 年第 8 期，第 62~63 页。

〔3〕 刘风景："需求导向的立法人才培育机制"，载《河北法学》2018 年第 4 期，第 16~18 页。

〔4〕 李伟："法学本科院校立法人才培养若干问题研究"，载《大学教育》2019 年第 5 期，第 16~17 页。

行政复议的人员应当通过国家统一法律职业资格考试。与行政处罚和行政复议相比，立法工作对法律知识和素养的要求更高，因此，有必要规定初次从事立法工作的人员必须具有国家统一法律职业资格证书。这样，就可对立法工作人员的入口有一个明确具体的标准。就大力提高现有立法工作人员的素质而言，近年来享有立法权的机关对此逐渐予以重视，采取了在岗培训或者边干边学等形式。这些形式起到了一定的作用，但并非解决问题的根本之策。较为适当的做法是，现有立法工作人员如未取得法律职业资格证书，应分期分批地参加半年以上的脱产培训，取得立法工作职业证书方可上岗。为了提高立法工作人员的素质，还需在法学大学本科和研究生教育中加大对专门的立法人才的培养。从目前的法学教育来看，我国对知识产权法学较为重视，立法学在法学教育中应处于与知识产权法学同等或更为重要的地位。从立法工作在法治工作中的重要性来看，应当重视立法学课程的教学，可以在法学本科教育中将立法学纳入核心课程，可以使立法学像知识产权法学那样成为独立的法学本科专业，可以将立法学作为法学研究生教育的专业培养方向。

四、科学立法与专家参与立法

专家是具有广博的专业知识和高超的专业技能的人。参与立法的专家主要是法学方面的专家，但也包括立法所涉及的其他领域的专家。参与立法的专家不同于立法工作人员和专职立法助理。立法工作者和专职立法助理是享有立法权的机关中的工作人员，参与立法的专家是受享有立法权的机关的邀请而参与立法工作的法学或者其他方面的专家，并不是享有立法权的机关中的工作人员。参与立法的专家也不同于兼职立法助理。

兼职立法助理是为立法者个人服务的，参与立法的专家是就某一立法工作向享有立法权的机关整体提供专业上的咨询和服务。专家参与立法，是外国和国际组织的通常做法。例如，欧盟委员会依欧盟条约的规定有权起草法律，一般是委托专家组进行起草。依法律草案是否涉及重大的政治影响来组建正式的专家组和非正式的专家组。正式的专家组的组建，由欧盟委员会直接作出决定；非正式的专家组的组建，由欧盟委员会下属的各个部门提出建议，并经总秘书处同意。专家组的成员在多数情况下要通过公开的选拔程序来选任，由欧盟委员会直接任命只是例外的情形。为了保证立法质量，欧盟委员会对专家组成员的资质作了如下的限定：一是突出的专业能力；二是不同利益团体的代表；三是地域性代表；四是中立性要求；五是有关专家的性别比例平衡要求的规定。[1]

在立法过程中，专家并不是核心的主体，但其能为立法起技术参谋和辅助的作用，在立法过程中具有十分重要的地位。在我国，早就出现了对专家参与立法的作用的认识。邓小平同志曾指出，要让更多各方面的专家参加立法工作。[2]对于专家参与立法的作用，学者们从不同的角度进行了分析。有学者认为，参与立法的专家发挥积极的作用主要体现在以下五个方面：一是运用专业知识，为完善立法体例做出贡献；二是运用立法技术，在法律的修改与废止、法律的系统化、法律的文本以及法律的内部结构和外部形式等方面提供知识和智力支持；三是运用专业知识和经验，为规范立法的语言贡献力量；四是运用

---

〔1〕 高旭军、张飞虎："欧盟科学、民主立法保障机制研究：以法律起草为例"，载《德国研究》2017 年第 1 期，第 72~78 页。

〔2〕 转引自范健、王涌、张晨："当代中国经济立法的回顾与展望"，载《安徽大学学报（哲学社会科学版）》1996 年第 3 期，第 21 页。

专业知识，参与立法论证工作；五是运用专业知识，参与立法评估工作。[1]有学者认为，专家参与立法的积极作用体现为：克服立法提案和起草过程中的部门本位，为利益集团参与立法博弈提供制度框架，提高立法工作效率，为民主立法的稳步推进提供实践场所，增进立法的科学性。[2]之所以需要专家参与立法，是因为立法是一项专业技术性很强的工作，立法所涉及的领域不仅十分广泛而且大多专业性较强，即使有高质量的立法工作人员和立法助理，也可能无法保证立法的科学性和合理性。专家参与立法，有利于使立法决策更加透明和公开，有利于使立法的决策系统和决策信息更加完善，有利于提升立法质量。正因为如此，党的十八届四中全会《关于全面推进依法治国若干重大问题的决定》要求，要依法建立健全工作委员会和专门委员会的立法专家顾问制度。党的十九大提出了"加强中国特色新型智库建设"的战略命题，专家参与立法也符合这一战略命题的要求。

在我国的立法实践中，专家参与立法有较为悠久的历史。在清末修律和民国"六法全书"的制定过程中，就闪现了法学家的身影。中华人民共和国成立后，在1954年《宪法》制定时，聘请了叶圣陶和吕叔湘为语文顾问，聘请了周鲠生和钱端升为法律顾问。党的十一届三中全会以后，专家参与立法在我国的立法实践中得到了广泛的采用。20世纪80年代中期，全国人大常委会在制定或修改草原法、外资企业法、民法通则的过程中，就十分注重征求专家的意见，1984年全国人大常委会的

---

〔1〕 肖强："促进科学立法与民主立法"，载《天津人大》2015年第6期，第16页。

〔2〕 王怡："论我国立法过程中专家参与机制的规范化建构"，载《东南大学学报（哲学社会科学版）》2018年第3期，第110页。

工作报告提到了广泛征求专家意见，全国人大常委会在 1986 年的工作报告又明确提出要发挥法律专家的积极作用。此后全国人大常委会的立法实践，也都十分注重专家参与立法。例如，在制定《民法典》的过程中，中国法学会受全国人大常委会法制工作委员会委托，举行了 14 场立法专家咨询会，形成的咨询报告达 70 多万字，专家们提出的很多意见被吸收到了《民法典》的文本之中。就地方人大常委会而言，北京市人大常委会于 1984 年就聘请了 10 名专家担任法律顾问，后来又聘请了 19 位法律专家作为法制建设顾问，建立了由 170 多位专家组成的立法语言专家和立法咨询专家库的咨询工作机制；济南市人大常委会，于 1994 年成立了地方立法咨询委员会；湖北省人大常委会，于 1998 年成立了立法顾问组；重庆市人大常委会，于 1998 年聘请了立法咨询委员，于 2013 年聘请了 22 名以法律方面专家为主同时还有社会管理和经济等方面的立法咨询专家；广州市人大常委会，于 1999 年聘请了 12 名法律顾问，于 2003 年建立了 600 多人的立法专家数据库；郑州市人大常委会，其主任会议于 1999 年制定了法律咨询委员会工作规则，成立了由 11 名成员组成的法律咨询委员会；甘肃省人大常委会，于 1999 年成立了立法顾问组，自第七届开始人大常委会都聘请了立法顾问；广东省人大常委会，于 2000 年首次聘请了 8 位立法顾问，2008 年聘请了 34 位立法顾问，2013 年又组建了涉及法律、财政经济、城建环保、农业农村、民族宗教和语言文字等方面 66 名专家的立法咨询专家库；杭州市人大常委会，于 2002 年成立了立法咨询委员会；吉林省人大常委会，于 2003 年建立了聘请立法咨询员制度；四川省、江苏省和上海市人大常委会，于 2003 年聘请了法律咨询顾问；山东省人大常委会，于 2005 年组建了立法咨询专家，于 2008 年通过了立法咨询制度，并聘请了 8 名专家学者担任立法咨询员，于 2013 年又将立法咨询员数量扩至 22 人，包括法律、政治、经济、管理和环保等方面的专家；浙江省人大常委会，于 2006 年成立了由 64 名法学专家组成的立法专家库，2009 年立法专家库扩大至 83 人，包括法学、管理、政治、文化、经济等方面的专家；昆明市人大常委会，制定了立法专家库管理办法，于 2011 年聘请了新一届 45 名立法专家；贵阳市人大常委会，于 2012 年建立了立法专家咨询制度；海南省人大常委会，于 2014 年聘请了 14 名立法专家顾问，包括法律、经济、农业、生态环保和规划等方面的专家；河北省人大常委会，于 2015 年提出建立立法专家顾问团，还制定了相关制度；广东江门市人大常委会，建立了 157 人组成的立法人才库，于 2015 年通过了立法咨询专家工作规定，并聘任了首批 13 名立法咨询专家；南宁市人大常委会，于 2016 年建立了立法专家顾问库；珠海市人大常委会，于 2017 年聘请了 16 名立法顾问；遵义市人大常委会，于 2017 年聘请了 30 名立法咨询专家，包括来自法律、城乡建设与管理、环境保护和历史文化保护等方面的专家。可以说，享有地方立法权的人大常委会聘请立法专家是目前立法实践中的普遍做法。就地方政府而言，有规章制定权的政府也进行了立法专家顾问的探索。例如，深圳市政府，于 2001 年组建了政府法律顾问室为政府的立法提供咨询建议；海南省政府，于 2005 年建立了立法专家顾问制度；广东省政府，于 2015 年出台规定对立法专家顾问的独立性进行了明确规定；攀枝花市政府，于 2016 年对立法专家顾问出台了相关的规定；辽宁省政府，于 2016 年建立了立法专家顾问制度；宁波市政府，于 2016 年聘用了 64 名立法专家，包括法学、生态环保学、公共管理学和语言学等方面的专家。

专家参与立法虽然在我国已经普遍推行，但这一制度还存在一些问题。法律法规起草部门，有时选择性地对待专家，或者根据自己的偏好选择专家；专家参与立法的体制机制不健全，渠道不通畅，专家在立法中的作用发挥不够。[1]此外，专家参与立法，缺乏对专家参与积极性的保障措施，缺乏常规化途径和追责机制，缺乏对专家参与立法过程的民主监督。[2]

到目前为止，只有享有立法权的地方人大常委会和地方政府出台了有关专家参与立法的文件，国家立法层面并没有具体的法律来规范专家参与立法的问题。从立法上规范专家参与立法的问题，应当主要规定以下几个方面的内容：一是要明确专家参与立法的身份。从各地实践的情况来看，专家参与立法大多是以专家个人的身份。这种做法值得肯定，不仅有利于调动专家参与立法的积极性，而且有利于保障专家参与立法的权利和明确专家参与立法的责任。有的地方依托当地的法学教育或者科研机构，成立了立法咨询基地、立法研究所、立法研究会等组织，这对组织专家参与立法起到了一定的组织协调作用，但专家参与立法最终要落实到专家个人的参与，因此，专家参与立法应当以专家个人的身份为主。二是要明确专家参与立法时的类型。专家参与立法，可以分为一般的专家参与立法和立法语言专家参与立法。一般的专家参与立法，要参与立法的整个过程，立法语言专家参与立法限于法律法规最终的审议和通过、决定环节。有的地方只聘请法学方面的专家，这种做法并不太恰当。立法要体现社会主义核心价值观和坚持党的领导，还应当聘请政治方面的专家；法律法规所调整的社会关系具有

---

〔1〕　冯玉军："中国法律规范体系与立法效果评估"，载《中国社会科学》2017 年第 12 期，第 155 页。

〔2〕　王怡："论我国立法过程中专家参与机制的规范化建构"，载《东南大学学报（哲学社会科学版）》2018 年第 3 期，第 111~113 页。

广泛性和专业性，在制定某一法律法规时，要聘请对该法律法规所调整的社会关系的专业性较为熟悉的专家。因此，立法专家应当以法学专家为主，但也应包括政治方面和其他方面的专家。建立专家库制度或者立法专家顾问团，要考虑不同领域的代表性和广泛性，要平衡不同地域、不同领域、不同学术派别和不同学术机构的专家比例，要平衡实务型专家与理论型专家的比例，要依立法的实际需要和履职的情况建立专家库和专家顾问团的动态调整机制。[1]立法专家库或者专家顾问团的人数应尽可能较多，而且应当是一个开放的系统，如确有必要，不在立法专家库或者不属于专家顾问团的专家也可参与立法。参与立法的专家应当是国家机关之外的人，不能是国家机关的工作人员，因为中立性和客观性是专家参与立法的内在要求，需要以独立和超脱的身份进行理性的选择和判断。[2]三是要明确如何确定参与制定某一具体的法律法规的立法专家。立法专家库的专家人数较多，如广州市的立法专家数据库有600多人，在制定某一具体的法律法规时，不可能让立法专家库的专家都来参与。参与立法的法学专家应当对该具体的法律法规所涉及的法学领域较为熟悉。例如，制定有关环境保护方面的法律法规，应当聘请环境保护法方面的法学专家；制定有关行政管理方面的法律法规，应当聘请行政法方面的法学专家。制定任何法律法规，都应当聘请政治方面的专家，以确保立法政治方向的正确性。对某一具体的法律法规调整的社会关系的专业性较为熟悉的专家，也应当被邀请参与立法。例如，在制定城市管

---

〔1〕 冯玉军：“中国法律规范体系与立法效果评估”，载《中国社会科学》2017年第12期，第155页。

〔2〕 何磊：“专家参与地方人大立法制度的反思与完善”，载《扬州教育学院学报》2019年第4期，第47页。

理方面的法律法规时，应当聘请对城市管理较有研究的专家参与。专家参与立法，不能由立法部门依自己的偏好来选专家，而应当依制定的是何种具体的法律法规来确定参与该法律法规制定的专家。为了使享有立法权的机关在制定某一具体的法律法规时依上述原则正确地聘请专家参与立法，应当明确专家选任的程序，可以规定由享有立法权的机关的法制工作机构提出人选，分别由人大常委会、国务院常务会议、国务院部门部务会议或者委员会会议和地方政府常务会议决定。四是要明确专家参与立法的环节。各地对专家参与哪些立法的做法并不一致。有学者对现行有效的 183 部有关立法的地方性法规的相关规定进行了统计，只有 7 部对专家可以或者应当参加立法规划活动作了规定，有 47 部对专家参与起草活动作了规定，有 55 部对征求专家意见制度作了规定，有 28 部规定专门委员会或常务委员会审议地方性法规草案时可以邀请有关专家列席会议和发表意见。[1]从确保科学立法实现的角度来考虑，除立法语言专家外，专家参与立法，应当参与立法的整个过程，具体包括参与立法规划的制定、参与立法起草、参与立法的论证、参与立法的审议和参与立法的评估。专家参与上述立法过程，应当作为对享有立法权的机关的强制性要求，确保上述立法过程都有专家的参与。如果规定专业性较强的或者社会影响较大的情形才由专家参与，给享有立法权的机关的裁量权将过大，有可能使专家参与立法的制度形同虚设，并且就立法本身而言，很难说某一法律法规不涉及专业性问题或者没有多大的社会影响。当然，对享有立法权的机关作出这一要求，可能会增加立法的成本，加大立法的工作量，但就立法工作的重要性而言，对享有立法

---

〔1〕　朱力宇、熊侃："专家参与立法的若干问题研究"，载《法学杂志》2010年第 2 期，第 24 页。

权的机关作出这一强制性的要求是必要的。五是为了充分调动专家参与立法的积极性，要对专家参与的保障措施予以强化。对于专家参与立法起草和立法评估等，可以以社科规划课题的形式提供科研经费，这不仅可以为专家参与立法提供物质保障，而且可以使专家参与立法直接与其科研成果相联系。对于专家参与立法审议和立法论证，应为其支付较高的报酬或者补贴，以体现对专家专业知识的尊重。对长期参与立法帮助立法机关有效解决疑难问题的专家，享有立法权的机关可以设立专门的奖项对其进行表彰。专家参与立法所提的独特立法建议被享有立法权的机关采纳的，应为其出具证明材料。专家所提立法建议，享有立法权的机关不予采纳的，应当说明理由。

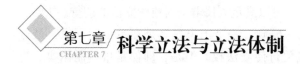

第七章　科学立法与立法体制
CHAPTER 7

一、推进科学立法的关键是完善立法体制

立法体制是以划分立法权为核心而形成的有关立法组织的体系。[1]立法体制解决的是立法权限划分的问题。这种立法权限的划分指的是法律法规的制定权限的划分，包括横向结构上立法权限的划分和纵向结构上立法权限的划分，前者是指同级的国家权力机关和国家行政机关立法权限的划分，后者主要是指中央和地方的国家机关立法权限的划分。[2]

习近平总书记指出："推进科学立法，关键是完善立法体制。"[3]党的十八届四中全会《关于全面推进依法治国若干重大问题的决定》提出，要明确立法权力边界。党的十九届四中全会通过的《中共中央关于坚持和完善中国特色社会主义制度推进国家治理体系和治理能力现代化若干重大问题的决定》也对完善立法体制机制提出了要求。要实现科学立法，其基础在于要有科学的立法体制。完善立法体制，可以为全面深化改革提供法律依据，可以克服立法部门利益化的现象，可以激发地

---

〔1〕 杨临宏：《立法学：原理、制度与技术》，中国社会科学出版社 2016 年版，第 25 页。

〔2〕 朱力宇、叶传星主编：《立法学》（第 4 版），中国人民大学出版社 2015 年版，第 104 页。

〔3〕 习近平："加快建设社会主义法治国家"，载《求是》2015 年第 1 期，第 3~8 页。

方立法的积极性，可以满足人民群众对科学立法的期待。[1]

按照法制统一原则，一个国家尤其是在单一制国家，最好是由一个国家机关行使立法权。但是，即使是单一制国家，也存在着立法体制所指的立法权限划分的问题，法制统一原则与立法体制两者之间并不是对立的。国家的法制需要统一，国家的法律秩序应当是一个不可分割的整体，但在创造法律秩序的不同阶段上可以采用不同的模式。国家机关的权力可以被划分为本源性和过程性两种形态。本源性的国家权力，是指相对而言处于原始形态的政治结合体，从其自身的组织结构和物质属性中产生的一种权力，它不是法律权力而是属于政治权力；过程性的国家权力，是指本源性权力的主体，通过宪法和法律，在国家机构体系内配置而由不同国家机关和官员掌握和运用的权力。[2]从国家机关过程性的国家权力这一层面上看，立法权是可以分立的，其是一种法理责任的合理负担。当然，立法体制是指立法权限的划分，并不是指对立法权进行分离，立法权限的划分是在法制统一原则下不同立法权限的分工与合作。

从世界各国的实践情况来看，立法体制主要有制衡立法体制、复合立法体制和单一立法体制。制衡立法体制，指的是建立在立法、行政和司法三种国家权力既相互独立又相互制约基础上的立法体制。复合立法体制，指的是立法权由两个或者两个以上国家机关共同行使的立法体制。单一立法体制，指的是立法权由某一个国家机关行使的立法体制，它又有单一一级立法体制和单一两级立法体制之分。立法体制还可以被划分为两级

---

[1] 刘风景、李丹阳："中国立法体制的调整与完善"，载《学术交流》2015年第10期，第113页。

[2] 张千帆：《宪法学导论：原理与应用》，法律出版社2004年版，第376~377页。

制、单一制+复合型、单一制+自治型以及单一制+分层型。〔1〕

我国立法体制的发展和演变，可以划分为三个阶段：中华人民共和国成立至1954年《宪法》颁布之前为第一个阶段。这一阶段的立法体制为法定集中和实际分散行使。依《中国人民政治协商会议共同纲领》（已失效）和《中央人民政府组织法》的规定，由全国政协选举产生的中央人民政府委员会是唯一行使立法权的法定机关。但是，由于当时新老解放区的实际情况存在很大的差异，很难做到统一实施中央立法，加之各地需要因地制宜地建立民主政权、进行各种改革以及恢复和发展国民经济，实际上使得各级地方政府分别具有拟定法令、法规和条例的权力，地方享有立法权的主体是多元的，并且权限较大。1954年《宪法》颁布以后至1979年7月第五届全国人大二次会议之前为第二个阶段。1954年《宪法》规定，全国人大是行使国家立法权的唯一机关，国务院有权根据宪法、法律和法令发布决定和命令以及规定行政措施。1955年和1959年，经过两次授权，由全国人大唯一行使的国家立法权部分扩大至全国人大常委会。1975年《宪法》和1978年《宪法》规定的立法体制与1954年《宪法》的规定几乎一致。在这一阶段，立法权高度集中，地方立法几乎没有。1979年第五届全国人大二次会议以后至现在为第三个阶段。从地方立法来看，1979年第五届全国人大二次会议通过的《地方各级人民代表大会和地方各级人民政府组织法》规定，省级人大及其常委会有权制定地方性法规；1981年，全国人大常委会授权广东省和福建省人大及其常委会制定所属经济特区的各项单项经济法规；1986年，《地方各级人民代表大会和地方各级人民政府组织法》第二次修改后，省会

---

〔1〕 刘平：《立法原理、程序与技术》，学林出版社、上海人民出版社2017年版，第53~55页。

所在地的市和经国务院批准的较大的市的人大获得了制定地方性法规的权力；第七届全国人大常委会先后授予了深圳、厦门、珠海和汕头市的人大及其常委会制定法规的权力；2000年制定的《立法法》，对省会所在地、经济特区所在地的市和经国务院批准的较大的市的人大及其常委会享有制定地方性法规的权力做了进一步的明确，并规定相应级别的地方政府有权制定地方政府规章；2015年，《立法法》进行了修改，所有的市级人大及其常委会和市级政府都获得了地方性法规制定权和地方政府规章制定权。就国家层面的立法而言，1982年《宪法》规定，国家立法权由全国人大和全国人大常委会行使，行政法规的制定权由国务院行使，部门规章的制定权由国务院各部委行使；1984年，全国人大授权国务院拟定有关税收条例；1985年，全国人大授权国务院制定暂行的有关对外开放和经济体制改革方面的规定和条例；2000年的《立法法》规定，部门规章制定权的主体扩大至审计署、中国人民银行和具有行政管理职能的国务院直属机构。从我国立法体制发展和演变的过程可以看出，我国立法权的分配经历了从相对分散到高度集中再到适当分权并进一步分权的过程，目前的立法体制具有立法主体多元多级性和地方立法主体适度扩大性的特征。

二、科学立法与职权立法体制

我国的立法体制具有立法主体多元多级性的特点，可以区分为职权立法体制和授权立法体制。职权立法体制，是指依《宪法》或者《立法法》的规定，享有立法权的机关直接享有的制定特定层次的法律法规的职权划分。在职权立法体制中，享有立法权的机关之所以能够享有制定某方面的法律法规的权力，是基于《宪法》或者《立法法》的直接规定，不需要基于其他机关或者其他法律法规的授权。从目前立法的规定和实践来看，职权立法存在一些不明晰或者不合理之处，影响了科学立法的实现，因此，有必要进一步完善职权立法体制。

（一）全国人大及其常委会与国务院立法职权的划分

全国人大及其常委会和国务院行使的是中央立法权，全国人大及其常委会与国务院立法职权的划分，解决的是中央立法权限横向分工的问题。依《宪法》第62条第3项和第67条第2项的规定，全国人大及其常委会有权制定法律。2011年，《中共中央转发〈中共全国人大常委会党组关于形成中国特色社会主义法律体系有关情况的报告〉的通知》首次提出了"人大主导立法"。党的十八届四中全会、十九大和2015年修正的《立法法》，都对发挥人大及其常委会在立法工作中的主导作用进行了肯定。[1]之所以需要人大主导立法，是因为立法的综合性很强、立法引领推动改革、解决部门问题、提高立法效率和节约立法资源以及防止地方保护主义。[2]人大主导立法，是人大自身地位和权力的核心体现，是人民主权原则在立法领域的具体化，是推进国家治理体系和治理能力现代化的要求。[3]人大主导立法的含义较为丰富，最为基本的含义是在立法职权的划分上，人大处于支配、主导和优势的地位。因此，中央立法权主要应由全国人大及其常委会行使，以人大主导立法为原则。

---

〔1〕《立法法》第51条规定："全国人民代表大会及其常务委员会加强对立法工作的组织协调，发挥在立法工作中的主导作用。"

〔2〕刘松山："人大主导立法的几个重要问题"，载《政治与法律》2018年第2期，第65~70页。

〔3〕孙晓红："人大主导立法的保障机制"，载朱景文、沈国明主编：《中国特色社会主义立法理论与实践：中国法学会立法学研究会2016年年会论文集》，法律出版社2017年版，第115~117页。

　　与全国人大及其常委会的立法职权相比，国务院的立法职权处于从属、服从和补充的地位。对国务院的行政立法权，既要发挥其在推动中国特色社会主义法律体系的完善以及提升立法效率和可操作性方面的作用，又要防止其因集立法权与行政权于一身而可能带来的行政专横、公权力与私权利的失衡或者侵犯公民基本权利等负面影响。从国外来看，大多数国家对行政机关的立法权都进行了较为严格的限制。例如，在美国、英国、德国等国家，中央行政机关只能基于中央立法机关的立法进行补充性或者实施性立法，只能就纯粹属于行政管理的事项进行自主性立法。从《宪法》和《立法法》的规定来看，"根据宪法和法律制定行政法规"为国务院的职权立法权限。[1]对如何理解"根据宪法和法律"，学者们有不同的认识。有的认为，只有在宪法和法律明确规定某些事项由国务院规定的情况下，才可以针对这些事项进行行政立法；有的认为，行政立法可以针对宪法和法律规定属于国务院职权范围的所有事项。笔者认为，对国务院"根据宪法和法律"制定行政法规，可以作以下几方面的理解：一是对某种社会关系，已有法律作出规定进行了调整，为保证法律的执行，行政法规可就同一事项细化法律的规定，但不得与法律相抵触；二是对某种社会关系，并无法律作出规定进行调整，在国务院行政管理职权范围内，行政法规可进行创制性或者自主性的立法；三是对某种社会关系，先制定了行政法规，后来全国人大或全国人大常委会就同一事项又制定了法律，应当及时废止或者修改行政法规中与法律相抵

---

　　〔1〕　依《宪法》第89条第1项和《立法法》第65条第1款规定，根据宪法和法律制定行政法规是国务院的职权之一。《立法法》第65条第2款规定，行政法规可以规定的事项是为执行法律的规定需要制定行政法规的事项和《宪法》第89条规定的国务院行政管理职权的事项，前者为执行性立法，后者为创制性立法。

触的内容。[1]需要指出的是，国务院是全国人大及其常委会的执行机关，主要行使的是行政权，不能规定某些事项全国人大及其常委会不能制定法律而只能由国务院进行行政立法。

（二）全国人大及其常委会与地方人大及其常委会立法职权的划分

我们通常所说的中央与地方立法权限的划分或者央地立法权的划分，大多从狭义上理解，特指全国人大及其常委会与地方人大及其常委会立法职权的划分。这一问题解决的是权力机关立法权限中央与地方纵向分工的问题。

《宪法》第 58 条和《立法法》第 7 条第 1 款对全国人大及其常委会行使国家立法权作了规定。对于只能由全国人大及其常委会制定法律的事项，《立法法》第 8 条作了具体规定。[2]对于地方人大及其常委会的职权立法权，《宪法》第 100 条、《立法法》第 72 条和第 73 条作了规定。[3]

---

〔1〕　徐向华主编：《立法学教程》（第 2 版），北京大学出版社 2017 年版，第 134 页。

〔2〕《立法法》第 8 条规定："下列事项只能制定法律：（一）国家主权的事项；（二）各级人民代表大会、人民政府、人民法院和人民检察院的产生、组织和职权；（三）民族区域自治制度、特别行政区制度、基层群众自治制度；（四）犯罪和刑罚；（五）对公民政治权利的剥夺、限制人身自由的强制措施和处罚；（六）税种的设立、税率的确定和税收征收管理等税收基本制度；（七）对非国有财产的征收、征用；（八）民事基本制度；（九）基本经济制度以及财政、海关、金融和外贸的基本制度；（十）诉讼和仲裁制度；（十一）必须由全国人民代表大会及其常务委员会制定法律的其他事项。"

〔3〕《宪法》第 100 条以及《立法法》第 72 条第 1 款和第 2 款规定，在不同宪法、法律、行政法规相抵触的前提下，省级人大及其常委会可以制定地方性法规；在不同宪法、法律、行政法规和本省级地方性法规相抵触的前提下，设区的市的人大及其常委会可以依照法律规定制定地方性法规。《立法法》第 72 条第 1 款和第 2 款还要求制定地方性法规应当根据本行政区或者本市的具体情况和实际需要。《立法法》第 73 条第 1 款规定，地方性法规可以就为执行法律、行政法规的规定需要根据

在中央与地方立法关系的一般理论中，最具有代表性的理论有地方分权主义、中央集权主义、中央集权与地方分权的相对主义以及中央与地方均权主义。我国人口众多，疆域辽阔，各地经济、政治和文化发展水平存在较大的差距，因此既要坚持全国人大及其常委会相对集中地行使立法权以实现法制统一的原则，又要充分调动地方人大及其常委会立法的主动性和积极性。

对我国现行立法规定的全国人大及其常委会与地方人大及其常委会立法职权的划分，学者们提出了完善的建议。有学者提出，中央与地方立法关系的合理构建主要应当解决两个问题：一是确立中央与地方立法的关系，应对以往那种受政策性调整影响过甚的局面予以改变，要严格依法为之；二是要对那种中央与地方立法的立法事项"平面切剥"以及"职能同构"的做法予以改变，明确界分中央和地方的立法事项，可以将立法事项具体分为专属于中央立法、专属于地方立法、中央与地方交叉但中央立法优先以及剩余事项。[1] 有学者指出，我国目前中央与地方立法权划分的标准是"影响范围+重大程度"，这一标准存在无法给出确定性结论、无法解决跨区域立法和无法解决立法重叠等问题，应当将财权和事权融入中央与地方立法权的划分，具体步骤为：第一，依"影响范围+重大程度"标准，如属"全国范围+重要"的事项由中央立法，如属"地方+非重要"的事项由地方立法。第二，如属"全国范围+非重要"和

（接上页）本行政区域的实际情况作具体规定的事项以及属于地方性事务需要制定地方性法规的事项作出规定。《立法法》第72条第2款和第73条第3款的规定，设区的市的人大及其常委会依《立法法》第73条第1款规定地方性法规，限于城乡建设与管理、环境保护、历史文化保护等方面的事项，法律对设区的市制定地方性法规的事项另有规定的，从其规定。

〔1〕 陈光主编：《立法学原理》，武汉大学出版社2018年版，第13页。

"地方范围+重要"的事项，需要判断立法的重心，如果立法获益的主体主要是地方、实施该事项的立法主要依靠地方财政且地方立法成本低于中央立法成本但能达到相似的效果，则交由地方立法；如果立法事项共性大于个性，或者跨省或者跨地区，或者主要依靠中央财政来实施该事项的立法，则交由中央立法，由地方立法予以补充。[1]有学者认为，央地立法权限的划分应以公共服务为中心，中央立法的定位是制定为公共服务的框架性法律和部分细则性法律，地方立法只制定为公共服务的细则性法律；就为公共服务的细则性法律而言，央地之间应当以"便利服务"为标准进行权限划分。[2]

为了进一步完善全国人大及其常委会与地方人大及其常委会立法职权的划分，重点应当明确以下问题：一是我国的国家结构形式是单一制而不是联邦制，由中央统一行使国家权力，不能规定只能由地方立法而中央不得涉及的立法事项。二是要明确地方立法权限和范围。[3]从《宪法》和《立法法》的规定来看，就整体上而言，地方人大及其常委会职权立法的事项有两类：一为执行法律或者行政法规的事项；二为地方性事务。对何为执行法律或者行政法规的事项，一般能较好地作出判断。但对何为"地方性事务"，由于在立法上并没有作出解释，在理解上可能产生不同的认识，因此有必要对"地方性事务"进行明确。三是要慎重地适当扩大地方人大及其常委会的立法职权。地方人大及其常委会立法职权行使的前提是不能与宪法、法律、

---

〔1〕　刘雁鹏："中央与地方立法权限划分：标准、反思与改进"，载《河北法学》2019年第3期，第20~28页。

〔2〕　沈广明："论中央与地方立法权限的划分标准——基于公共服务理论的研究"，载《河北法学》2020年第4期，第88~102页。

〔3〕　党的十八届四中全会通过的《关于全面推进依法治国若干重大问题的决定》对此提出了明确要求。

行政法规相抵触。目前，我国的立法对地方人大及其常委会的立法职权进行了较为严格的限制。2019 年 12 月 5 日，全国人大常委会副委员长王晨在全国地方立法工作座谈会上指出，要逐步有序释放地方立法空间，下一步要继续对地方立法放权。[1]扩大地方立法权虽有利于促进当地经济社会的发展，但不能过分夸大这一作用，同样享有经济特区立法权的不同经济特区经济社会发展程度差异很大就是很好的说明，并且目前地方立法的质量还不太高，有些地方立法水平还较低，因此，对地方立法权的扩大一定要十分慎重。四是对《立法法》第 8 条规定的专属于全国人大及其常委会立法的事项，应当作出更为明确和科学的规定。例如，依据当地的实际情况和需要，地方人大及其常委会对同级政府某些特定的职权通过地方性法规来赋予，符合《宪法》关于地方权力机关与同级政府之间的关系定位，《立法法》第 8 条第 8 项和第 9 项所规定的民事基本制度和基本经济制度，外延并不清楚和明确；《宪法》第 8 条第 3 项和第 4 项规定了基本政治制度和刑事基本法律制度，但对基本的文化制度和基本的社会制度却没有予以明确；《立法法》第 8 条第 5 项规定了对公民政治权利的剥夺以及限制人身自由的强制措施和处罚，但宪法规定的公民的其他基本权利却并没有被纳入只能制定法律的范畴，难以防止来自地方立法机关的立法侵犯。

（三）全国人大与全国人大常委会立法职权的划分

全国人大与全国人大常委会行使的都是国家立法权，但两者的立法职权是存在差异的。依《宪法》第 62 条第 3 项、第 67

---

〔1〕 王晨："在第二十五次全国地方立法工作座谈会上的讲话"，载《中国人大》2019 年第 23 期，第 19 页。

条第 2 项和第 3 项以及《立法法》第 7 条第 2 款和第 3 款的规定，[1]全国人大与全国人大常委会立法职权划分的主要标准为：全国人大制定基本法律，全国人大常委会制定其他法律；对全国人大制定的法律，在该法律的不同基本原则相抵触的前提下，在全国人大闭会期间，全国人大常委会有权进行部分修改和补充。由于"刑事、民事、国家机构和其他方面的基本法律"的规定较为模糊，何为基本法律何为其他法律难以区分，因此各方在理解"不得与全国人大制定的法律的基本原则相抵触"时也存在认识上的分歧，致使全国人大与全国人大常委会立法权限的划分存在诸多问题。主要表现在：一是对全国人大和全国人大常委会立法权限的分工无法进行界定。例如，个人所得税法、工会法、行政处罚法、企业所得税法以及婚姻法、继承法、合同法、物权法、刑事诉讼法、行政诉讼法由全国人大立法，税收征收管理法、劳动法、行政许可法、行政强制法以及侵权责任法、涉外民事法律关系适用法、民事诉讼法由全国人大常委会立法。这种立法状况，很难使人明白某一法律为什么由全国人大立法或者由全国人大常委会立法。2015 年《立法法》修改后，第十二届全国人大通过了慈善法，慈善法难道属于"基本法"的范畴？二是全国人大立法权弱化，全国人大常委会过度行使立法权。例如，第九届全国人大常委会的立法数量，是全国人大立法数量的 27.25 倍。作为国家最高权力机关的全国人大的立法权行使应当加强。三是全国人大常委会对全国人大

---

[1]　依《宪法》第 62 条第 3 项、第 67 条第 2 项和第 3 项以及《立法法》第 7 条第 2 款和第 3 款的规定，全国人大的立法职权为制定和修改刑事、民事、国家机构和其他的基本法律；全国人大常委会的立法职权为制定和修改除应当由全国人大制定的法律以外的其他法律，在全国人大闭会期间对全国人大制定的法律进行部分补充和修改，但不得同该法律的基本原则相抵触。

制定的法律进行修改或者补充几乎不受限制。依《宪法》和《立法法》的规定，全国人大常委会对全国人大制定的法律，只能进行部分修改和补充，并且不能同该法律的基本原则相抵触。但在实践中，全国人大常委会对全国人大制定法律进行修改和补充的权力几乎不受限制。例如，全国人大常委会多次修改了全国人大制定的刑法，涉及增设犯罪主体、增加刑罚种类、加重量刑幅度、提高法定刑期、增加罪名，甚至涉及溯及力原则的变动，这些修改的内容有的已经触及了刑法的基本原则。2001 年，全国人大常委会修改全国人大制定的《民族区域自治法》时，将民族区域自治制度由"重要的政治制度"变更为"基本政治制度"，对该法的许多重要制度进行了变更，变动的条文占原条文数量的 64.18%；2001 年，全国人大常委会在修改全国人大制定的《婚姻法》时，改变了七大基本制度，修改和增设的条文数量超过了原法的条文数，几乎是重新立法，很明显不是部分修改，且涉及了该法的基本原则。全国人大常委会几乎不受限制地修改或者补充全国人大制定的法律，需要学者加强研究。

对全国人大和全国人大常委会的立法权限进行科学划分，主要应解决好以下几个问题：一是对"基本法律"应当作出明确的界定。对于如何明确界定"基本法律"，学者们的认识并不一致。有学者认为，对基本法律的调整事项，应当明晰列举，不能再继续使用"刑事、民事、国家机构和其他方面的基本法律"的含糊规定，基本法律主要应包括刑法典、民商法典、规定特别行政区制度以及民族区域自治制度和基层群众自治制度的法律、规定国家机关产生以及组织和职权的法律、规定预算决算制度和所得税制度的法律等。[1] 有学者认为，基本法律应

---

〔1〕 徐向华主编：《立法学教程》（第 2 版），北京大学出版社 2017 年版，第 129 页。

当是在国家和社会生活中具有根本性、全局性、普遍性规范意义的法律以及关涉民生权益和公民权利的重要法律。[1]如前所述，笔者认为，基本法应当指刑法、刑事诉讼法、民法、民事诉讼法、行政程序法、行政诉讼法，基本法应以法典命名，以示与其他法律的区别。对于基本法，只能由全国人大行使立法权。二是对于基本法以外的其他法律，应当明确规定全国人大和全国人大常委会都有权制定和修改。基本法立法是专属于全国人大的立法权限，但基本法以外的其他法律立法并不是专属于全国人大常委会的立法权限，因为全国人大是国家最高权力机关，全国人大常委会从属于全国人大，全国人大行使立法权的范围不应当受到限制。三是应当明确规定全国人大常委会只能制定全国人大未制定的其他非基本法律，无权制定基本法律。同时，应当就全国人大常委会对全国人大立法进行修改和补充作出较为严格的限制。对全国人大制定的基本法以及全国人大制定的非基本法所涉及的基本原则和基本制度的条文，只能由全国人大修改，全国人大常委会不得涉足；全国人大常委会对全国人大立法的修改和补充，在翌年的全国人大会上应当由常委会报告修法的理由和情况，经全国人大大会通过后，修改和补充始得生效。上述建议的整体思路是在一定程度上对全国人大常委会的立法职权进行限制。对全国人大的立法职权进行扩大，使全国人大回归行使国家最高立法权的宪法地位，需要进行配套制度的改革，如适当延长全国人大的会期。

（四）行政法规、部门规章、地方政府规章立法职权的划分

国务院的行政立法权分为执行法律规定的执行性立法和属于国务院行政职权事项的创制性立法，对其的限制为应根据宪

---

[1] 阿计："人大立法权限须合理平衡民主与效率"，载《公民导刊》2016年第3期，第47页。

法和法律制定行政法规。

依《立法法》第 80 条的规定，[1]与行政法规可进行创制性立法不同，部门规章没有创制性立法权，不能依本部门的权限自主地制定规章，而只有执行性立法权；国务院部门在行使执行性立法权制定部门规章时，只能在本部门权限之内，将法律和国务院的行政法规、决定和命令具体化，行政法规的执行性立法则是执行法律规定的事项。对行政法规制定权限的限制为应根据宪法和法律。依《立法法》和《规章制定程序条例》的规定，对部门规章制定权限的限制有两方面：一是《立法法》第 80 条第 2 款和《规章制定程序条例》第 3 条第 2 款规定的对设定减少权利或增加义务以及增加权力或减少职责规范的限制；[2]二是《立法法》第 81 条和《规章制定程序条例》第 9 条规定的对涉及两个以上国务院部门职权范围的事项制定部门规章的限制。[3]

依《立法法》第 82 条第 1 款和第 2 款的规定，[4]地方政府规章既可进行执法性立法也可进行创制性立法，这与行政法

---

〔1〕《立法法》第 80 条规定，国务院部门可以根据法律和国务院的行政法规、决定、命令在本部门的权限内制定规章，部门规章规定的事项应当属于执行法律或者国务院的行政法规、决定、命令的事项。

〔2〕《立法法》第 80 条第 2 款和《规章制定程序条例》第 3 条第 2 款规定，部门规章如果没有法律或者国务院的行政法规、决定、命令的依据，不得设定减损公民、法人和其他组织权利或者增加其义务的规范，不得增加本部门的权力或者减少本部门的法定职责。

〔3〕《立法法》第 81 条和《规章制定程序条例》第 9 条规定，涉及两个以上国务院部门职权范围的事项，应当提请国务院制定行政法规，制定行政法规条件尚不成熟需要制定规章的，国务院有关部门应当联合制定规章，单独制定的规章无效。

〔4〕《立法法》第 82 条第 1 款和第 2 款规定，省级政府以及市级政府根据法律、行政法规和本省级地方性法规可以制定规章，地方政府规章可以就为执行法律、行政法规、地方性法规的规定需要制定规章的事项以及本行政区域的具体行政管理事项作出规定。

规相同，但部门规章不能进行创制性立法。[1]地方政府规章虽与行政法规一样可进行创制性立法，但其创制性立法事项的用词为"具体行政管理事项"，不同于国务院的"行政管理职权的事项"，以示对地方政府规章创制性立法的较大程度的限制。地方政府规章在进行执行性立法时，其依据是法律、行政法规和省级地方性法规，是基于执行法律、行政法规和地方性法规规定的需要，行政法规执行性立法的依据只能是法律，部门规章执行性立法的依据是法律和国务院的行政法规、决定和命令。地方政府规章和部门规章都有执行性立法权，法律、行政法规对制定部门规章或者地方政府规章有明确规定的，依规定进行。法律、行政法规对制定部门规章或者地方政府规章没有作出明确规定，专属国务院部门管理的事项，应当制定部门规章；专属于地方性事务的，应当制定地方政府规章。对同一事项，地方政府可依地方性立法的规定作出与部门规章不同的规定。对行政法规制定权限的限制为应根据宪法和法律。《立法法》第82条第6款和《规章制定程序条例》第3条第2款[2]对地方政府规章设定减少权利或增加义务的规范作了与部门规章基本相同的限制，只是部门规章限制的依据为法律或者国务院的行政法规、决定和命令，地方政府规章限制的依据为法律、行政法规和地方性法规。此外，《立法法》第82条第3款和第4款对市级政府制定政府规章的权限及实施的有关问题作出了与市

---

　　[1]《立法法》第82条第1款和第2款规定，省级政府以及市级政府根据法律、行政法规和本省级地方性法规可以制定规章，地方政府规章可以就为执行法律、行政法规、地方性法规的规定需要制定规章的事项以及本行政区域的具体行政管理事项作出规定。

　　[2]《立法法》第82条第6款和《规章制定程序条例》第3条第2款规定，地方政府规章如果没有法律、行政法规、地方性法规为依据，不得设定减损公民、法人和其他组织权利或者增加其义务的规范。

级地方性法规相同的规定。[1]

对于行政法规、部门规章、地方政府规章立法职权划分的问题，上述立法的规定较为明了，理论界对这一问题的探讨并不多见。部门规章和地方政府规章的等级效力都不高，在行政审判过程中，法院并不将其作为"依据"而予以"参照"，对其制定权限作出较为严格的限制是合理的。还应当指出的是，国务院部门和地方各级政府都必须服从国务院，部门规章和地方政府规章都必须服从国务院的行政立法权。

（五）省级人大及其常委会与市级人大及其常委会立法职权
的划分

地方立法权分为省级人大及其常委会的省级地方立法权与市级人大及其常委会的市级地方立法权。对省级人大及其常委会的省级地方立法权，除《立法法》第 8 条规定只能由全国人大及其常委会制定法律的事项以外，依《宪法》第 100 条以及《立法法》第 72 条第 1 款和第 2 款的规定，在不同宪法、法律、行政法规相抵触的前提下，省级人大及其常委会可以根据本行政区的具体情况和实际需要制定地方性法规，对其立法权限并没有作出具体范围的限制。

2015 年《立法法》修改以前，只有省级政府所在地、经济特区所在地的市和国务院已批准的较大的市享有市级地方立法权，对其立法权限同样没有作出具体范围的限制。依据党的十

―――――――――

〔1〕《立法法》第 82 条第 3 款将市级政府制定政府规章的权限限于城乡建设与管理、环境保护、历史文化保护等方面的事项，同时肯定了 2015 年《立法法》修改以前已经制定的地方政府规章涉及上述事项范围以外的继续有效；《立法法》第 82 条第 4 款规定，除原来享有地方政府规章制定权的省级政府所在地、经济特区所在地的市以及国务院批准的较大的市以外，2015 年《立法法》修改后，其他市级政府开始制定规章的时间与省级人大常委会确定的本市、自治州开始制定地方性法规的时间同步。

八届四中全会的决定，2015 年修改的《立法法》赋予了所有的市级人大及其人大常委会的地方立法权，2018 年《宪法》修改对此进行了确认。对所有的市级人大及其人大常委会赋予地方立法权，是推进依法治国、充分发挥地方深化改革和全面建设小康社会的迫切需要；[1]与中央立法相比较而言，地方立法者对地方的特殊性更易于准确把握，对符合市场要求的有序规则，地方可以予以及时构建，从满足本地各类经济主体的需要出发，为本地的经济发展提供稳定性和有序性的行为规范。[2]《立法法》第 72 条第 4 款、第 5 款和第 6 款对市级地方立法权主体扩大后实施的有关问题作了规定。[3]

2015 年《立法法》修改以后，一方面扩大了市级地方立法权的立法主体，另一方面对市级地方立法权的立法权限进行了限制。不仅规定对《立法法》第 8 条明确的由全国人大及其常委会制定法律的事项不得进行市级立法，行使市级地方立法权应当根据本市的具体情况和实际需要，不得同宪法、法律、行政法规和省级地方性法规相抵触，而且将其立法权限具体限定为城乡建设与管理、环境保护、历史文化保护等事项。从立法精神来讲，市级人大及其常委会只能对城乡建设与管理、环境

---

〔1〕　姜明安："改进和完善立法体制《立法法》呈现七大亮点"，载《行政管理改革》2015 年第 4 期，第 25 页。

〔2〕　王春业："论赋予设区市的地方立法权"，载《北京行政学院学报》2015 年第 3 期，第 109 页。

〔3〕　《立法法》第 72 条第 4 款、第 5 款和第 6 款规定，除省级政府所在地、经济特区所在地的市和国务院已批准的较大的市以外，其他市级人大及其常委会在 2015 年《立法法》修改以后开始制定地方性法规的具体步骤和时间，由省级人大常委会对本省所辖市的人口数量、地域面积、经济社会发展情况以及立法需求、立法能力等因素进行综合考虑后来确定，并报全国人大常委会和国务院备案；省级政府所在地、经济特区所在地的市和国务院已批准的较大的市在 2015 年《立法法》修改以前已制定的地方性法规，涉及 2015 年修改后《立法法》规定的市级人大及其常委会立法权限范围以外的事项，继续有效。

保护、历史文化保护等事项享有立法权，对此之外的事项不享有立法权。由于对省级人大及其常委会的省级地方立法权没有具体范围的限制，省级人大及其常委会既对城乡建设与管理、环境保护、历史文化保护等事项享有立法权，也对城乡建设与管理、环境保护、历史文化保护等事项以外的事项享有立法权。因此，对省级人大及其常委会与市级人大及其常委会立法权限的划分，主要应解决两个问题：一是对"城乡建设与管理、环境保护、历史文化保护等"事项如何进行界定；二是省级人大及其常委会与市级人大及其常委会之间，对"城乡建设与管理、环境保护、历史文化保护等"事项，如何进行立法权限的划分。

界定"城乡建设与管理、环境保护、历史文化保护等"事项，主要有两个问题：一是对"城乡建设与管理""环境保护""历史文化保护"这三个具体事项如何具体理解。不少学者对这一问题提出了自己的见解。第十二届全国人大法律委员会《关于中华人民共和国立法法修正案（草案）审议结果的报告》对"城乡建设与管理""环境保护"这两个具体事项已经作出了说明，即"城乡建设与管理"，包括城乡规划、市政管理、基础设施建设等；"环境保护"，依《环境保护法》的规定，包括大气、海洋、水、矿藏、土地、湿地、草原、森林、人文遗迹、自然遗迹、野生动物等范围。这一说明是立法者最初的主观意图。上述报告对"历史文化保护"这一具体事项没有作相应的说明。"历史文化保护"这一具体事项，应当包括《非物质文化遗产保护法》第2条关于非物质文化遗产的规定以及《文物保护法》第2条关于文物保护的范围的规定和其他具有保护价值的历史文化形态。[1]解释法律的概念只能做到相对具体化，在

---

[1] 易有禄："设区市立法权行使的实证分析——以立法权限的遵循为中心"，载《政治与法律》2017年第6期，第39~40页。

立法实践中，市级人大及其常委会在行使立法权时，如果对某一立法项目是否属于这三个事项把握不准，应当报省级人大常委会，再由省级人大常委会报全国人大常委会作出具体的解释。二是"城乡建设与管理、环境保护、历史文化保护等"事项的"等"，是"等内等"还是"等外等"。对这一问题，学者们的认识存在分歧。有的学者认为，这里的"等"应当理解为"等外等"。例如，有学者指出，对市级立法权限的界定需要进行放权处理，应宽泛地界定其有权制定相关法律的范围；[1]对这里的"等"字，可以进行扩大解释，但应考虑具有立法之需要的立法前提、具有完善立法之能力的法律基础以及不违反上位法禁止性规定的原则要求等因素；[2]这里的"等"字，意指与城乡建设与管理、环境保护、历史文化保护这三类典型事项相类似的地方公共事务管理事项；[3]保障国家法制统一和对立法权滥用的预防，应当逐步建立违宪审查机制，通过行政控权来实现多样性和统一性的动态平衡，不应当主要依靠权限控制模式进行前端防御。[4]但是，多数学者的观点是，这里的"等"是"等内等"，对市级人大及其常委会的立法权限不能作扩大理解，应当严格限制在城乡建设与管理、环境保护、历史文化保护这三个方面的事项。理由在于：首先，中国特色社会主义法律体系已基本形成，市级地方立法的空间并不大，作"等内等"的理

---

[1]　陈书全、陈佩彤："论设区的市地方立法权限范围的困境与出路"，载《人大研究》2019 年第 4 期，第 43 页。

[2]　李吉映、孟鸿志："困境与因应：设区的市立法权限范围之'等'字探析"，载《华北理工大学学报（社会科学版）》2019 年第 4 期，第 21~22 页。

[3]　邓佑文："论设区的市立法权限实践困境之破解——一个法律解释方法的视角"，载《政治与法律》2019 年第 10 期，第 68~69 页。

[4]　郑泰安、郑文睿："地方立法需求与社会经济变迁——兼论设区的市立法权限范围"，载《法学》2017 年第 2 期，第 146 页。

解不会形成市级立法权限范围与地方立法需求失衡的问题；其次，如果对市级立法权限的范围作扩大解释，市级和省级立法权实际上就会完全重复，在实践中会导致浪费立法资源和重复立法等弊端；最后，2015年《立法法》对市级立法权限的规定之所以不同于其修改以前对省级政府所在地、经济特区所在地的市和国务院已批准的较大的市的立法权限的规定，是为了避免市级立法权的滥用而对其立法权限进行限制，如果作"等外等"的理解，2015年《立法法》修改对市级立法权限的规定便会毫无意义。[1]全国人大常委会法工委时任主任李时适在2015年9月第二十一次全国地方立法研讨会上也指出，这里的"等"应当是"等内等"，不宜作更加宽泛的理解。

在省级人大及其常委会与市级人大及其常委会之间，关于对"城乡建设与管理、环境保护、历史文化保护等"事项如何进行立法权限的划分，学者们的意见并不一致。主要有以下主张：市级立法侧重"点"和个性，省级立法侧重"面"和共性，两者的权限划分还需要适应"变革性"和遵循"法定性"；[2]市级立法针对与省级立法权限的重叠问题，应作漏洞填补和细化操作的工作，市级立法应规定并填补地方治理规则的空缺；[3]地域性事务，除具有特别重要的示范意义或者涉及了域外的以外，对纯粹性的市内地方事务，应当交由市级立法来进行立法

---

〔1〕 伊士国、杨玄宇："论设区的市立法权限——兼评新《立法法》第72条"，载《河北法学》2017年第11期，第80页。

〔2〕 王腊生："新立法体制下我国地方立法权配置若干问题的探讨"，载《江海学刊》2017年第1期，第145~146页。

〔3〕 邓佑文："论设区的市立法权限实践困境之破解——一个法律解释方法的视角"，载《政治与法律》2019年第10期，第69~70页。

规制;〔1〕除非该事项涉及省级管理部门权限或者具有跨区域性,市级立法并无权限,为使市级立法权的主动性和积极性得以发挥,在立法重叠领域,应优先适用市级立法权;〔2〕对上下级立法机关都有立法权的某一立法空白事项,下级立法机关可对该立法空白事项先行立法进行试验,在其立法取得成效后,上级立法机关可借鉴其经验进行立法,但如果对该事项上级立法机关已有立法,下级立法机关只能在遵循非必要不重复的原则下,进行执法性立法。此外,该事项影响范围较广,致使市级立法无法解决时,应由省级立法机关进行立法;〔3〕在省市两级共享的立法权限范围内,依据由下向上的组织路径,首先应由市级立法机关进行立法,只有在市级立法机关立法能力和条件不足以实现立法目标时,才由省级立法机关进行立法,或者通过综合考虑,某一立法事项是省级整体上的立法共性问题,省级立法机关立法能取得更好的立法效果时,省级立法机关才进行立法。〔4〕笔者赞同涉及“城乡建设与管理、环境保护、历史文化保护”的事项,原则上应当由市级人大及其常委会进行立法,但以下情形应当由省级人大及其常委会立法:一是该事项属于全省范围共通的事项,不存在本市的地方特色;二是该事项超越了市的范围;三是该事项虽属市的范围,且具有地方特色,但在本省内属于重大的事项;四是省级人大及其常委会认为应

〔1〕 刘振磊:“论设区的市立法权限划分——从地方立法实践的角度”,载《人大研究》2017年第9期,第42页。

〔2〕 伊士国、杨玄宇:“论设区的市立法权限——兼评新《立法法》第72条”,载《河北法学》2017年第11期,第81页。

〔3〕 陈书全、陈佩彤:“论设区的市地方立法权限范围的困境与出路”,载《人大研究》2019年第4期,第43页。

〔4〕 曹海晶、王卫:“设区的市立法权限限制研究”,载《湖南大学学报(社会科学版)》2020年第5期,第140页。

当由其行使立法权的其他事项。

省级政府与市级政府地方政府规章立法权限的划分可按上述相同的规则处理。对这一问题不另作探讨。

（六）地方人大及其常委会立法权与同级地方政府规章制定权立法职权的划分

地方人大及其常委会的地方立法权与同级政府规章制定权都可进行执行性立法和创制性立法，两者权限范围的规定存在交叉。对于如何划分两者的立法权限，学者们进行了探讨。有学者认为，就执行性立法而言，为执行行政法规的，应制定地方政府规章，为执行法律的，应制定地方性法规；就创制性立法而言，仅涉及具体行政管理事项的，应制定地方政府规章，其他情形下，一般应考虑制定地方性法规。[1]有学者认为，地方性法规与地方政府规章的划分标准为：不需要创设新的权利义务的，可以制定地方政府规章，创设新的权利义务的，应制定地方性法规；只涉及行政行为的，可制定地方政府规章；涉及本辖区司法机关活动的，制定地方性法规；针对短期性和局部性利益的事项，制定地方政府规章，对本行政区域具有长远性和全局性利益的事项，制定地方性法规；宪法和法律明确规定可以由行政规章规定的事项，制定地方政府规章；涉及公民人身权利和民主权利的，制定地方性法规；涉及行政机关自身管理事项的，制定地方政府规章；涉及基本政治制度的规范和公民基本权利的，制定地方性法规；涉及政府运行过程中的事项的，制定地方政府规章；涉及政府在实施法律和行政法规过

---

〔1〕 赵立新："地方性法规和地方政府规章立法权限划分初探"，载《人大研究》2015年第8期，第26~27页。

程中的监督的，制定地方性法规。[1]有学者认为，对执行性立法事项，采取立法依据标准，上位法要求地方政府作出实施规定的，制定地方政府规章，上位法要求地方人大及其常委会作出实施性规定的，制定地方性法规；对自主性立法事项，采用内容标准，只涉及公民一般权利义务的，制定地方政府规章，涉及公民基本权利义务的，制定地方性法规。[2]

讨论地方人大及其常委会地方立法权与同级政府规章制定权的立法职权的划分，要坚持制定地方性法规为主的原则，这是人大主导立法的要求，也是为了防止地方政府为扩大自己的权力或者谋求自己的利益任意制定地方政府规章。地方人大及其常委会是地方权力机关和行使地方立法权的机关，地方政府的主要职责不是立法而是执法。因此，在一般情形下，应由地方人大及其常委会行使地方立法权，对地方政府规章制定权的行使必须予以严格限制。地方政府制定创制性的地方政府规章，必须同时具备以下几个条件：一是该地方政府规章规定的事项，属于本辖区内具体的行政管理事项；二是该地方政府规章，只能约束该地方政府的行政机关，不能约束其他国家机关；三是对该地方政府规章规定的事项，上位法和同级地方性法规未作出规定；四是该地方政府规章，如果没有上位法的依据，不能减损公民的权利或者增加公民的义务。地方政府制定执行性的地方政府规章，必须有明确的上位法依据，否则，只能制定执行性的地方性法规。

---

[1] 李瀚琰："论地方人大与地方政府的立法权限划分"，载《山西农业大学学报（社会科学版）》2015年第5期，第520页。

[2] 徐向华主编：《立法学教程》（第2版），北京大学出版社2017年版，第143页。

（七）民族自治地方民族立法权与地方立法权的权限划分

民族立法权指的是制定自治条例和单行条例的权力。《宪法》第116条、《民族区域自治法》[1]第19条和《立法法》第75条第1款对民族立法权作了规定。[2]自治州和自治区的人大常委会只有地方立法权并无民族立法权，自治县的人大只有民族立法权并无地方立法权。因此，它们不存在民族立法权与地方立法权权限划分的问题。但是，自治州和自治区的人大，既有民族立法权，又有地方立法权。因此，如何划分自治州和自治区人大民族立法权与地方立法权的权限成了一个需要讨论的问题。在笔者看来，自治州和自治区的人大，需要依照当地民族的政治、经济和文化特点，对法律或行政法规的规定作出变通规定的，制定自治条例和单行条例来行使民族立法权；如果不需要对法律或行政法规的规定作出变通规定，则制定地方性法规来行使地方立法权。自治州和自治区的人大在行使民族立法权时，应依《立法法》第75条第2款的规定，不得对宪法的规定予以变通，不得对法律或者行政法规的基本原则予以违背，不得对民族区域自治法的规定予以变通，不得对其他有关法律、行政法规专门就民族自治地方所作的规定予以变通。

（八）地方人大与地方人大常委会立法职权的划分

关于地方人大与地方人大常委会立法职权的划分，应依《立法法》第76条规定，在本级人大及其常委会立法职权范围内，对本行政区域内特别重大的事项，由地方人大制定地方性法规。由于"本行政区域内特别重大的事项"这一规定十分抽

---

[1] 本书所称《民族区域自治法》是指2001年2月28日第九届全国人大常委会第二十次会议修正的《中华人民共和国民族区域自治法》。

[2] 依据《宪法》第116条和《民族区域自治法》第19条、《立法法》第75条第1款的规定，民族自治地方的人大有权依照当地民族的政治、经济和文化的特点制定自治条例和单行条例。

象、原则和模糊，对此也没有具体的解释，致使在立法实践中
地方人大行使地方立法权的情形十分少见，在绝大多数情况下
是由地方人大常委会"包办"。例如，在 2014 年 1 月 20 日审议
《水污染防治条例（草案）》之前，湖北省人大从未制定地方
性法规；在 2014 年 1 月 22 日就《大气污染防治条例》等三部
立法进行表决之前，北京市人大已有 13 年没有履行立法权；山
东省人大于 2015 年 1 月 1 日至 2019 年 1 月 1 日只通过了 1 部地
方性法规，而同期省人大常委会则通过了 102 部地方性法规；
在 2015 年 1 月 25 日通过《社会养老服务促进条例》之前，浙
江省人大已有 14 年未制定地方性法规。这种状况并不符合民主
政治的基本要求，实际上是把"人大立法"异化为"人大常委
会立法"。从宪法地位来讲，把人大和人大常委会完全视为一体
是不正确的，人大常委会与人大的宪法地位并不完全同等。地
方人大的地方性法规制定权被虚置会动摇地方立法权的正当性
和权威性，与代议制民主的原则和国家治理现代化法治保障的
要求是不相吻合的。

　　为了解决这一问题，有学者认为，应修改《立法法》。将
《立法法》第 76 条"重大事项"前面的"特别"二字删除，使
涉及地方重大事项的由地方人大制定地方性法规。[1] 还有学者
试图对《立法法》第 76 条所规定的"特别重大事项"进行学理
解释。例如，认为省人大常委会和专门委员会审议时争议较大
的、配套执行全国人大制定的法律的、严重影响本行政区域公
民基本权利的以及关系本行政区域经济和社会发展的事项，应
当由地方人大进行立法。但是，无论对"特别重大事项"作出
怎样的具体解释，都很难对此予以具体化。因此，上述建议无

---

〔1〕 李克杰："'人大主导立法'原则下的立法体制机制重塑"，载《北方法学》2017 年第 1 期，第 123 页。

法从根本上解决这一问题。

地方人大常委会的地方立法权从属于地方人大的地方立法权，对《立法法》第76条的规定，不能理解为地方人大只能制定涉及本行政区域内特别重大事项的地方性法规，不能划出某些事项只能由地方人大常委会立法而不能由地方人大立法。在我国，地方立法仅起补充作用，对地方人大与地方人大常委会立法职权的划分，不能比照全国人大和全国人大常委会立法职权的划分来规定哪些事项只能由地方人大进行立法。因此，哪些事项应当由地方人大立法，哪些事项应当由地方人大常委会立法，不宜也很难从实体上进行划分。笔者建议在程序规则上作出如下规定：对地方立法的事项，由地方人大立法还是由地方人大常委会立法，应由地方人大主席团决定。作出这样的规定，一方面体现了地方人大主导地方立法的原则，另一方面也使地方人大常委会行使立法权有了正当化的基础。

职权立法中立法职权的划分，除了上述问题外，还存在地方性法规与部门规章立法职权的划分以及市级地方性法规与部门规章、省级政府地方规章立法职权划分的问题。对于这些问题，学术界很少进行探讨。就地方性法规与部门规章立法职权的划分而言，部门规章只有执法性立法权，地方性法规则同时享有执行性立法权和创制性立法权；在立法事项所涉及的范围方面，两者也存在明显的区分。就市级地方性法规与部门规章、省级政府地方规章立法职权的划分而言，无论是部门规章还是省级地方政府规章，对设定减少权利或增加义务的规范都有严格的限制，而地方性法规则没有这一限制。

三、科学立法与授权立法体制

要促进科学立法的实现，不仅要完善职权立法体制，而且应当对授权立法体制予以完善。

1834 年英国对《济贫法》的修正，被认为是授权立法的起源。此后，对于授权立法，各国越来越重视。授权立法在一些国家被称为委任立法，最初的含义仅指行政机关依议会的授权进行立法。随着经济社会形势的发展，授权立法的内涵和外延均有所发展，形式也越来越丰富。英国学者将授权立法产生的理由总结为：议会的立法速度不济、议会的讨论时间不足、需要地方知识、立法事项的技术性较强、适应未来需要、具有灵活性和弥补议会制定法无法预见法律的实施所引发的问题。[1] 我国有学者认为，通观世界各国的授权立法，其原因有：立法灵活性的需要、议会涉及的实体问题的技术性、议会会期的压力和紧急状态等。[2]

授权立法是与职权立法相对应的概念。对于两者存在的差异，有学者从权力发生根据、存在时间、对"根据"原则的遵循程序、所受到的立法监督程度和目的等方面进行了分析。[3] 笔者认为，授权立法与职权立法最大的区别在于立法权的来源不同。授权立法是指对某一立法事项，依职权立法的要求，本应由某一机关行使立法权，基于《立法法》或者其他法律的规定而授权另一机关对该事项行使立法权。因此，与职权立法是一种原生性立法不同，授权立法是一种派生性立法，其所享有的立法权并不是直接来源于《宪法》或者《立法法》的规定。就我国现行的立法体制而言，对于授权立法，有以下几个问题需要进行具体的讨论：

---

〔1〕 张越编著：《英国行政法》，中国政法大学出版社 2004 年版，第 558 页。
〔2〕 刘平：《立法原理、程序与技术》，学林出版社、上海人民出版社 2017 年版，第 121~122 页。
〔3〕 李红梅："我国职权立法辨析"，载《西安建筑科技大学学报（社会科学版）》2003 年第 1 期，第 58 页。

（一）全国人大及其常委会授权国务院制定行政法规

关于全国人大及其常委会授权国务院制定行政法规的问题，《立法法》在第9条至第12条和第65条第3款中作了规定。[1]对全国人大授权国务院制定行政法规的制度所存在的现实问题和制度完善应采用的应对策略，有学者进行了较为深入的分析。存在的现实问题在于：授权事项在范围上太宽泛，对全国人大及其常委会授权国务院制定行政法规只限于经济领域事项的惯例进行了改变，使得法律保留原则的法律效力减损；授权立法在根据上不明确；授权制度本身缺乏正当性，背后存在行政强势与人大及其常委会权威之间的矛盾，并且这一制度的设计事先缺乏充分的理论准备，纯粹是考虑到改革开放的实际需要，但改革开放中出现的新的社会关系趋于稳定，使得全国人大及其常委会授权国务院制定行政法规的条件日趋丧失。对这一制度进行完善应当采用的应对策略有：全国人大及其常委会的立法，要把握法律规定的原则性，应当注重提高自身的立法能力与水平；要恪守宪法规定，防止行政权恶性膨胀，对全国人大及其常委会与国务院之间的关系予以厘清；要确保国务院制定

---

[1] 《立法法》第9条至第12条以及第65条第3款规定：对《立法法》第8条规定只能制定法律的事项，除有关犯罪和刑罚、对公民政治权利的剥夺和限制人身自由的强制措施和处罚、司法制度等事项外，如果尚未制定法律，全国人大及其常委会有权作出决定，授权国务院可以根据实际需要制定行政法规；全国人大及其常委会授权国务院制定行政法规的决定，应当对授权的目的、事项、范围、期限以及被授权机关实施授权决定应当遵循的原则等问题予以明确，除授权决定另有规定的以外，授权的期限不得超过5年，被授权机关应当严格按授权决定行使被授予的权力，不得将被授予的权力转授给其他机关；在授权期限届满的6个月以前，被授权机关应当将授权决定实施的情况向授权机关报告，并就是否需要制定有关法律提出意见，如果需要继续授权的，可以提出相关意见由全国人大及其常委会决定；国务院依全国人大及其常委会授权国务院先制定行政法规的事项，经过实践检验，制定法律的条件成熟时，国务院应当及时提请全国人大及其常委会制定法律，法律制定以后，终止相应立法事项的授权。

行政法规职权的充分行使，维护国家法制统一。[1]还有学者认为，应当严谨规制国务院授权性行政法规的制定权，在授权方式上明确单项授权为法定方式，在授权事项上缩小可授权事项的范围，在授权程序上建立申请授权制度，同时赋予国务院"紧急情况立法权"。[2]

　　上述学者的分析有一定的道理。笔者认为，对《立法法》关于全国人大及其常委会授权国务院制定行政法规的制度，主要应从以下几个方面予以完善：一是要对授权主体作出明确规定。《立法法》规定的授权主体为全国人大及其常委会，但全国人大与全国人大常委会并不是一体的，应当明确哪些情形由全国人大授权、哪些情形由全国人大常委会授权。《立法法》将授权主体笼统地规定为全国人大及其常委会的原因在于，现行立法并没有清晰地划分全国人大与全国人大常委会的立法职权。在前述明晰全国人大与全国人大常委会立法职权的基础上，对属于全国人大立法职权的事项，应由全国人大作为授权主体；对属于全国人大常委会立法职权的事项，应由全国人大常委会作为授权主体。二是要对不得授权的事项作出更为宽泛的规定。依《立法法》的规定，不得授权的事项仅为有关犯罪和刑罚、司法制度、剥夺公民政治权利、限制人身自由的强制措施和处罚等事项。有必要将涉及民族自治、国家机构的组织和国家主权等国家制度的立法事项也列入不得授权的事项；除政治权利和人身自由权利外，对公民宪法上的其他基本权利的限制也应列入不得授权的事项。三是要对授权的条件进一步作出明确规

---

　　[1]　林宜灿："立法与行政之间的授权立法——授权国务院立法制度研究"，载《中国人民公安大学学报（社会科学版）》2018年第5期，第96~99页。
　　[2]　徐向华主编：《立法学教程》（第2版），北京大学出版社2017年版，第134~135页。

定。依法治原则所要求的授权理论，被授权者本身依法无权行使权力是授权者向被授权者授予权力的条件之一，因此，全国人大或者全国人大常委会授权国务院制定行政法规的前提条件为国务院对被授权事项依法无权制定行政法规。《立法法》仅规定尚未制定法律则可授权，有些过于原则，只是一种客观描述，并没有对授权的实质条件予以明确体现。实际上，尚未制定法律且制定法律的时机或者条件不成熟，但因行政管理的需要急需立法，才是全国人大或者全国人大常委会授权国务院制定行政法规的实质条件。四是要对授权立法的期限进行科学设置。《立法法》关于授权立法的期限所作的规定不太明确，也不太科学。因行政管理的需要急需立法是授权立法的实质条件之一。因此，在全国人大或者全国人大常委会作出授权决定后，国务院应及时制定行政法规，时间可规定为 2 年之内。全国人大或者全国人大常委会制定法律的时机或条件不成熟也是授权立法的实质条件，但不能经过很长一段时间以后这种时机或条件还不成熟，宜规定全国人大或者全国人大常委会应当在国务院依授权制定行政法规后 5 年内制定法律。如果全国人大或者全国人大常委会对应制定法律的事项长期不制定法律，实际上便是立法不作为。例如，2006 年国务院依授权制定了《车船税暂行条例》，但全国人大常委会的《车船税法》直到 2011 年才制定，这种授权立法存在几十年的现象很明显是不正常的。在我国中国特色社会主义法律体系已经形成的条件下，对全国人大和全国人大常委会制定法律的时间提出上述要求是完全可行的。

（二）全国人大授权经济特区所在地的省、市的人大及其常委会制定经济特区法规

关于全国人大授权经济特区所在地的省、市的人大及其常委会制定经济特区法规的问题，《立法法》第 74 条和第 90 条第

2 款作了规定。〔1〕经授权制定的经济特区法规是一种变通型的授权立法，它可以变通法律、行政法规或地方性法规的规定。

对于此种授权立法体制，有必要就以下问题予以完善：

一是要将授权主体的范围予以扩大。《立法法》规定全国人大为授权主体，但实践中全国人大常委会也做过授权决定，有的是根据全国人大的授权决定转授权，有的是全国人大常委会的自行授权。转授权不符合授权立法的要求，自行授权无法律上的依据。事实上，由于此种授权立法属于变通型，应依其变通的立法是由哪一机关制定来确定授权主体。对全国人大制定的法律进行变通的，由全国人大授权；对全国人大常委会制定的法律进行变通的，由全国人大常委会授权；对国务院制定的行政法规进行变通的，由国务院授权；对省级人大制定的地方性法规进行变通的，由省级人大授权；对省级人大常委会制定的地方性法规进行变通的，由省级人大常委会授权。

二是要对授权制定经济特区法规的前提条件作出规定。赋予经济特区不同于一般地区的特殊立法权，是基于为经济特区充分发挥我国改革开放实验田的作用提供法治保障的需要。因此，基于经济特区改革的需要有必要对法律、行政法规或地方性法规作出变通规定是授权制定经济特区法规的前提条件。如果不具备这一前提条件，就不能制定经济特区法规，而只能制定一般的地方性法规。

三是要对授权制定经济特区法规的禁止授权事项和限制性条件作出规定。《立法法》仅规定经济特区法规可以变通法律、行政法规或地方性法规，对禁止授权事项和限制性条件没有作

---

〔1〕 依《立法法》第 74 条和第 90 条第 2 款的规定，经济特区所在地的省、市的人大及其常委会，根据全国人大的授权决定，可以对法律、行政法规、地方性法规作出变通规定而制定经济特区法规，在本经济特区范围内适用经济特区法规的规定。

出规定。如果经济特区立法不存在禁止授权事项，就违背了我国中央集权和地方相对分权的宪政体制，有可能导致经济特区越权立法现象的产生。可以借鉴全国人大及其常委会授权国务院制定行政法规禁止授权事项的规定，对授权制定经济特区法规的禁止授权事项作出规定。经济特区仍然属于普通行政区，《宪法》和有关法律对民族区域自治地方自治条例和单行条例的变通规定有明确的条件限制，经济特区法规同样也应有限制条件的规定，否则，就可能对法律的安定性、统一性和权威性造成威胁。对授权制定经济特区法规的限制性条件，可以规定为不得违反宪法的规定，不得违反法律、行政法规和地方性法规专门就经济特区所作的规定，不得违反法律、行政法规和地方性法规的基本原则。

四是要对授权制定经济特区法规的特殊程序作出规定。经济特区所在地的省、市的人大及其常委会，认为需要制定经济特区法规的，应提出申请。变通的是法律的规定，向全国人大或者全国人大常委会提出申请；变通的是行政法规的规定，向国务院提出申请；变通的是省级权力机关地方性法规的规定，向省级人大或者省级人大常委会提出申请。授权主体对申请进行审查后，作出授权决定。授权决定可参照《立法法》关于全国人大及其常委会授权国务院制定行政法规授权决定的要求。

（三）全国人大及其常委会授权暂时调整或者停止适用法律的部分规定

《立法法》第 13 条对全国人大及其常委会授权暂时调整或者停止适用法律部分规定的问题作了规定。[1] 对于这一规定是

---

[1] 《立法法》第 13 条规定，全国人大及其常委会可以根据改革发展的需要，决定就行政管理等领域的特定事项授权在一定期限内在部分地方暂时调整或者暂时停止适用法律的部分规定。

否属于授权立法的范畴，学者们存在不同的意见。从《立法法》的规定来看，法的修改和废止也属于立法，立法不仅仅指法的制定。对法律的部分规定暂时调整或者暂时停止适用是一种特殊形式的法律修改或者废止，也应属于立法。因此，多数学者的观点是，《立法法》第 13 条的规定是因改革试验而开展的授权立法。有学者认为，《立法法》第 13 条的规定与立法前授权实施的立法委任行为不同，可被称为"立法后中止实施"，这是"授权立法模式的新常态"。[1]这种授权立法与前述全国人大授权经济特区所在地的省、市的人大及其常委会制定经济特区法规一样，都要以改革的需要为前提，但两者存在明显的区别。全国人大授权经济特区所在地的省、市的人大及其常委会制定经济特区法规，是对法律、行政法规或地方性法规作出变通规定，不限于行政管理事项，只在经济特区实施；全国人大及其常委会授权暂时调整或者停止适用法律的部分规定，是对法律的部分规定暂时调整或者暂时停止适用，针对的是行政管理等领域的特定事项，在我国境内的部分地方实施，但并不限于经济特区。

对《立法法》第 13 条规定的授权立法，有必要从以下几个方面予以完善：

第一，要对授权机关和被授权机关予以明确。对授权机关，不能笼统地规定为全国人大及其常委会。可借鉴前述全国人大及其常委会授权国务院制定行政法规的做法来明确授权机关。对法律的部分规定暂时调整或者停止适用，该法律是全国人大制定的，由全国人大作为授权机关；该法律是全国人大常委会制定的，由全国人大常委会作为授权机关。对被授权机关，《立法法》第 13 条没有作出规定。从实践的情形来看，一般由国务

[1]　钱宁峰："立法后中止实施：授权立法模式的新常态"，载《政治与法律》2015 年第 7 期，第 55~56 页。

院、国务院部门、最高人民法院或者最高人民检察院等作为被授权机关。但是，从宪法的角度来看，无论是国务院、国务院部门还是最高人民法院或者最高人民检察院，都无权变通法律的规定，并且《立法法》第 13 条的规定是在部分地方对法律暂时调整或者停止适用，因此，应由"暂时调整或者停止适用法律"的该地的人大或者人大常委会作为被授权机关，由其依全国人大或者全国人大常委会的决定来行使立法权，作出在本地暂时调整或者停止适用某一法律的规定。

第二，要对适用条件作出具体规定。《立法法》第 13 条规定了根据改革发展的需要这一条件，但这一规定过于抽象和原则，不太具体。毕竟，这种授权立法是对现行有效的法律的暂时调整或者停止适用，是实施法治的例外情形，需要进一步明确只有在目前修改法律条件还不成熟、需要先行尝试为修改法律积累经验的情况下才能适用。

第三，要对暂时调整或者停止适用法律的范围进行明确。《立法法》只规定了暂时调整或者停止适用法律的部分规定，并没有明确哪些规定不可以暂时调整或者停止适用。对此，可以借鉴全国人大及其常委会授权国务院制定行政法规不可授权事项的规定，明确列举法律的某些规定不可以暂时调整或者停止适用。

第四，要对这种授权立法的暂时性进行规范。如果在某一地方较长时期调整或者停止某一法律的适用，很明显是不符合法治原则要求的，这也是《立法法》第 13 条使用暂时一词的原因所在。但《立法法》第 13 条没有具体的时间限制，只规定了一定期限，也没有规定期满后是否可以继续授权。为了规范这种授权立法的暂时性，应当对一定期限予以具体化（例如，最长不超过 5 年，期满以后不得继续授权），并且要规定已经具备修改或者废止法律条件的，应当及时修改或者废止法律，相应的授权决定予以终止。

（四）《立法法》规定的先制定地方性法规和先制定地方政府规章

《立法法》第73条第2款规定了先制定地方性法规的问题。[1]从《立法法》第73条第3款的规定来看，市级人大及其常委会依《立法法》第73条第2款先制定地方性法规，同样应在其限定的立法事项范围之内。这种先制定地方性法规的情形，实际上是对应由全国人大及其常委会制定法律或者国务院制定行政法规但国家尚未制定法律或者行政法规的事项，地方性法规作了规定，故应属于授权立法的范畴。学术界对这一问题的讨论不多，笔者在此建议采用事后批准制度。对应制定法律但国家尚未制定法律的事项，地方人大及其常委会依《立法法》的规定先制定地方性法规后，应当报全国人大常委会批准；对应制定行政法规但国家尚未制定行政法规的事项，地方人大及其常委会依《立法法》的规定先制定地方性法规后，应当报国务院批准。这种事后批准制度的建立，有利于全国人大常委会和国务院了解地方对制定法律和行政法规的立法需求，也有利于全国人大常委会和国务院对先制定的地方性法规进行审查。

《立法法》第82条第5款规定了先制定地方政府规章的问题。[2]对这一规定如何理解，学者们有不同的意见。第一种观

---

〔1〕《立法法》第73条第2款规定，除了《立法法》第8条规定只能制定法律的事项外，其他事项国家尚未制定法律或者行政法规的，根据本地的具体情况和实际需要可以先制定省级和市级地方性法规；在国家制定的法律或者行政法规生效后，地方性法规同法律或者行政法规相抵触的规定无效，制定机关应当及时予以修改或者废止。

〔2〕《立法法》第82条第5款规定："应当制定地方性法规但条件尚不成熟的，因行政管理迫切需要，可以先制定地方政府规章。规章实施满两年需要继续实施规章所规定的行政措施的，应当提请本级人民代表大会或者其常务委员会制定地方性法规。"

点认为，这一规定意味着地方政府在《立法法》层面已经获得了先制定地方政府规章的授权，由地方权力机关再行授权没有必要。[1]第二种观点认为，《立法法》第82条第5款的规定应为授权立法，地方人大及其常委会应当作出授权决定。[2]第一种观点实际上是把地方政府先制定规章的权力视为职权立法，但地方政府先制定政府规章的事项，并不属于地方政府规章职权立法事项的范围，而是属于地方性法规职权立法的权限，实际上是地方政府在行政管理迫切需要的例外情形下代行了地方权力机关的立法权力，因而应当被纳入授权立法的范畴。第二种观点是，一律要求地方人大及其常委会作出授权决定，这与《立法法》的立法精神不太相符。笔者认为，应当建立地方政府先制定规章的事前沟通协商和事后批准制度。所谓事前沟通协商，是指地方政府需要先制定规章时，应当与同级地方人大有关专门委员会、人大常委会有关工作机构就本应制定地方性法规的事项需先制定规章的必要性及相应的措施进行沟通。如人大或者人大常委会对该事项即将制定地方性法规，就没有必要先制定规章。所谓事后批准，是指地方政府在先制定规章后，应当报同级地方人大常委会批准，以便于地方人大常委会对地方政府先制定的规章进行审查监督，也可以使地方人大及其常委会尽早将先制定规章的事项纳入地方性法规的立法规划。如果对地方政府先制定规章不进行必要的限制，有可能对公民、法人和其他组织的合法权益造成潜在的威胁。

（五）法条授权立法

在我国的立法中，存在《立法法》规定以外的法条授权立

---

〔1〕 周宇骏："论地方国家权力机关的授权立法：问题与理据"，载《福建师范大学学报（哲学社会科学版）》2017年第2期，第55页。

〔2〕 赵一单："央地两级授权立法的体系性思考"，载《政治与法律》2017年第1期，第98页。

法。例如，《村民委员会组织法》第 15 条规定，村委会具体选举办法由省级人大常委会规定。这种法条授权立法又被称为配套立法。配套立法是一种授权立法，就是授权立法中的法条授权立法。[1]

《立法法》第 62 条对配套立法作了规定。[2] 第十一届全国人大常委会第十八次委员长会议于 2009 年 2 月 17 日印发了《关于法律配套法规制定的工作程序》。我国配套立法存在的主要问题在于：有的法律规定因不具体、不明确而过于原则和抽象，对下位法配套的依赖过强；法律生效以后，配套的立法文件有的迟迟不制定，制定期限过长，对法律的充分、有效实施造成了不利影响；法律实施过分依赖配套立法，有可能导致全国人大及其常委会立法权的失控和虚化；在立法实践中，未能严格遵守法律关于配套立法主体的规定，有的配套立法文件不仅位阶过低，而且还充斥了大量的法外规范性文件。童之伟教授从在人力物力方面加强全国人大常委会建设、在会期上保证全国人大及其常委会充分行使国家立法权、将国家立法指导思想由宜粗不宜强改为宜细不宜粗从而尽量减少对配套立法的依赖、以法律的形式规范配套立法工作、改变先立法后配套的习惯并做到法律必须有配套立法文件才能生效和对配套立法主体实施有效监督等六个方面对我国配套立法的改革进行了探讨。[3]配

---

〔1〕 童之伟、苏艺："我国配套立法体制的改革构想"，载《法学》2015 年第 12 期，第 4~5 页。

〔2〕《立法法》第 62 条规定："法律规定明确要求有关国家机关对专门事项作出配套的具体规定的，有关国家机关应当自法律施行之日起一年内作出规定，法律对配套的具体规定制定期限另有规定的，从其规定。有关国家机关未能在期限内作出配套的具体规定的，应当向全国人民代表大会常务委员会说明情况。"

〔3〕 童之伟、苏艺："我国配套立法体制的改革构想"，载《法学》2015 年第 12 期，第 5~14 页。

套立法是立法过程中的不正常现象，我们首先要尽力减少法条授权立法，可以在《立法法》中明确在立法过程中原则上不得进行法条授权立法，确有必要进行法条授权立法的，务必有正当理由。此外，要明确配套立法的时间要求，完善法条授权立法的程序，对未在法定时间内进行配套立法或者不依法定程序进行配套立法的行为，要追究法律责任，以确保法律的有效实施。

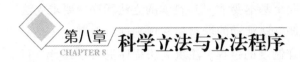

第八章 科学立法与立法程序
CHAPTER 8

一、科学的立法程序是科学立法的题中之义

在立法活动中，享有立法权的机关必须遵循的程序被称为立法程序。在法律产生之时，并未同时产生立法程序。封建社会的中后期存在立法程序的雏形，但就整体而言，奴隶社会和封建社会是立法无序的时期，所谓的立法实际上就是将君主的意志直接转化为法律。作为独立的制度化产物的立法程序，是在近代资产阶级革命出现后才产生的。在现代社会，对于立法程序的重要性，人们的认识越来越深刻。立法程序是实现立法目的的保障，立法活动需要依照立法程序来进行。立法程序具有实现立法程序理性化和民主化的功能、权力控制的程序化功能以及立法结果的正当化功能；[1]立法程序具有程序平等、程序民主、程序理性和程序效率等价值；[2]立法程序的作用表现为保障立法的民主性、提高立法的科学性、实现立法结果的正当性和规范立法权的行使。[3]

要实现科学立法，就必须建立科学的立法程序。科学的立法程序，指的是立法程序的正当性，包括参与性、公开性、合

---

〔1〕 易有禄："立法程序的功能分析"，载《江西社会科学》2010 年第 5 期，第 185~189 页。

〔2〕 练崇潮、易有禄："立法程序的价值分析"，载《浙江学刊》2014 年第 4 期，第 148~153 页。

〔3〕 张伟："立法程序的理论问题探讨"，载《青海师范大学学报（哲学社会科学版）》2015 年第 4 期，第 6~7 页。

理性和及时性这四个基本要素。[1]科学的立法程序，要求立法程序的设计要强调立法活动的严肃性和规则性，强调立法是一个受节制或者遵守制度的过程。注重立法程序的科学设计，目的在于促进立法权的正当行使和确保立法结果的正当性，避免立法过程中的程序不当和立法结果的不正当，是科学立法的重要行动要素之一。科学的立法程序，有利于维护法制的尊严，如果立法程序不科学，立法活动就可能处于混乱状态。

立法程序的科学性与立法程序的民主性、合法性之间具有十分密切的联系。民主是科学的基础，立法程序的科学性要以立法程序的民主性为基础。但是，民主的立法程序不一定是科学的立法程序，立法程序的科学性不一定符合一定时期内立法程序民主性的要求。在民主立法程序中尽最大可能融入立法程序科学性的元素是完善立法程序的关键所在。立法要依照法定程序进行，否则所立之法就可能因程序违法而失去正当性。但法定的立法程序可能是科学的，也可能是不科学的，对法定立法程序不科学的内容予以改造使之科学化，使立法程序的合法性与科学性尽可能达到统一，才能提升法定立法程序的科学化水平，使依法定程序所立之法成为科学的法。

2000年以前，我国的立法基本上处于无法定程序的状态。2000年《立法法》以及2001年《行政法规制定程序条例》和《规章制定程序条例》的颁布改变了这种局面。但是，我国的立法程序存在的问题较多，有学者从民主性、效率性、交涉性、平衡性和理性化等五个方面对其进行了再认识。[2]2014年，党

---

〔1〕 马贵翔、黄国涛："立法程序正当化探析"，载《人大研究》2017年第8期，第41~48页。

〔2〕 孙潮、徐向华："论我国立法程序的完善"，载《中国法学》2003年第5期，第57~60页。

的十八届四中全会《关于全面推进依法治国若干重大问题的决定》对人大立法和政府立法程序的完善提出了以下明确的要求：一是要加大人大对立法工作的组织协调，对立法的起草、论证、协调和审议机制予以健全；二是对政府立法制度建设要加强和改进，对行政法规和规章的制定程序予以完善。依据上述要求，2015 年修改《立法法》，2017 年修改《行政法规制定程序条例》和《规章制定程序条例》，使我国的立法程序得到了一定程度的完善。但我国现行的立法程序与科学立法的要求仍然存在较大的差距，进一步完善立法程序使之更加科学化仍然是提升我国立法水平从而实现科学立法的重要措施。

二、科学立法与立法规划

立法规划解决的是享有立法权的机关立什么法和什么时候立法的问题。在我国，狭义的立法规划是指五年立法规划。广义的立法规划除狭义的立法规划外，还包括立法计划。立法计划是短期的立法规划，是对一个年度的立法进行提前设计和安排。一般说来，五年立法规划的刚性程度较低，不具有法律上的约束力而仅具有指导性，由于经济社会发展较快和改革进一步推进等原因，其实现率不到 50%。立法计划是年度的立法规划，实现比例较高，甚至成了衡量享有立法权的机关立法工作的一个重要标准。

对立法规划的性质，学者们的认识并不一致。有的认为立法规划具有管理或者计划的性质，有的认为立法规划具有准法的性质，有的认为立法规划具有立法预测的性质，有的认为立法规划具有立法准备的性质。[1]还有学者认为，立法规划是行

---

〔1〕 刘松山："立法规划之淡化与反思"，载《政治与法律》2014 年第 12 期，第 86~87 页。

政性的；〔1〕立法规划是一种立法资源配置权，是由立法权派生出来的一项权力。〔2〕有学者对立法规划的性质从以下三个方面进行了分析：一是作为阶段性立法过程的存在，体现为非法定程序性；二是作为立法政策法定化的介质，体现为政策性；三是作为特殊立法技术（即法律系统化技术），体现为技术性。〔3〕笔者认为，五年立法规划仅具有立法准备的性质，短期立法规划即年度立法计划的制定，表明正式启动立法程序，因而应被视为立法程序的组成部分。

学者们对立法规划作用的认识存在分歧。有少数学者认为，不宜高估立法规划的作用。理由在于：立法规划与民主立法的原则、科学立法的原则以及人民代表大会制度的政治体制不甚相符；立法规划与彭真的立法思想不太吻合；国家立法的成绩在中华人民共和国成立后至第五届和第六届全国人大期间并非靠立法规划取得；立法规划受到重视后实现率并不理想。〔4〕但是，多数学者对立法规划的作用持肯定态度。他们认为，立法规划有利于法律体系的和谐和法制的统一，有利于使立法工作突出重点和分清轻重缓急，有利于调动和组织各有关方面参与立法工作的积极性从而确保立法的速度和进程，有利于立法的科学化；〔5〕立法规划具有整合利用有限的立法资源、构建法律体系

〔1〕 刘松山："人大主导立法的几个重要问题"，载《政治与法律》2018年第2期，第72页。

〔2〕 易有禄：《立法权正当行使的控制机制研究》，中国人民大学出版社2011年版，第320页。

〔3〕 李雅琴："论立法规划的性质"，载《河北法学》2010年第9期，第80~84页。

〔4〕 刘松山："立法规划之淡化与反思"，载《政治与法律》2014年第12期，第90~91页。

〔5〕 朱力宇、叶传星主编：《立法学》（第4版），中国人民大学出版社2015年版，第157页。

和落实党对人大立法的领导等功能。[1]立法规划可以增强立法工作的主动性，该立法的不立法是立法不作为，不该立法的却立法是乱立法，对立法生效后的实施会产生不利的影响。立法规划对立法的先后次序按照轻重缓急予以合理安排，使立法的稀疏与拥堵得以避免，能将立法的流量合理控制在社会的承受范围内，在促进社会改革与发展的同时，也不过分为社会施加压力，通过规划做到了立法的科学性。[2]因此，立法规划对科学立法的实现具有重要的作用，制定符合客观规律要求的立法规划是实现科学立法应当解决的前置问题。

《立法法》第 52 条对全国人大常委会的立法规划作了规定。[3]1991 年 10 月至 1993 年 3 月的立法规划是全国人大常委会的第一个正式立法规划。在届初制定五年立法规划以及每年制定年度立法计划，自第八届全国人大开始，已经成为全国人大常委会立法工作的一个惯例。《立法法》对享有立法权的地方人大及其常委会的立法规划和年度立法工作计划没有作出规定，但各地的立法规则和立法实务中大多制定了五年立法规划和年度立法计划。对行政法规和规章的五年立法规划，《立法法》《行政法规制定程序条例》和《规章制定程序条例》没有作出规定，但在实践中有时存在制定行政法规或者规章五年立法规划的情形。对行政法规和规章的年度立法计划，《立法法》第 66 条、《行政法规制定程序条例》第 7 条第 1 款和《规章制定程序条例》

---

〔1〕孔德王："议程设置视角下的立法规划"，载《人大研究》2019 年第 5 期，第 25~26 页。

〔2〕李晓莉："立法规划落空的反思与解决路径"，载《中山大学研究生学刊》2020 年第 2 期，第 128 页。

〔3〕《立法法》第 52 条规定，全国人大常委会通过立法规划、年度立法计划等形式，加强对立法工作的统筹安排。

第 12 条作了规定。[1]

在我国的立法体制中，全国人大及其常委会的立法居于主导地位，因此，全国人大及其常委会的立法，既要重视年度的立法计划，也要重视五年立法规划。但是，行政法规、地方性法规和规章，主要应重视年度立法计划，适当淡化五年立法规划，因为相对于全国人大及其常委会的立法而言，行政法规、地方性法规和规章只是起补充和辅助的作用。

就创新思维、科学编制立法规划的问题，冯玉军教授提出了以下意见：一是充分听取各方面的意见，更好地协调利益关系，坚持理论和实践相结合，使法律准确反映经济社会发展的要求，发挥立法的引领和推动作用；二是处理好全局与局部、重点与非重点以及规划稳定性与改革变动性的关系，按照立法项目的轻重缓急来组织实施，提高法律的及时性、针对性和系统性；三是不固守传统的立法框架，从人民群众的重大关切和经济社会发展的实际问题出发，加快重点领域的立法；四是密切关注法律实施，更加注重法律修改和法律解释，坚持立、改、废并举，实现从粗放型向集约型立法的转变，提高立法民主化和科学化水平。[2]上述意见对立法规划的科学编制具有重要的指导意义。

在编制立法规划的时候，五年立法规划和年度立法计划可

---

〔1〕《立法法》第 66 条规定："国务院法制机构应当根据国家总体工作部署拟订国务院年度立法计划，报国务院审批。国务院年度立法计划中的法律项目应当与全国人民代表大会常务委员会的立法规划和年度立法计划相衔接。国务院法制机构应当及时跟踪了解国务院各部门落实立法计划的情况，加强组织协调和督促指导。国务院有关部门认为需要制定行政法规的，应当向国务院报请立项。"《行政法规制定程序条例》第 7 条规定，国务院于每年年初编制本年度的立法工作计划。《规章制定程序条例》第 12 条也对国务院部门和地方政府年度规章制定工作计划作了规定。

〔2〕 冯玉军："创新思维科学编制立法规划"，载《法制日报》2013 年 5 月 4 日。

能存在不同的要求，不同种类法律法规的立法规划编制也可能存在不同的要求。但无论是何种情形的立法规划，在编制的时候都存在共性的要求。党的十八届四中全会《关于全面推进依法治国若干重大问题的决定》指出，要对立法项目的征集和论证制度予以完善。依据这一精神，立法规划的编制应当从程序和实体两个方面予以规范。

从程序上规范立法规划的编制，主要应解决以下几个问题：

一是要贯彻民主立法和公开立法的原则。向社会公众征集对立法规划意见的问题，笔者在前述"科学立法与民主立法"一章中已有论述。《立法法》第 52 条还规定，立法规划和年度立法计划的编制，要对代表的议案和建议进行认真研究。《行政法规制定程序条例》第 9 条第 1 款和《规章制定程序条例》第 12 条第 1 款规定，应当向社会公布行政法规和规章的年度立法计划。笔者认为，《规章制定程序条例》第 10 条第 3 款规定的"可以向社会公开征集"宜改为"应当向社会公开征集"。此外，立法规划不仅在编制之前要广泛征集意见，在立法规划的拟定主体形成立法规划建议稿以后，还应将建议稿公开，以广泛征集意见。

二是应进行立法调研。立法规划的科学编制，应当建立在深入的调查研究基础之上。

三是应进行立法预测，对立法规划进行科学的论证评估。立法预测，是在系统、客观和准确地对社会需求和发展进步的状况进行了解的基础上，运用特定的技术和方法，对立法的预期效果、发展趋势和未来状况进行考察、判断、推测和估计，从而对所需立法事项的质和量预先进行把握和认识的方法和过程。在 20 世纪初，立法预测就已经产生，并于 20 世纪 50 年代有了很大的发展，目前世界上的多数国家均将立法预测运用于立法实践之中。掌握和认识了立法的规律，可以对立法的未来状况和发展趋势予以预测，有利于避免分散立法和重复立法，整合立法资源，确保国家法制的统一；有利于促进立法体系的和谐发展和健康发展，减少立法之间的抵触、冲突和交叉现象；有利于使法律满足社会的需要，实现立法的科学化和系统化。立法预测能够保证立法体系发展的一致性，能够从总体上保证立法与社会发展的协调性，能够保证立法在现实司法实践中的可操作性，能够在一定程度上保证立法的高质量。〔1〕由于立法涉及的领域十分广泛，在编制立法规划时，需要由立法主体组织有关的专家对立法规划进行科学论证。采取课题招标的方式对立法规划进行科学论证评估是立法预测最为有效的办法。《立法法》第52条、《行政法规制定程序条例》第9条第1款和《规章制定程序条例》第12条对立法规划的论证评估作了规定。〔2〕立法实践中，在2011年，为了探索提高立法规划科学性和有效性的途径，全国人大常委会法工委进行了首批立法立项的论证试点，对《航道法》和《反家庭暴力法》进行了立法论证。享有立法权的地方人大常委会和地方政府也开展了对立法规划编制进行论证评估的实践。例如，郑州市人大常委会于2006年建立了立法立项论证制度；北京市人大常委会主任会议于2008年通过了《关于开展法规立项论证试验工作的意见》，还于2011

---

〔1〕 黄晓慧："构建科学立法预测机制"，载《人民之声》2016年第3期，第21页。

〔2〕 《立法法》第52条规定，编制立法规划和年度立法计划，要科学论证评估；《行政法规制定程序条例》第9条第1款规定，国务院法制机构应当对行政法规立项申请和公开征集的行政法规制定项目建议进行评估论证；《规章制定程序条例》第12条规定，国务院部门法制机构、省级政府和市级政府法制机构应当对制定规章的立项申请和公开征集的规章制定项目建议进行评估论证。

年率先提出了"法规预案研究"的概念;[1]浙江省、海南省及西藏自治区政府,也针对立法计划出台了立法前评估的相关办法。

　　四是要处理好立法规划与立法立项或者立法提案权的关系。行政法规和规章并不要求制定五年立法规划。依《行政法规制定程序条例》第8条和《规章制定程序条例》第10条的规定,[2]行政法规和规章的年度立法计划经批准并向社会公布以后,表明该计划所列立法项目已经立项,从而必然进入立法项目的起草阶段。因此,行政法规和规章的年度立法计划不存在与立法立项的冲突。但是,就法律、地方性法规以及自治条例和单行条例而言,列入五年立法规划的立法项目不一定会进入立法程序;让年度立法计划所确定的立法项目直接进入立法程序与《立法法》所规定的立法提案权形成了冲突,因此有必要处理好两者的关系。《立法法》第14条、第15条和第16条规定了全国人大的立案提案权。[3]《立法法》第26条和第27条

　　〔1〕　所谓"法规预案研究",是指立法项目确定之前,先搞立法研究,委托专家进行调研,论证其可行性,有项目组或者工作组以及课题组两种机制,预案研究报告结题后,召开专题研讨会,在一定范围内征求代表、群众和专家的意见,并对立法时机进行充分论证,如条件成熟就进入立法程序,条件不成熟的就进入储备库。康佳宁:"预案研究:民主立法与科学立法有机结合的新探索",载《北京人大》2012年第3期,第26~28页。

　　〔2〕　依《行政法规制定程序条例》第8条和《规章制定程序条例》第10条的规定,行政法规的年度立法工作计划和年度规章制定工作计划确定的立法项目来源,除了向社会公开征集以外,国务院部门可以向国务院报请行政法规立项,国务院部门内设机构或者其他机构可以向该部门报请部门规章立项,省级政府和市级政府所属工作部门或下级政府可以向省级政府和市级政府报请地方政府规章的立项。

　　〔3〕　《立法法》第14条、第15条和第16条对全国人大立法提案权规定的内容为:全国人大主席团可以向全国人大提出法律案由全国人大审议;全国人大常委会、国务院、中央军委、最高人民法院、最高人民检察院、全国人大各专门委员会可以向全国人大提出法律案,由主席团决定列入会议议程;一个代表团或者三十名以上的代表联名,可以向全国人大提出法律案,由主席团决定是否列入会议议程,或者

规定了全国人大常委会的立法提案权。[1]《立法法》第 77 条没有对地方性法规以及自治条例和单行条例的立法提案权作出具体规定，享有立法权的地方人大及其常委会大多依该条规定的原则，根据《地方人大和地方政府组织法》第 18 条和第 46 条关于议案提出的规定，并参照《立法法》关于全国人大和全国人大常委会立法提案权的规定，规定了本级人大和本级人大常委会的立法提案权。因此，法律、地方性法规以及自治条例和单行条例要进入立法程序，应当由享有立法提案权的主体提出立法议案并依法定程序来决定。但是，在立法实践中，享有立法提案权的主体将立法议案提交人大或者人大常委会审议而进行立法的情形是十分少见的，这种情形被有些学者称为"立法提案权的虚置"。有学者主张，解决人大及其常委会的立法规划

（接上页）先交有关的专门委员会审议后提出是否列入会议议程的意见再决定是否列入会议议程；专门委员会审议时可以邀请提案人列席会议并发表意见；在全国人大闭会期间享有立法提案权的主体向全国人大提出法律案可以先向全国人大常委会提出，经全国人大常委会依《立法法》规定的全国人大常委会立法程序审议后，决定提请全国人大审议，由全国人大常委会或者提案人向全国人大全体会议作出说明，全国人大常委会在审议法律案时，应通过多种形式征求全国人大代表的意见并将有关情况予以反馈，专门委员会和常委会工作机构进行立法调研，可以邀请有关的全国人大代表参加。

〔1〕《立法法》第 26 条和第 27 条对全国人大常委会立法提案权的规定为：委员长会议可以向全国人大常委会提出法律案由全国人大常委会会议审议；国务院、中央军委、最高人民法院、最高人民检察院、全国人大各专门委员会可以向全国人大常委会提出法律案，由委员长会议决定列入全国人大常委会会议议程或者先交有关的专门委员会审议、提出报告再决定列入常委会会议议程，委员长会议如果认为法律案有重大问题需要进一步研究，可以建议提案人在修改完善以后再向全国人大常委会提出；全国人大常委会组成人员 10 人以上联名可以向全国人大常委会提出法律案，由委员长会议决定是否列入全国人大常委会会议议程或者先交有关专门委员会审议、提出是否列入会议议程的意见后，再决定是否列入全国人大常委会会议议程，专门委员会在审议时可以邀请提案人列席会议和发表意见，不列入全国人大常委会会议议程的，应向全国人大常委会报告或者向提案人说明。

与立法提案权之间的冲突，应当将立法规划定性为一种立法建议，采取两种办法进行改革：第一种办法是由享有立法提案权的主体来编制立法规划；第二种办法是由立法机关工作机构提出一揽子立法建议作为立法规划，送给享有立法提案权的主体，供他们作为是否提案以及何时提案的参考，不宜将带有立法建议性质的立法规划作为一项任务交给享有立法提案权的主体去完成。[1]这一认识以立法提案权为中心，与法治发达国家的做法基本相同，但未必适合我国国情，可能会导致立法的无序状态。笔者认为，五年立法规划由于仅具有指导性而可以与立法提案权相分离，但应当将年度立法计划与立法提案权进行统一。具体的设想为：年度立法计划拟定主体在进行立法调研和论证评估以及广泛征求意见的基础上，提出年度立法计划草案交享有立法提案权的主体，享有立法提案权的主体可以对年度立法计划草案规定的立法项目提出立法议案，也可以另行提出立法议案。这一设想使得年度立法计划草案规定的立法项目成了立法提案权的主要来源。

五是要科学地规定编制、拟定和审批主体。《行政法规制定程序条例》第9条第1款和《规章制定程序条例》第12条第1款就行政法规和规章年度立法计划的编制、拟定和审批主体作了规定，学者们对此没有反对意见。就全国人大及其常委会的五年立法规划和年度立法计划而言，依《立法法》第52条的规定，编制、拟定主体为全国人大常委会的工作机构，全国人大常委会法工委设立了立法规划室专司这一任务；审批主体为全国人大常委会委员长会议。地方人大及其常委会的五年立法规划和年度立法计划编制、拟定主体一般是地方人大常委会的法

---

〔1〕 刘松山："立法规划之淡化与反思"，载《政治与法律》2014年第12期，第96页。

工委，审批主体为地方人大主任会议或地方人大常委会。由人大常委会的法工委负责编制、拟定人大及其常委会五年立法规划和年度立法计划不存在争议，但对全国人大常委会委员长会议以及地方人大主任会议或地方人大常委会作为人大及其常委会五年立法规划和年度立法计划的审批主体学者们则有不同的认识。有学者认为，由委员长会议通过立法规划，存在不少的障碍，具体表现为：无论是人大还是人大常委会，都是权力机关，依我国的政治体制，由委员长会议通过一个立法规划去约束权力机关是不适宜的；由委员长会议通过一个规划去约束要求其他提出法律案的主体，也不适宜；立法规划所包含的内容超出了委员长会议的职权范围；委员长会议通过的方式并不明确；在人大常委会组成人员中，参加委员长会议的只有很少一部分，在合议机关中，投票是完全平等的，少数成员通过立法规划再让绝大多数成员去执行，很难有法理和制度上的依据；委员长会议不是法定的执法机关，也不是立法机关，它通过的立法规划并不具有法律效力。〔1〕上述分析是有一定的道理的。笔者认为，对立法规划的审批主体应当分情形予以确定。五年立法规划仅具有立法准备的性质，可确定人大常委会审批，这可以克服委员长会议或者主任会议的审批障碍，也不妨碍立法提案权主体对立法提案权的行使。年度立法计划表明立法程序的正式启动，其审批主体应当与立法提案的确定主体相一致。也就是说，对立法规划草案规定的立法项目以及立法规划草案未规定的立法项目，享有立法提案权的主体提出立法议案后，经有权主体决定提交人大或者人大常委会审议，该立法议案即确定为年度立法计划的立法项目。年度立法计划与立法提案权

---

〔1〕 刘松山："人大主导立法的几个重要问题"，载《政治与法律》2018年第2期，第72~74页。

如果相分离，其正当性就产生了动摇。

六是要规范落实程序。《立法法》第52条第2款、《行政法规制定程序条例》第10条和《规章制定程序条例》第13条〔1〕对立法规划的落实程序作出了规定。五年立法规划时间跨度较长，情况可能发生变化，仅起指导作用，其落实主要在于将其确定的立法项目尽可能转化为年度立法计划。但是，年度立法计划应当具有指令性，不能仅提原则性的要求，未完成年度立法计划的，应视为立法不作为，追究有关单位或者个人的责任。人大及其常委会的年度立法计划因与立法提案权相统一而不能作出调整。行政法规和规章的年度立法计划原则上也不得调整，为了保证立法质量，原则上不能增加立法项目，确需调整的，应说明理由，报有权主体予以审批。只有作这样的要求，才能保证年度立法计划的落实，促进我国立法工作的健康发展。

七是要明确编制时间。五年立法规划应在每届人大的届初编制；人大的年度立法计划应在上一年度的人大会议召开时编制；人大常委会的年度立法计划、行政法规和规章的年度立法计划应在上一年年度的年底或者本年年度的年初予以制定。从实体上规范立法规划的编制，实际上是解决符合什么条件的立法

〔1〕《立法法》第52条第2款规定，全国人大常委会工作机构应按全国人大常委会的要求督促立法规划和年度立法计划的落实。《行政法规制定程序条例》第10条规定，对列入国务院年度立法工作计划的行政法规项目，承担起草任务的部门应当抓紧工作，按照要求上报国务院，上报国务院前应当与国务院法制机构沟通；国务院法制机构应当及时跟踪了解国务院各部门落实国务院年度立法工作计划的情况，加强组织协调和督促指导；国务院年度立法工作计划在执行中可以根据实际情况予以调整。《规章制定程序条例》第13条规定，国务院部门、省级政府以及市级政府应当加强对执行年度规章制定工作计划的领导，对列入年度规章制定工作计划的项目，承担起草工作的单位应当抓紧工作，按照要求上报本部门或者本级政府决定；法制机构应当及时跟踪了解本部门、本级政府年度规章制定工作计划执行情况，加强组织协调和督促指导；年度规章制定工作计划在执行中，可以根据实际情况予以调整，对拟增加的规章项目应当进行补充论证。

项目能够被列入立法规划的问题。《立法法》《行政法规制定程序条例》和《规章制定程序条例》对这一问题的要求并不完全相同。[1]地方立法实践中对这一问题的做法也存在差异。例如，北京市《规章制定办法》对规章的立项提出了事物的成熟度、人的认识度和社会共识的契合度这"三度"标准；山东省人大常委会采取"四个不立"原则，即能用道德、政策、党纪和规章解决的不立，虽有立法必要但立法条件不具备的不立，立法目的难以实现且效果不好的不立，不是经济社会发展急需的不立；广州市地方立法坚持必要性、可行性、实效性、突出重点和立改废并重五项原则，不是急需的、可立可不立的不立，没有新内容照抄上位法的不立，已经纳入规章制定计划的不立，立法项目不明确、不知道要解决什么问题的不立，主要内容或者制度脱离实际、难以操作和执行的不立，上位法拟废止或者正在修改的项目不立，没有解决问题的制度或者措施难以实现立法目的的不立，主要制度或者主要内容与上位法相抵触的不立，制度、措施与既定目标比例失衡虽可操作但效益低下或者没有效益的不立，法规草案稿不成熟的不立；陕西省人大常委会在审查立法项目时也把握"十个不立"原则，主要

---

[1]《立法法》第52条第1款规定，编制立法规划和年度立法计划，应当根据经济社会发展和民主法治建设的需要，确定立法项目，提高立法的及时性、针对性和系统性。《行政法规制定程序条例》第8条第2款和第9条规定，行政法规立项申请应当说明立法项目所要解决的主要问题、依据的党的路线方针政策和决策部署以及拟确定的主要制度，列入国务院年度立法工作计划的行政法规项目应符合的要求为：一是贯彻党的路线方针政策和决策部署，适应改革、发展、稳定的需要；二是有关的改革实践经验基本成熟；三是所要解决的问题属于国务院职权范围并需要国务院制定行政法规，并且行政法规项目应根据国家总体工作部署，突出重点，统筹兼顾。《规章制定程序条例》第11条、第12条第2款规定，规章的立项申请应当对制定规章的必要性、所要解决的主要问题、拟确定的主要制度等作出说明，年度规章制定计划应当明确规章的名称、起草单位、完成时间等。

内容为与上位法抵触的不立，立法项目越权的不立，国家已经启动立法或者修改程序的不立，与改革精神不符的不立，国家规定很具体、能够执行的不立，没有实质内容的不立，用道德、政策、党纪和规章规范能够解决的不立，照搬照抄的不立，主要内容脱离实际、难以执行的不立，草稿不成熟的不立。

学者们对如何从实体上规范立法规划进行了研究。有学者认为，立法规划的立项标准为必要性标准、适时性标准和成熟性标准。[1]有学者认为，立法项目的选择，要符合中央精神，要符合中国的国情和实际，要符合立法体制，要符合社会需求。[2]有学者认为，制定立法规划，应当充分考虑立法的特色性因素、必要性因素、紧迫性因素、实用性因素和层次性因素。[3]

笔者认为，从实体上规范立法规划的编制，首先要明确立法规划应当做到立、改、废并重。从立法实践来看，大多重视"立"，不太重视"改"，将"废"列入立法规划更是少见。实际上，立、改、废在立法中的作用几乎是相同的。该立不立，无法发挥法对社会经济生活的调整和保障作用，该改不改尤其是该废不废，法就会对社会经济生活起阻碍作用。由于法的废止应当具有及时性，因此可以只列入年度立法计划而不列入五年立法规划。对立法的立项标准，不同的法律法规的规定并不完全相同，但仍有需共同遵循的规则。当然，法的制定、修改或者废止的立项标准有原则的区别。五年立法规划仅具有指导性，立项标准可以较为宽松；年度立法计划具有指令性，立项标准应

〔1〕 赵越："略论地方立法规划的立项标准"，载《沈阳干部学刊》2010年第5期，第36页。

〔2〕 张伟："科学立法初探"，载《人大研究》2016年第10期，第36~37页。

〔3〕 张钦："制定立法计划应当考虑的主要因素——以设区的市立法实践为参照"，载《人大研究》2018年第6期，第28~30页。

当较为严格。

法的制定是指新法的产生，对其立项标准大多认为应当从必要性和可行性两个方面进行考察。就必要性而言，主要有以下几点：

一是要确定拟立之法的调整对象。针对问题立法，立法解决问题，这里所指的问题就是拟立之法的调整对象。明确拟立之法所解决的问题是什么是判断立法必要性的基础。如果立法目的不明确，便不能进行立法。在中国特色社会主义法律体系基本形成的前提下，在确定拟立之法的调整对象时，一方面要贯彻党的路线方针政策和决策部署，另一方面要适应经济社会发展、民主法治建设的需要和改革发展稳定的需要，加强重点领域的立法。中央层面加强重点领域的立法，主要是要加强社会领域的立法；地方立法中加强重点领域的立法呈现多样化和多样性特征。[1]

二是要判断拟立之法的调整对象所反映的社会关系，能否通过法律上的"权利-义务"这一对关系来加以表述和具体化。拟立之法的调整对象所反映的社会关系，在立法之后则上升为法律关系，如果不能形成具有权利义务内容的法律关系，就不能通过立法来解决拟立之法所要解决的问题。

三是要处理好法律调整和其他调整手段的关系。即使拟立之法的调整对象所反映的社会关系能够通过法律上的"权利-义务"这一对关系来加以表述和具体化，也不一定要进行立法。如果拟立之法的调整对象能够通过政策、党纪以及道德、风俗习惯、行业规范和其他社会规范来调整，就无需立法。立法资源是有限的，法律具有稳定性，过多的立法反而不利于法律权

---

〔1〕 陈俊："《立法法》修改后地方立法体制发展的前景"，载《地方立法研究》2017年第1期，第7~10页。

威的维护。因此，只有在真正存在立法需求，具有立法的现实紧迫性，是社会经济发展所急需，且运用政策、党纪以及道德、风俗习惯、行业规范和其他社会规范无法进行有效调整时，才有必要立法。可立可不立的，不必立法。

四是要查明拟立之法调整对象相关领域的现行法律规范。如果拟立之法的调整对象已有现行法律规范作出规定，现行法律规范完全能够解决拟立之法的调整对象，现行法律规范很具体、无需拟立之法将其具体化，就不必立法，否则就会产生重复立法的现象。因此，如果拟立之法没有新的实质内容，是对现行法律规范的照搬照抄，或者拟立之法调整对象相关领域的现行法律规范正在修改，就不必立法。

关于立法的可行性，应当考虑以下几方面的因素：

一是要符合立法体制的要求，拟立之法属于享有立法权的机关立法权限的范围，否则就是立法越权，属于违法立法。

二是要预测立法效果，对立法背景进行理性分析和全面认识，立法条件不具备的不立。例如，拟立之法虽有明确的目的，但目前还没有解决问题的有效措施或者制度，应当视为立法条件不具备；对拟立之法的重要制度学术界争议较大，各方面目前很难形成较为统一的意见，有关的改革实践经验还不成熟，也应当视为立法条件不具备。社会承受度和公民法治意识的高低等也是考察立法条件是否具备的重要因素。

三是要考虑立法的可操作性。如果拟立之法脱离实际、难以执行、不具有可操作性，便不能立法。这样的立法会使法律形同虚设，不仅有损法律的权威，也会影响人们对法律的信仰。

四是要考虑立法成本。立法成本是包括经济成本、政治成本和社会成本在内的综合指标体系，还包括立法后的法律执行成本。如果拟立之法的制度和措施虽具有可操作性，但成本明显超出实现立法目标所产生的效益，则不应立法。

相对于法的制定，修改法律或者废止法律的立项标准较为明确。修改法律或者废止法律是以存在现行的法律法规为基础的。现行法律法规有以下情形的，应当修正或者废止：一是与上位法尤其是与宪法相抵触的；二是内容已经不适应经济社会发展需求的；三是相关制度不符合社会主义法治理念或者法学科学规律的；四是所立之法的调整对象消失或者无需用法律调整的；五是存在其他应当修改或者废止法律法规的情形的。现行法律法规在整体上存在上述情形且无继续存在必要的，应当予以废止；现行法律法规部分内容存在上述情形但有继续存在的必要的，应当予以修改。

三、科学立法与立法起草

在讨论立法起草的问题时，首先要明确立法起草是在编制立法规划之前还是在编制立法规划之后。五年立法规划对立法仅起指导作用，所提的立法项目较多，一般不要求提交立法项目草案。从《行政法规制定程序条例》第 8 条第 2 款和第 10 条第 1 款以及《规章制定程序条例》第 11 条和第 13 条第 1 款的规定来看，行政法规和规章是在年度立法计划确定以后再进行立法起草。这一规定是合理的，有利于节省立法资源，并且行政法规和规章是依行政程序审批，在年度立法计划确定后再组织起草，一般不会影响本年度立法项目的完成。行政法规和规章先确定年度立法计划再进行立法起草，可借鉴域外的立法经验，运用立法起草指令程序。有了在确定年度立法计划时的立法起草指令，立法草案起草者在起草时就有了应遵循的标准，获得了基本的指导，能够使所起草的行政法规和规章草案大体上符合立法规划的意图。学者罗传贤认为，文本起草人要"彻底、完全了解决策之构想、立法目的、立法背景、立法原则及相关之法令、司法解释、各种先例、问题之症结、当前事实上所遭遇之困难等等。为了达到此项目的，起草人必须有充分的时间与耐心，并慎重与圆融地遵循：①了解起草指令；②背景研究；③征询决策者等三步骤"。〔1〕就人大及其常委会的立法而言，依上述年度立法计划与立法提案权相统一的设想，根据《立法法》第 54 条〔2〕的规定，应当先进行立法起草，然后再确定年度立法计划。之所以作这样的规定，是因为人大及其常委会的立法，审议环节多，且采用的是民主决策的会议形式，如果先确定年度立法计划再进行立法起草，年度立法计划可能无法完成。

立法起草是立法过程中十分重要的环节，立法草案质量的高低对科学立法的实现有至关重要的影响。立法起草者的确定是立法起草中最为关键的问题，因为立法起草者是立法意图的传递者、经验理性的运用者、治理规则的供给者和社会改革的保障者。〔3〕没有立法起草者的参与，立法者无法将泛泛的政策转化为具体可操作的法律法规。

从我国的立法规定和实践中的做法来看，立法起草有以下几种方式：

一是由法律法规实施的机关、部门、机构负责起草或者组织起草。这种方式是我国目前立法起草的普遍情形。《立法法》

〔1〕 转引自刘平：《立法原理、程序与技术》，学林出版社、上海人民出版社2017 年版，第 236 页。

〔2〕《立法法》第 54 条规定："提出法律案，应当同时提出法律草案文本及其说明，并提供必要的参阅资料。修改法律的，还应当提交修改前后的对照文本。法律草案的说明应当包括制定或者修改法律的必要性、可行性和主要内容，以及起草过程中对重大分歧意见的协调处理情况。"

〔3〕 杨铜铜："论立法起草者的角色定位与塑造"，载《河北法学》2020 年第6 期，第 38~41 页。

《行政法规制定程序条例》和《规章制定程序条例》对此种情形的立法起草作了规定。[1]在立法实践中，全国人大及其常委会制定的法律，在绝大多数情况下，起草者均为国务院相关部门。据统计，1980年至2017年这三十多年里，全国人大及其常委会制定的与行政管理相关联的法律，98%以上是由国务院相关部门起草的。行政法规或地方性法规也大多由负责实施的国务院部门或地方政府部门起草。例如，2016年国务院的行政立法计划，由国务院部门起草的占93%，国务院法制机构起草的不到10%。由法律法规实施的机关、部门、机构负责起草或者组织起草，其优势在于他们了解立法调整对象的行业情况，具有立法资源的优势，又有充分的经费支持，有利于提高立法起草的效率。但是，以这种方式进行立法起草，起草者往往只注重自身的利益，忽视其法定义务，可能产生部门利益法制化的弊端，甚至凭借立法扩充本部门的权力，难以避免立法的部门利益倾向，可能引发立法腐败。有学者指出，立法由政府工作部门负责起草之弊端在于：矛盾重叠，多头立法，条块分割；范围狭窄，项目复杂，数量众多；重复行文，层次不清，目标含糊；争权夺利，名目繁多，本末倒置；以事设项，体制混乱，随心所

---

[1] 对于法律的起草，《立法法》第67条第1款规定，重要行政管理的法律草案由国务院法制机构组织起草；《立法法》第53条第1款要求全国人大有关的专门委员会、常委会工作机构应提前参与有关方面的法律草案起草工作。对行政法规的起草，《立法法》第67条第1款规定可以由国务院有关部门或国务院法制机构具体负责起草；《行政法规制定程序条例》第11条在明确行政法规由国务院组织起草时，是以确定由国务院的一个部门或者几个部门具体负责起草工作为原则的，这里所指的国务院部门为实施行政法规的国务院部门。对规章的起草，《规章制定程序条例》第14条在明确部门规章由国务院部门组织起草、地方政府规章由省级政府和市级政府组织起草时，是以确定由国务院部门的一个或者几个内设机构或者其他机构负责起草工作以及由省级政府和市级政府的一个部门或者几个部门具体负责起草工作为原则的，这里所指的国务院部门的机构以及省级政府和市级政府的部门为实施规章的部门。

欲。[1]对于这种起草方式，还有学者从现实弊端和法理悖误两个方面进行了批判，认为其现实弊端为法律法规规章化、部门利益合法化和法律法规实施中的随意性，其法理悖误为违背立法参与公平原则、立法机关主导原则和立法程序公开原则。[2]有的学者甚至还认为，应当建立政府立法回避制度。[3]

二是由享有立法权的权力机关的常委会工作机构或其有关专门委员会、享有立法权的政府或者部门的法制机构起草或者组织起草。《立法法》《行政法规制定程序条例》和《规章制定程序条例》对这种方式的立法起草也作了规定，[4]与由法律法规实施的机关、部门、机构负责起草或者组织起草相比较而言，在上述立法规定中，这种方式的立法起草并不是立法起草的主要情形。事实上，这种方式的立法起草具有正当性，立法机关常委会工作机构或者其有关的专门委员会组织起草，是人大主导立法的要求，并且立法起草本身就属于立法工作的范畴；享

---

〔1〕　金凤："论地方行政立法的科学化规范化"，载《政治与法律》1993 年第 2 期，第 51~52 页。

〔2〕　肖子策："论地方立法起草方式改革"，载《法学》2005 年第 1 期，第 43~45 页。

〔3〕　所谓政府立法回避制度，是指某一立法项目与政府某一部门存在直接明显的利害关系时，该政府部门不得参与该立法项目的起草、评审和审查，不得主导立法的进程。徐劲："推进政府立法科学化与民主化的思考"，载《政府法制》2009 年第 1 期，第 28~29 页；刘权："政府立法的科学化探讨"，载《湖北民族学院学报（哲学社会科学版）》2009 年第 1 期，第 110 页；杨铜铜："论立法起草者的角色定位与塑造"，载《河北法学》2020 年第 6 期，第 45 页。

〔4〕　《立法法》第 53 条第 1 款规定，综合性、全局性、基础性的重要法律草案，可以由全国人大有关的专门委员会或者全国人大常委会工作机构组织起草。对行政法规的起草，《立法法》第 67 条第 1 款规定可以由国务院有关部门或者国务院法制机构具体负责起草，重要的行政法规草案由国务院法制机构组织起草；《行政法规制定程序条例》第 11 条规定，行政法规可以确定由国务院法制机构起草或者组织起草。对规章的起草，《规章制定程序条例》第 14 条第 2 款和第 3 款规定，部门规章、地方规章也可以确定由国务院部门、省级政府和市级政府的法制机构起草或者组织起草。

有立法权的政府或者部门的法制机构起草或者组织起草，是因为立法起草可以被归入法制工作。但是，在立法实践中，由于立法工作量较大，加之立法所涉及的领域十分广泛，这种方式的起草并非立法起草的常态。

三是委托第三方起草。党的十八届四中全会《关于全面推进依法治国若干重大问题的决定》提出，要探索第三方起草重要法律草案。《立法法》《行政法规制定程序条例》和《规章制定程序条例》对委托第三方起草也作了规定。[1] 从域外立法的经验来看，第三方参与立法起草是各国的普遍做法。例如，在英国，在议会组织审议会议之下，参与立法协商的第三方专业人士能为法律草案提供切实的意见；在美国，存在众多的参与立法的第三方，其中尤为瞩目的是游说制度以及游说集团中的智库、院校和专家等专业的第三方参与立法；在日本，咨询机构和审议会作为第三方主体参与立法，受到了立法机关和普通民众的信赖；在瑞士，专家委员会制度和立法咨询是第三方参与立法的重要形式。在我国，委托第三方起草在政策和立法层面规定得较晚，但在立法实践中早已有这种做法。在《物权法》《突发事件应对法》等法律的制定和《刑事诉讼法》等法律的修改过程中，都有专家作为第三方提出的立法草案。在地方立法层面，广东省人大常委会和上海市人大常委会于 1993 年、重庆市人大常委会于 1998 年、天津市人大常委会于 2005 年、山东省人大常委会于 2006 年、太原市人大常委会和长春市人大常委会于 2008 年、南宁市人大常委会于 2009 年、辽宁省人大常委会于 2011 年都进行了委托第三方起草的实践。2015 年《立法法》

---

〔1〕《立法法》第 53 条第 2 款、《行政法规制定程序条例》第 13 条第 3 款、《规章制定程序条例》第 15 条第 3 款规定，专业性较强的法律、行政法规、规章草案，可以吸收相关领域的专家参与起草工作，或者委托有关专家、教学科研单位、社会组织起草。

修改以后，委托第三方起草成了各地立法的普遍做法。对于委托第三方起草，学者们大多给予了肯定性评价。有学者认为，委托第三方起草有利于体现立法的专业性，有利于维护立法的中立性，有利于保障立法的民主性，有利于彰显立法的社会性。[1]第三方的专业性和中立性，可以促进立法科学化的有效提升，第三方的主导性和中立性，可以推进立法民主化的真正实现。[2]委托第三方起草中的第三方，大多是法学专家、律师和其他方面的专家，他们提供的立法草案大多比较全面、系统，概念和条理清晰，逻辑结构严谨，价值较为中立。但是，委托第三方起草也存在一些弊端。学者的理论功底深厚，但掌握的立法信息往往不足，不太了解实际，有时可能将一些超前的或者理想化的立法理念融入立法，设计的条款缺乏对现实的回应和关怀，因而所起草的立法草案很可能难以操作。律师起草立法草案较为务实，设计的条款大多具有操作性，但会因其职业习惯而倾向于从当事人的角度来考虑问题，对立法中的利益关系大多处理不好。

　　四是联合起草。联合起草，又称合作起草或者混合起草，是指由法律法规的制定机关、法律法规的实施部门、专家和各方代表共同组成一个机构进行起草。广州市人大常委会对这种方式的立法起草进行了探索。这种起草方式可以破除部门利益倾向，弥补信息资源不对称、我国立法人员职业化不高和经费缺乏保障等不足；[3]可以体现利益代表的多样性，发挥立法机

---

〔1〕　汤维建："建立健全第三方立法体制和机制"，载《人民政协报》2015年8月11日。

〔2〕　王书娟："委托第三方起草之立法模式探析"，载《东南学术》2019年第1期，第242~243页。

〔3〕　朱述洋："地方人大主导立法起草的困境与出路"，载《人大研究》2016年第5期，第37页。

关的主导性，保证起草调研的充分性。[1]但是，联合起草的起草者来自不同的领域，在实施过程中很难进行组织，共同组成的起草机构大多会确定一个主要的起草者，其他起草者的主动性和积极性很难被有效地调动起来，多是一般性地发表意见，缺乏对立法起草的全面、系统和深入思考。

笔者认为，为了发挥上述不同立法起草方式的优势并克服其弊端，立法起草可以分为两步：第一步是由法律法规实施的机关、部门、机构起草立法草案建议稿，同时委托第三方起草立法草案建议稿。第二步是由享有立法权的权力机关常委会工作机构的法制工作委员会、享有立法权的政府或者部门的法制机构，在上述建议稿的基础上进行起草，在起草过程中可以召集建议稿起草者对有争议的问题进行讨论。笔者不主张由享有立法权的权力机关的有关专门委员会负责起草，因为权力机关有关的专门委员会享有立法审议的职责，立法起草与立法审议相分离有利于提高立法工作的质量。上述设计可能增加立法成本，可能不利于立法效率的提高，但其优点是十分明显的——既可以使法律法规实施的机关、部门、机构以及作为第三方的专家充分表达他们对立法的建议，又可克服他们直接提出立法草案所存在的弊端，并且也体现了享有立法权的机关主导立法的原则。

在立法起草过程中，除了要合理确定立法起草者之外，还应坚持民主立法原则，通过采取向社会公布立法草案以及召开听证会和座谈会等形式广泛听取和征求意见。[2]此外，《行政法

〔1〕 肖子策："论地方立法起草方式改革"，载《法学》2005年第1期，第45~46页。

〔2〕 这一问题在前述"科学立法与民主立法"的内容中已有阐述。

规制定程序条例》第 15 条〔1〕对起草行政法规时需国务院决策
的重大问题的处理作了规定。《行政法规制定程序条例》第 16
条和第 17 条以及《规章制定程序条例》第 18 条〔2〕对行政法规
和规章送审稿的有关程序和形式方面的要求也作了规定。从上
述规定可以看出，我国的立法对起草行政法规和规章作了较为
具体的程序要求，但对起草法律、地方性法规以及自治条例和
单行条例的程序规定较为欠缺。事实上，上述对行政法规和规
章起草的程序要求，大体上可以适用法律、地方性法规以及自
治条例和单行条例的起草规定，今后有必要在修改《立法法》
时予以完善。在立法起草时，还必须强调立法调研和立法论证。
对于这一问题，笔者将在后述内容中作集中论述。

---

　　〔1〕《行政法规制定程序条例》第 15 条规定："起草行政法规，起草部门应当
对涉及有关管理体制、方针政策等需要国务院决策的重大问题提出解决方案，报国
务院决定。"
　　〔2〕《行政法规制定程序条例》第 16 条规定："起草部门向国务院报送的行政
法规草案送审稿（以下简称行政法规送审稿），应当由起草部门主要负责人签署。
起草行政法规，涉及几个部门共同职责需要共同起草的，应当共同起草，达成一致
意见后联合报送行政法规送审稿。几个部门共同起草的行政法规送审稿，应当由该
几个部门主要负责人共同签署。"第 17 条规定："起草部门将行政法规送审稿报送国
务院审查时，应当一并报送行政法规送审稿的说明和有关材料。行政法规送审稿的
说明应当对立法的必要性、主要思路、确立的主要制度，征求有关机关、组织和公
民意见的情况，各方面对送审稿主要问题的不同意见及其协调处理情况，拟设定、
取消或者调整行政许可、行政强制的情况等作出说明。有关材料主要包括所规范领
域的实际情况和相关数据、实践中存在的主要问题、国内外的有关立法资料、调研
报告、考察报告等。"《规章制定程序条例》第 18 条规定："起草单位应当将规章送
审稿及其说明、对规章送审稿主要问题的不同意见和其他有关材料按规定报送审查。
报送审查的规章送审稿，应当由起草单位主要负责人签署；几个起草单位共同起草
的规章送审稿，应当由该几个起草单位主要负责人共同签署。规章送审稿的说明应
当对制定规章的必要性、规定的主要措施、有关方面的意见及其协调处理情况等
作出说明。有关材料主要包括所规范领域的实际情况和相关数据、实践中存在的
主要问题、汇总的意见、听证会笔录、调研报告、国内外有关立法资料等。"

四、科学立法与立法审议和表决

行政法规和规章与法律、地方性法规以及自治条例、单行条例的审议和表决程序不同。[1]学术界对这一问题很少进行探讨。由于行政法规和规章的制定不同于具体行政行为的实施，因此务必要强调坚持民主集中制，应当在充分听取有关会议成员意见的基础上予以审批或者决定。行政法规和规章如果违法，比具体行政行为的危害更为严重，因为其涉及的范围十分广泛，并且能够反复适用，因此，有必要规定在对行政法规和规章进行审批决定时，行政机关负责人不顾有关会议多数成员意见强行作出决定，导致行政法规和规章违法的，应当承担比具体行政行为违法更为严厉的责任。在立法实践中，有的地方政府负责人为了推动（诸如拆迁、文明城市建设或者卫生城市建设等）工作，不顾常务会议多数成员的反对意见，强行决定违法的规章。在此种情形下，应依法严厉地追究其法律责任，以防止此种破坏法治行为的产生。对地方性法规以及自治条例和单行条例的审议和表决程序，《立法法》第77条只作了原则性的规定。[2]

---

〔1〕 依《立法法》第68条和第69条的规定，行政法规由国务院法制机构进行审查，决定程序适用国务院组织法的有关规定。《立法法》第84条和《规章制定程序条例》第27条规定，部门规章经部务会议或者委员会会议决定；地方政府规章经政府常务会会议或者全体会议决定。《行政法规制定程序条例》第18条至第25条对行政法规的审查程序作了具体规定，第26条和第27条明确了由国务院常务会议审议或者由国务院审批，并对审议、审批的规则作了规定。《规章制定程序条例》第19条至第26条对规章的审查程序作了具体规定，第28条和第29条对其审议和决定程序作出了规定。从上述规定内容来看，行政法规、规章的审查、审议、审批或者决定适用的是行政程序，不适用少数服从多数原则，而是适用首长负责制。

〔2〕《立法法》第77条规定，对地方性法规、自治条例和单行条例的审议和表决程序，根据《地方人大和地方政府组织法》，参照《立法法》关于全国人大、全国人大常委会立法程序的有关规定，由本级人大规定；地方性法规草案由负责统一审议的机构提出审议结果的报告和草案修改稿。

享有立法权的地方人大大多依据这一规定制定了本级人大及其常委会的立法规则，但各地的规定并不完全相同。基于上述原因，本书所讨论的立法审议和表决主要限于全国人大常委会和全国人大立法程序的立法审议和表决。

（一）全国人大常委会的立法审议和表决

全国人大常委会的立法审议和表决，可以被划分为两个阶段：第一个阶段为有关的专门委员会以及宪法和法律委员会的立法审议；第二个阶段为全国人大常委会会议的立法审议和表决。

1. 有关的专门委员会以及宪法和法律委员会的立法审议

《立法法》第32条至第39条就有关的专门委员会以及宪法和法律委员会对列入全国人大常委会会议议程的法律案进行立法审议作出了规定。[1]

为了实现科学立法，对有关的专门委员会以及宪法和法律

---

[1] 具体内容为：一是先由有关的专门委员会进行审议，审议时可邀请其他专门委员会的成员列席会议并发表意见，审议后应提出意见印发常委会会议。二是法律委员会在有关的专门委员会审议以后，依有关的专门委员会的审议意见、常委会组成人员和各方面提出的意见，进行统一审议，在审议时应邀请有关的专门委员会成员列席会议和发表意见，审议后应提出修改情况的汇报或者审议结果报告和法律草案修改稿。在汇报或者审议结果报告中应当说明重要的不同意见，对有关的专门委员会的审议意见没有采纳的应向其反馈。三是在法律委员会提出审议结果报告前，常委会工作机构可以对法律草案中主要制度规范的可行性、法律出台时机、法律实施的社会效果和可能出现的问题进行评估，评估情况由法律委员会在审议结果报告中说明。四是有关的专门委员会、法律委员会进行审议时，应当召开全体会议，根据需要可要求有关机关、组织派有关负责人说明情况，专门委员会之间对法律草案的重要问题意见不一致时，应向委员长会议报告。五是法律委员会、有关的专门委员会和常委会工作机构，应当采取座谈会、论证会、听证会等多种形式听取各方面的意见；应当在常委会会议以后将法律草案及其起草、修改的说明向社会公布征求意见。六是常委会工作机构应当收集整理分组审议的意见和各方面提出的意见以及其他有关资料，分送法律委员会和有关的专门委员会，并根据需要印发常委会会议。

委员会的立法审议，应当实现专门委员会立法的专业化，充分发挥有关的专门委员会以及宪法和法律委员会在立法审议过程中的作用。有学者从立法精细化驱使的微观层面、立法任务转变的中观层面和社会发展必然要求的宏观层面，对专门委员会立法专业化的必然性进行了论证；从如何评价立法专业化这一理念前提、以法律职业为面向这一主观因素和构建理性限度这一边界，论证了专门委员会立法专业化的理论维度；从实质审议的职能体现、立法专业化支撑的人员配置和立法专业化空间保障的常设化机构的制度体现，论证了专门委员会立法专业化的实践维度。[1]

具体说来，充分发挥有关的专门委员会以及宪法和法律委员会在立法审议过程中的作用，主要应解决以下几个问题：

一是要明确有关的专门委员会以及宪法和法律委员会的审议是全国人大常委会立法审议和表决必经的前置程序。也就是说，对于法律案，先由有关的专门委员会审议，再由宪法和法律委员会统一审议，宪法和法律委员会审议以后，再提交全国人大常委会进行立法审议和表决。在立法实践中，大多遵循的是上述程序安排，但在立法上并未对此作出明确的规定，有可能使某些法律案没有经过专门委员会的审议就直接由全国人大常委会进行立法审议和表决，从而影响立法的质量。

二是要明确有关的专门委员会以及宪法和法律委员会各自审议的重点。有关的专门委员会对法律调整对象所涉及的社会关系较为熟悉，应发挥其"专"的优势，重点审议法律案的可操作性和合理性；宪法和法律委员会对宪法和法律较为熟悉，应发挥其"法"的优势，重点审议法律案的合法性。明确各自

---

[1] 王起超："从专门到专业：全国人大专门委员会立法职能的理论阐释"，载《地方立法研究》2020年第2期，第128~130页。

的审议重点，能够保证专门委员会审议职能的充分发挥，也可以避免专门委员会之间的意见不一致。

三是要明确专门委员会立法审议的议事规则。《立法法》对有关的专门委员会以及宪法和法律委员会立法审议的议事规则没有作出规定。从人大工作的体制来看，不能采用主任决定制而应当采用议决制，以多数委员的意见作为审议意见。在向全国人大常委会上报专门委员会的审议意见时，要同时上报少数委员的不同意见，因为真理有时不一定掌握在多数人手中。委员长会议不能对专门委员会的审议意见进行修改，应当将有关的专门委员会以及宪法和法律委员会的立法审议意见完整、如实地上报全国人大常委会。四是要明确专门委员会和法制工作委员会在立法审议过程中的分工。法制工作委员会是全国人大常委会的工作机构，不具有立法审议的职能，在立法审议的过程中只能承担与立法审议相关的事务性工作，立法审议是专门委员会的职能。《立法法》对此规定得较为模糊，有必要明确两者的分工。[1]

2. 全国人大常委会会议的立法审议和表决

对于全国人大常委会会议对列入全国人大常委会会议议程法律案的立法审议和表决，《立法法》第 28 条至第 31 条以及第 40 条至第 43 条进行了规定。[2]

---

〔1〕　对专门委员会立法审议过程中的立法论证和表决前评估，将在后述相关问题中另行讨论。

〔2〕　具体内容为：一是在一般情况下，应当在会议举行 7 日前将法律草案印发全国人大常委会组成人员。二是一般应经过三次常委会会议审议后再交付表决，但各方面意见比较一致的，可以经两次常委会会议审议后交付表决，对调整事项较为单一或者部分修改的法律案各方面意见比较一致的，也可以经一次常委会会议审议即交付表决。三是第一次审议时，在全体会议上听取提案人的说明后，由分组会议初步审议；第二次审议时，在全体会议上听取法律委员会关于法律草案修改情况和

　　为进一步提升立法的质量和水平，对全国人大常委会会议的立法审议和表决有必要从以下几个方面予以完善：

　　一是对将法律草案印发全国人大常委会组成人员的时间要求，宜由现行规定的会议举行前 7 日，延长为会议举行前 15 日，以便全国人大常委会组成人员对立法审议进行充分的准备。立法审议是全国人大常委会组成人员的主要工作，在审议前应进行调研、查阅有关材料和准备发言的意见，没有较为充分的时间准备，很难对法律草案进行理性的判断，立法审议的质量将无法得到保证。

　　二是明确审议次数的适用情形和每次审议的重点。对全国人大常委会立法审议，《立法法》规定以三次审议为原则、以两次审议和一次审议为例外，规定得较为抽象，在立法实践中不好把握。建议规定为制定新法律的进行三次审议，修改法律的

（接上页）主要问题的汇报后，由分组会议进一步审议；第三次审议时，在全体会议上听取法律委员会关于法律草案审议结果的报告后，由分组会议对法律草案修改稿进行审议。全国人大常委会会议审议法律案，根据需要也可召开联组会议或者全体会议对法律草案中的主要问题进行讨论。四是全国人大常委会会议审议时，应当邀请有关的全国人大代表列席会议；分组会议审议时，提案人应当派人听取意见和回答询问，有关机关、组织根据小组要求应当派人介绍情况；五是法律草案修改稿经常委会审议后，由法律委员会依全国人大常委会组成人员的审议意见进行修改，从而提出法律草案表决稿，由委员长会议提请全国人大常委会全体会议表决，经全国人大常委会全体组成人员过半数通过；六是在法律草案表决稿交付表决前，委员长会议依全国人大常委会会议审议情况，可以决定将个别意见分歧较大的重要条款提请全国人大常委会会议单独表决，根据单独表决的情况，委员长会议可以决定将法律草案表决稿交付表决或者决定暂不交付表决而交法律委员会与有关的专门委员会进一步审议；七是对多部法律中涉及同类事项的个别条款进行修改一并提出法律案的，委员长会议可以决定合并表决或者分别表决；八是提案人在法律案交付表决前要求撤回的，应当说明理由，经委员长会议同意并向全国人大常委会报告后，即行终止对该法律案的审议；九是因各方面原因对制定该法律的必要性、可行性等重点问题存在较大意见分歧搁置审议满两年的或者因暂不交付表决经过两次没有再次列入全国人大常委会会议议程的，由委员长会议向全国人大常委会报告，终止审议该法律案。

进行二次审议，废止法律的进行一次审议。为了提高立法工作的效率，还可规定经过三次审议仍不能交付表决的，终止审议，不能久拖不决，要么通过、要么否定，不能三番五次地进行审议。法律案被否定，如确需再次审议，应将其视为新的法律案重新进入全国人大常委会的立法程序。《立法法》对每次审议的重点没有作出规定，立法审议并不是一个循序渐进和逐步推进的过程，立法实践中时常存在对同一问题多次进行审议的情形，降低了立法审议的效率。从国外的情况来看，一般明确规定了每次审议的重点。如英国在立法审议时实行"三读三审制"，一读、二读和三读分别审议标题、法律原则和法律草案的细节，每一读只能在规定的审议范围内进行，下一读的审议不能改变上一读的决定。笔者认为，我国人大常委会对新立法律的三次审议，第一次重点审议立法的篇章结构、原则和意图，第二次重点审议立法的具体内容和可操作性，第三次重点审议立法技术和立法语言；对修改法律的二次审议，第一次重点审议法律的哪些地方需要修改，第二次重点审议应当如何进行修改。后一次审议不能重复前一次审议的内容，也不能推翻前一次审议过程中已经达成的意见。这样，就便于每一次审议的重点明确，前一次审议是后一次审议的基础，立法审议可以有步骤地循序渐进。对废止法律的，则进行一次审议，审议的重点为废止的理由。

三是完善表决程序。我国的立法表决制度不加区分地实行绝对多数原则，要求以应当与会的全体成员的过半数表决通过。这种表决原则实际上是将弃权以及未出席会议等情况与反对票混为一谈，有可能无法体现这些情况本来的法律意义。因此，立法表决宜实行相对多数表决原则，即以出席会议的代表成员过半数赞成为通过，但应当尽量使投票者明确地表达态度，并且必须提高会议的出席率。[1]

此外，依据党的十八届四中全会《关于全面推进依法治国若干重大问题的决定》关于"完善法律草案表决程序，对重要条款可以单独表决"的规定，《立法法》确立了单独表决制度。对这一制度应当进行充分肯定，它有利于完善立法表决程序，有利于推进民主立法，有利于实现科学立法，有利于强化立法者的责任意识。同时也有必要对这一制度的具体实施措施进行探讨，使其真正发挥实效。有学者从决定者与提议者、启动时间、表决方式的设计、包裹立法[2]的表决以及表决后的持续作业等五个方面提出了具体操作方案，并提出了相关的配套措施。[3]

3. 全国人大常委会立法审议和表决的立法辩论制度

全国人大常委会的立法审议和表决，有必要引入立法辩论制度。立法辩论有广义和狭义之分。狭义的立法辩论仅指立法者就立法所进行的辩论，广义的立法辩论还包括公众参与和专家参与的立法辩论，如立法听证和立法论证时的辩论。这里所指的立法辩论从狭义上理解，仅指立法审议过程中的立法辩论。在国外，很少单独提及"立法辩论"这一概念，关于立法辩论制度的相关内容大多归入议会辩论之中，但立法辩论是议会辩论的重要组成部分。

立法辩论制度起源于英国议会。在英国，议会议事最常用

---

〔1〕 朱力宇、叶传星主编：《立法学》（第4版），中国人民大学出版社2015年版，第130~131页。

〔2〕 包裹立法是立法机关基于一个共同的立法目的，将多个存在与经济社会发展明显不适应、不协调问题的不同法律文本，整合在一个法律案中进行小幅度变动的法律修改技术。

〔3〕 刘风景："重要条款单独表决的法理与实施"，载《法学》2015年第7期，第84~87页。

的方式是辩论，辩论被视为是议会的本质所在。英国绝大多数的立法权均被掌握在平民院手中，因此，在下院中，立法辩论表现得较为突出，其通过的每一个法案都必须经过议会辩论。上院并不以立法辩论为主，但也时常进行立法辩论。无论是下院的立法辩论还是上院的立法辩论，在辩论之前，都要研究立法辩论论题的可辩论性。立法辩论的步骤包括动议、正方和反方首席议员先后发言、正方和反方其他议员轮流发言以及正方和反方代表总结等，在必要时还要进行表决。态度鲜明、辩题集中和时间限定是英国立法辩论制度的特点。美国、法国和德国等国的议会，借鉴和效仿英国的做法，建立了立法辩论制度。

不少学者认为，我国在立法审议时也应引入立法辩论制度。有学者认为，立法辩论的形式价值为公平与效率的平衡、自由与秩序的统一、多数与少数的协调、民主与集中的结合，其目的价值为实现利益整合、提高立法质量、保障法律实施和制约行政权力。[1]有学者认为，建立我国人大立法辩论制度的必要性在于，实现立法民主以体现立法为民，促进立法质量的提高，推进决策更加科学，有效协调立法过程中的利益冲突，并从实践基础和理论基础两个方面对建立我国人大立法辩论制度的可行性进行了论述。[2]有学者从必要性、可能性和可行性三个方面对我国立法辩论制度建构的条件进行了论证，其必要性为是健全我国立法审议程序、完善我国人民代表大会制度和提高我国立法质量的需要；其可能性为已经具备了立法辩论制度构建的政治背景和立法辩论制度的宪法基础及法律依据；其可行性

---

〔1〕 李店标："立法辩论的价值维度"，载《理论导刊》2013 年第 7 期，第 105~107 页。

〔2〕 刘忠伟、林蕾："我国人大立法辩论制度的建构"，载《经济研究导刊》2014 年第 14 期，第 289 页。

为我国人大代表具备了进行立法辩论的条件，并且我国的法案三审制模式也具备设置立法辩论程序的条件。[1]

在我国的法律文本中，一直不存在立法辩论的规定，立法辩论制度在我国处于缺失的状态。对于立法辩论制度缺失的原因，学者们进行了分析。有学者认为，其历史原因为中华人民共和国成立以后至今我国在立法上对人大议事规则引入辩论机制一直没有引起重视；其制度原因为人大会议的会期比较短、人大代表的局限性、人大代表的数量多；其观念原因为外国议会辩论的实际情况对我国造成了不利影响，同时也是因为受中国传统文化思想的影响。[2]另有学者认为，我国立法辩论制度缺乏的原因为人大立法能力有待提升、人大立法审议的条件制约和传统立法观念的消极影响，其中人大立法能力有待提升表现为对立法工作重视不够、对立法机关认同度低、对制度移植过于谨慎；人大立法审议的条件制约表现为代表多、任务重、会期短、发言机制不健全、代表专职程度低；传统立法观念的消极影响表现为重数量、轻质量，重礼仪、轻法仪，重民主、轻科学。[3]笔者认为，立法辩论制度作为各国立法审议普遍采用的制度，其在我国建立的必要性是十分明显的，有利于提高立法质量从而促进科学立法的实现。随着近年来立法工作在我国日益受到重视，以及我国立法队伍建设的不断加强，立法辩论制度在我国建立基本上具备了可能性。当然，在我国建立立法辩论制度，不可照搬国外的做法，一定要从我国的实际情况出发，要把立法辩论制度与我国立法程序的改革完善统一起来进

---

〔1〕 陈光主编：《立法学原理》，武汉大学出版社 2018 年版，第 45~49 页。

〔2〕 刘忠伟、林蕾："我国人大立法辩论制度的建构"，载《经济研究导刊》2014 年第 14 期，第 288~289 页。

〔3〕 陈光主编：《立法学原理》，武汉大学出版社 2018 年版，第 45~47 页。

行考虑。就目前的情况而言，无论是全国人大及其常委会还是享有立法权的地方人大及其常委会，其人大专门委员会的立法审议以及人大常委会会议的立法审议和表决均可以建立立法辩论制度。

（二）全国人大的立法审议和表决

对全国人大的立法审议和表决，《立法法》第17条至第24条作了规定。[1]

对全国人大的立法审议和表决，有必要从以下几个方面予以完善：

一是要对全国人大常委会决定提请全国人大会议审议法律案的前置程序作出明确的规定。全国人大会议会期较短、会议议程较多，有时审议的法律案有多个，在目前这种全国人大代

---

〔1〕　具体内容为：一是全国人大常委会提请全国人大会议审议的法律案应在会议举行的一个月前将法律草案发给代表；二是对列入全国人大会议议程的法律案，先由大会全体会议听取提案人的说明；三是在听取提案人的说明后，由各代表团对法律案进行审议，在审议时，提案人应派人听取意见和回答询问，有关机关、组织依代表团的要求应派人介绍情况；四是有关的专门委员会对列入全国人大会议议程的法律案进行审议，向主席团提出审议意见，并印发会议；五是由法律委员会根据各代表团和有关的专门委员会的审议意见对列入全国人大会议议程的法律案进行统一审议，向主席团提出审议结果报告和法律草案修改稿，在审议结果报告中应当说明重要的不同意见，经主席团会议审议后印发会议；六是在必要时，主席团常务主席可以召开代表团团长会议，听取各代表团就列入全国人大会议议程法律案中重大问题的审议意见，进行讨论，向主席团报告讨论的情况和意见，主席团常务主席也可以召集代表团推选的有关代表就列入全国人大会议议程法律案中的重大的专门性的问题进行讨论，向主席团报告讨论的情况和意见；七是法律草案修改稿经各代表团审议，由法律委员会依各代表团的审议意见进行修改，提出法律草案表决稿，由主席团提交大会全体会议表决，由全体代表的过半数通过；八是提案人对列入全国人大会议议程的法律案在交付表决前要求撤回的，应当说明理由，经主席团同意，并向大会报告，即行终止对该法律案的审议；九是法律案在审议中有重大问题需进一步研究的，经主席团提出并经大会全体会议决定，可以授权全国人大常委会根据代表的意见进一步审议作出决定，并将决定情况向全国人大大会下次会议报告，也可以授权全国人大常委会根据代表的意见进一步审议提出修改议案，提请全国人大大会下次审议决定。

表多为兼职且全国人大会议制度难以改变的情况下，指望全国人大会议在立法审议时对法律案进行充分、有效的审议是不切实际的。虽然《立法法》规定了全国人大立法审议时专门委员会的审议，但这种审议是在会议进行中实施的，时间极短，很难有实际的效果。因此，只有提高提请全国人大会议审议法律案的质量，才能为全国人大会议立法审议奠定良好的基础，从而使全国人大会议通过的法律案有可能是科学的立法。笔者认为，全国人大常委会决定提请全国人大会议审议的法律案，必须事先经过全国人大常委会立法审议和决定的程序，经全国人大常委会会议表决通过。经历了这一前置程序，全国人大会议审议和决定的法律案，实际上是对全国人大常委会已经按法定程序审议和表决的法律案进行确认而已。[1]

二是改革代表团审议的组织模式。依《立法法》的规定，由各代表团对列入全国人大会议议程的法律案进行审议。代表团是按选举单位来划分的，代表团的负责人为选举单位的党政主要负责人。在代表团审议时，发言的大多是选举单位的党政领导或者其他领导，一般的代表很少发言，即使发言，他们往往也不敢在选举单位领导面前轻易表达自己的观点。为了对代表团审议中存在的无法进行对等、理性、有效且充分的交涉以及权力主导的问题予以解决，应当改革代表团审议的组织模式，可以考虑按选举单位组成代表团进行审议后，再按职业界别组成代表团进行审议。这样，就可以使地域的意见和职业界别的意见都能得到体现，对法律案的审议也就更加充分。在目前的立法实践中，在代表团审议时，有时也按职业界别进行小组审

---

[1] 在立法实践中，虽然全国人大常委会认为在法律案较为成熟时才决定提请全国人大会议审议，但由于没有明确规定其必须经历法定的审议和法定程序予以通过后才能决定提请全国人大会议审议，有可能不能保证法律案的质量。

议，但不能单独地体现职业界别对法律案的意见。此外，还应当优化人大代表的结构，提高一线工人、农民代表和专业技术人员代表的比例，使代表能够真正发挥自身的职能，在法律案审议过程中敢于发表自己的意见。目前，我国已着手逐步解决这一问题。例如，第十二届全国人大代表中，一线工人、农民代表的比例和专业技术人员代表的比例，分别比第十一届全国人大代表提高了 5.18% 和 1.2%。

《立法法》第 55 条、第 56 条和第 60 条〔1〕的规定，既适用于全国人大常委会的立法审议和表决，也适用于全国人大的立法审议和表决，学术界对此无异议。

---

〔1〕《立法法》第 55 条规定："向全国人民代表大会及其常务委员会提出的法律案，在列入会议议程前，提案人有权撤回。"《立法法》第 56 条规定："交付全国人民代表大会及其常务委员会全体会议表决未获得通过的法律案，如果提案人认为必须制定该法律，可以按照法律规定的程序重新提出，由主席团、委员长会议决定是否列入会议议程；其中，未获得全国人民代表大会通过的法律案，应当提请全国人民代表大会审议决定。"《立法法》第 60 条规定："法律草案与其他法律相关规定不一致的，提案人应当予以说明并提出处理意见，必要时应当同时提出修改或者废止其他法律相关规定的议案。法律委员会和有关的专门委员会审议法律案时，认为需要修改或者废止其他法律相关规定的，应当提出处理意见。"

第九章 科学立法与立法技术和方法

一、科学立法的实现需要科学的立法技术和方法

立法技术和方法与立法活动相伴而生，不仅法律的起源与立法技术和方法紧密相关，而且法律的发展也与立法技术和方法的进步息息相关。对立法技术和方法进行专门的研究的历史并不悠久。国外学者在19世纪开始重视这一问题，既考虑从理论上和制度上来解决立法的问题，又考虑从科学上来解决立法的问题。在20世纪以后，国外学者对立法技术和方法的研究不断深入并且趋向于系统化，产生了大量的研究成果。就我国的情况而言，对立法技术和方法进行专门探讨是从20世纪中期才开始的事情，目前来讲仍处于起步阶段。

立法技术，既然作为一种技术，就不能离开"技术"一词来对其概念进行界定。英国于17世纪首次使用了"技术"一词，在当时，"技术"仅指自然科学中的各种应用技术。20世纪初，"技术"一词的含义开始逐渐扩大，涉及了工具、机器以及使用过程和方法。20世纪后半期，技术已经被定义为人类对客观环境进行改变或者控制的手段或者活动。在现代，"技术"一词呈现出一种不断发展和扩大的趋势，从某种意义上讲似乎涵盖了一切，泛指人们根据自然科学原理和生产实践经验发展而成的各种工艺操作技能和方法。由于对"技术"一词含义的广泛理解，立法技术也被泛指人们在立法实践中发展而成的各种技能和方法的总称。有学者认为，立法技术是一个过程，是指按照规范的格式以及一定的体例和法律语言，把国家政策转化成法律条文的过程。立法技术是立法活动中所遵循的，用以促使立法臻于科学化的操作技巧和方法的总称。[1] 广义的立法技术，是指与立法活动有关的一切技术，如立法决策技术、立法预测技术、立法规划技术、立法协调技术、立法评估技术、法的制作技术、法的清理技术、法的系统化技术和法的修改或者废止技术等。如果从广义上来理解立法技术，立法技术与立法方法不存在区别，甚至等同于立法活动的规则。因此，立法技术一般不能扩展至整个立法活动，立法技术的范围不能无限扩大而应当有所限制，否则，对立法技术的研究就成了探讨整个立法活动的一般方法，从而失去了特定的研究对象。本书对立法技术从狭义上来理解，所指的立法技术仅包括立法语言、立法逻辑和立法结构这三个方面的技术，因为任何立法都是由语言、逻辑和结构这三个要素连接起来的，这三个要素是否恰当、合理和严谨，不仅直接关系到立法的内容是否科学，而且还关系到社会公众对立法内容的把握和理解以及对立法的遵守和适用，决定了立法活动中其他的立法方法能否得到有效的使用。除这三种立法技术外，立法活动中的其他立法方法对立法质量也有重要的影响。由于其范围较为广泛，学术界很少对立法方法予以单独研究，本书仅探讨其他立法方法中的立法调研、立法后评估和现代科学技术在立法中的运用等问题。

对于立法技术在立法活动中的重要性，学者们进行了论述。对于立法技术的价值，有学者从立法技术直接关系到一个国家的法制水平、立法技术是立法得以存在和发展的必要前提和基础以及社会文明离不开立法技术等三个方面进行了分析。[2] 有

---

〔1〕　周旺生：《立法学》（第 2 版），法律出版社 2009 年版，第 376~377 页。

〔2〕　吴秋菊："立法技术探讨"，载《时代法学》2004 年第 4 期，第 91~92 页。

学者认为，立法技术的功能和作用表现为：为法律规则保持准确、清晰的品格提供最佳载体的配置，为公共政策转化为可以实施的法律提供科学创造的方法，为人类社会实现良法善治提供技术基础的通道。[1]立法技术和方法属于法理外化的表现形式，虽然不能说有好的立法技术和方法一定能够保证所立之法的高质量，但低劣或者粗糙的立法技术和方法肯定会导致所立之法的质量不高。没有科学的立法技术和方法，就不可能有科学的立法。在立法活动中，立法技术和方法并不是立法的细节问题，即使其是细节问题也不能忽视，因为细节决定成败，忽视立法技术和方法就可能使法律形同虚设。我们不能搞经验立法或者主观立法，立法技术和方法应当科学化。要制定良法和实现科学立法，就必须掌握科学的立法技术和方法。科学的立法技术和方法是促进科学立法实现的技巧和方法，可以使立法正确调整社会关系，可以准确和完整地表达立法精神，可以避免立法结构的重复和语言的不规范，可以科学、有效地反映立法者的立法本意，可以充分满足国家、社会和公民对立法提出的诸多需求，可以保障整个法制体系的有效运行，可以使立法臻于较高的水平。

在我国的立法实践中，立法技术和方法的问题日益受到重视。2009 年和 2011 年，全国人大常委会法制工作委员会分两次发布了《立法技术规范（试行）》，不少的地方人大常委会也制定了相应的规则，如江苏省人大常委会于 2005 年、广东省人大常委会于 2007 年、云南省人大常委会和深圳市人大常委会于 2014 年制定了关于立法技术方面的规范。我国的立法技术和方法在立法实践中得到了不断的提升，但与科学立法的要求相比

---

[1] 徐向华主编：《立法学教程》（第 2 版），北京大学出版社 2017 年版，第 281~284 页。

还有很大的差距，还远未达到立法技术和方法科学化的程度。从总体上而言，要提升我国的立法技术和方法，促进立法技术和方法的科学化，一是要加强立法技术和方法的理论研究，并将理论研究与立法实践相结合，不断完善有关立法技术和方法方面的规则；二是要加强对立法技术和方法的立法后评估工作，总结立法技术和方法的经验教训，以发扬成绩和克服不足；三是要充分发挥专家参与立法的作用，例如，在立法最终表决之前，要聘请立法语言等方面的专家对立法草案的立法语言技术问题进行专题论证；四是要提升立法队伍的素质，立法技术和方法精无止境，没有最好只有更好，只有在立法队伍的素质得到不断提升的前提下，立法技术和方法才能越来越科学化。

二、科学立法与立法语言技术

制定法需要通过书面语言来表达。所谓立法语言，就是在立法过程中表达法律法规文本内容的书面语言。我国对立法语言的研究起步较晚，20世纪90年代末在对立法技术进行微观研究时才开始触及立法语言的问题。到21世纪初，随着对立法语言重要性认识的不断深化，立法语言在我国的研究不断深入，立法语言学才真正成了一门独立的学科。

立法语言是立法技术的重要内容。立法的发展史在一定程度上浓缩了语言的发展史，语言的选择和适用决定了立法的范围和法律意义，语言的运用影响立法者的思维方式。所立之法是否是良法，与所立之法的语言文字水平有十分密切的关系。语言是思想实现的工具，立法语言是立法机关与民众进行交流的语言，是具体体现立法政策和传递立法意图的信息载体，影响立法文件所载法律信息传递、反馈和转化的准确程度与实施效果，直接关系到立法技术表达的规范化程度。因此，一部高质量的立法离不开好的立法语言，立法语言水平是一个国家法制建设成熟度的缩影。立法语言可以准确无误地表达立法的政策措施和立法主体的立法意图，可以准确和明白地传递立法主体的立法目的、意图和措施，立法语言的正确运用既可以使法律法规得以有效实施，也可以提高立法质量。[1]

在立法实践中，我国对立法语言从总体上来讲是较为重视的。叶圣陶和吕叔湘两位语言学家参与了 1954 年《宪法》的起草，吕叔湘等还对 1982 年《宪法》草案的语言文字进行了审校。全国人大常委会法制工作委员会于 2006 年 10 月 25 日召开了立法语言规范化研究的座谈会，于 2007 年 7 月 18 日成立了由 14 名国家通用语言文字专家组成的立法用语规范化专家咨询委员会，于 2008 年制定了《立法用语规范化专家咨询委员会工作规则》，于 2014 年 5 月又增聘和续聘了 17 名语言专家咨询委员。

立法语言是行业语言，但仍属于通用语言的一部分，具有通用语言的共同属性。立法语言与通用语言不是对立的，不能将两者割裂开来，因此，立法语言首先要具有规范性。所谓立法语言的规范性，是指立法语言要遵守国家语言文字的规范，要符合常规，要符合国家通用语言的表达规则。通用语言的规范，主要包括词汇、语法和修辞等三个方面，其中词汇包括日常用语、技术性用语和专业术语；语法包括句式、句类、句型、超句（群句）、短语、时态、标点符号和数字；修辞包括章法、句法和词法。在立法过程中，依据立法语言规范性的要求，应当尽量使用格式化和标准化的句式和词句，必须字斟句酌，前后一致，不能出现矛盾或者漏洞，力求做到严密周详、无懈可

---

[1] 朱力宇、叶传星主编：《立法学》（第 4 版），中国人民大学出版社 2015 年版，第 275~276 页。

击，在词汇和语法的运用上要千锤百炼和反复琢磨，要遵循语言修辞的基本规律，不要使用口语、俗语、方言方语以及网络语言。在我国的立法实践中，立法语言失范的情形并不少见。所谓立法语言的失范，是指立法语言的词汇、语法或者修辞对通用语言的规范没有予以遵守的失衡状态。立法语言的词汇失范，主要有重复多余、用语不当、指向不明、关系不当或用语歧义等情形；立法语言的语法失范，主要有错用虚词、标点不妥、搭配不当、成分残缺或语序混乱等情形；立法语言的修辞失范，主要有语用失范、语义失范、行文款式失范或语言转换错误等情形。立法语言不规范的不利影响和消极后果表现为：不能充分和准确地表达立法的意图和目的；浪费立法和司法资源，降低立法质量；造成司法机关理解和适用法律的困难；损害制定法的权威性和庄严性，使人们失去对法律的信仰；对语言科学造成危害，给法学教育和普法工作带来困惑。[1]因此，务必强调立法语言的规范性，没有正当的理由，立法语言务必遵守国家语言文字的规范，务必符合国家通用语言的表达规则。

立法语言作为一种行业语言，不仅要符合规范性的要求，而且对自身的特质和风格也要有鲜明的体现。在国家语言文字的规范和表达规则的范围之内，立法语言主要具有以下几个方面的特殊性要求：

一是立法语言应当做到准确性和模糊性相结合，以准确性为原则。立法语言的准确性，是指立法所选择词语的意义能够有效地传达其所表达的思想情感及信息，能够与其试图传递的思想情感和信息高度吻合。一般认为，立法语言准确性的具体要求为明确、统一、简洁和中立。明确，是指立法语言要明白

---

〔1〕　董晓波：“我国立法语言规范化的法社会学分析”，载《甘肃理论学刊》2013年第3期，第91页。

无误和确切，不能因模棱两可或含糊不清而产生歧义，适用的范围要清楚，权利义务的规定要完整，不能使用询问性、建议性、争论性、商榷性、讨论性或怀疑性等学术用语，不能使用诸如"人社厅""维稳办""610办"等简化词，不能使用隐语或双气语等其他具有不肯定性的用语。统一，是指一个法律术语只能有一个法律意义，指向同一事物或者同一对象，要准确地表达法律概念，不同的法律概念不能用同一词语来表达，同一法律概念只能用一个词语来表达，词汇的含义指向必须是唯一的；要尽量摒弃使用同义或近义用语，必须使用时也要对其进行选择和规范，应用限定词来界定具有多种含义的词汇，不能忽视不必要的限制；要用同样的方式运用同样的语言文字，不同的词语之间不允许存在相互替换的现象。简洁，是指立法语言要符合其所蕴含的法律事物或者现象的本质特征，应尽可能用最直接的方式来表达，要做到言简意赅、惜字如金以及词约而事倍，要避免重复累赘或冗长繁琐，同时要做到简而理周、言去意留和以简驭繁。中立，是指立法语言要保持立法语言的客观性，用中性的表达方式，以表达人的理智而不是表达人的感情或者想象；要有一种严肃的意境和庄重的气势，营造出一种朴实无华和规规矩矩的氛围，尽量减少感情色彩和主观色彩；不要使用诗歌、小说或散文等文学形式所使用的语言，不要使用带有政治或者道德色彩的褒义词和贬义词，不能使用夸张、形容、抒情或比喻等修辞手法，不能沦为宣传提纲、会议纪要或立法报告等非规范性文件的语言。"立法科学要取得进步，必须舍弃这种'激发情感的名称'，使用中性的表达方式。"[1]但是，我们也应当看到，在立法实践中，没有一部法律法规完全

---

〔1〕［英］边沁：《道德与立法原理导论》，时殷弘译，商务印书馆2000年版，第9页。

使用准确性的语言，立法语言还具有模糊性的特征，立法语言的准确性只是相对的而不是绝对的。有学者认为，立法语言模糊性的成因为增强立法语言的灵活性、语言自身缺陷和文化的差异性。[1]有学者从哲学根源、传统文化影响、语言本身原因、有限认知机制、语言策略和法律局限等六个方面对立法语言模糊性的根源进行了探讨。[2]有学者认为，模糊立法语言有利于实现法律的普遍性，有利于实现法律的稳定性，预留法律适用的空间。[3]实际上，之所以允许模糊立法语言的存在，主要是因为法律调整的类型化方式使得立法语言的模糊性不可避免，并且法律的概括性、抽象性和相对稳定性在一定程度上是建立在立法语言模糊性的基础之上的。立法语言的模糊性可以使立法具有较强的社会适应性和较大的涵盖面，做到"法网恢恢、疏而不漏"，使法律获得自由的空间，避免法律的僵化。在处理立法语言准确性与模糊性之间的关系时，应当以立法语言的准确性为原则，以立法语言的模糊性为例外。以立法语言的准确性为原则，是指立法语言应当尽量达到准确性的要求。立法语言准确性的实现，需要有高素质的立法队伍以及高超的立法语言选择技术为保证。准确是立法语言表达上的需要，是适用最广的立法语言标准。判断立法语言是否准确具有操作上的可行性，因而准确是立法语言的元规则。[4]学理上的一般观点是，

---

〔1〕　贺音："立法语言模糊性成因及其语用研究"，载《湖北函授大学学报》2011年第8期，第155~156页。

〔2〕　和万传、姜彩虹："论立法语言的模糊性"，载《云南警官学院学报》2019年第1期，第10~12页。

〔3〕　周菊兰："模糊立法语言的功能分析"，载《求索》2006年第10期，第108~110页。

〔4〕　朱涛："民法典编纂中的立法语言规范化"，载《中国法学》2017年第1期，第234~236页。

准确的立法语言可以清楚地传递立法者的意志，让社会公众准确地理解立法的实质和内容，准确是立法语言最基本的标准和最根本的要求，是立法语言最基本的格调和风貌。虽然立法语言模糊性的存在有正当的理由，并且具有一定的积极作用，但立法语言的模糊性只能是例外。以立法语言的模糊性为例外，是指只有在立法语言无法实现准确性或者有必要使用模糊立法语言时，才能使用模糊立法语言。立法语言的模糊性不能是随意性、多义性和不严格性，要把握语言的模糊度，在立法后要通过立法解释、司法解释或者学理解释等法律解释的方式尽力消除立法语言的模糊性。立法语言的模糊可以区分为策略性模糊和技术性模糊，对于立法语言策略性模糊，根本治理之道是改变其造成影响的利益结构；对立法语言的技术性模糊，不应完全去除。[1]之所以要以立法语言的模糊性为例外，是因为立法语言的模糊性具有消极作用，它不利于公民理解和遵守法律，增加了执法和司法的难度，有可能导致执法不公或者司法不公，有可能导致执法或者司法效率的低下。

二是立法语言应当做到通俗性和专业性相结合，以通俗性为原则。通俗性，是指立法语言不能艰涩难懂，立法应使用明白易懂的日常用语，不能故弄玄虚，不能意思隐晦。通俗性的目的在于使立法的条文易看、易读和易懂，但不能违背前述立法语言准确性的要求。立法语言属于行业语言，法律自身的内在结构需要用特定的专门词汇来表达，法律领域内的专门术语是该领域依其特定的内涵加以凝练而成的词语和专门概念。因此，立法语言又具有专业性，法律术语在立法语言中长期存在具有合理性。在立法过程中，法律术语有时是不可或缺的，无

---

[1] 丁建峰："立法语言的模糊性问题——来自语言经济分析的视角"，载《政法论坛》2016 年第 2 期，第 27 页。

法用日常用语来替代，如果立法语言中没有法律术语，法律就不能被称为法律。对于如何处理立法语言通俗性和专业性的关系，学者们的认识并不完全相同。有学者认为，专业性是第一位的和根本的，它更符合立法语言的要求和特质，通俗性居于次要的地位。[1]有的学者甚至还认为，立法语言就像医生的处方语言，不需要让病人看懂或者知道。笔者不同意上述观点，立法语言应当以通俗性为原则，即立法语言能同时使用日常用语和法律术语来表达的，应使用日常用语，能不用法律术语就不使用法律术语；只有在日常用语无法表达法律含义，或者使用日常用语缺乏准确性时，才能使用法律术语；即使需要使用法律术语，也应当作出浅显易懂的解释，尽可能用人民群众易懂的语言来表达。立法语言之所以要以通俗性为原则，是因为法律不是为法学家制定的，而是为人民制定的，法律条文必须面向公众，如果立法语言偏僻难懂、不具有通俗性，就会影响公民对法律含义的理解，从而影响对法律的遵守和法律的执行。

有学者对立法语言的审查程序进行了专门的探讨，分析了立法语言审查程序的内在构成和法律意义，对我国立法语言审查程序的设置基础，从程序雏形、理论支撑和实践基础三个方面进行了论述。其中，程序雏形为立法审查程序和法律审议程序；理论支撑为效力冲突规制说与语言失范规制说；实践基础为地方经验和立法用语规范化专家咨询委员会，并从立法语言审查主体、审查内容、具体程序设置和审查期限等方面对我国立法语言审查程序的建构进行了探讨。[2]有学者指出，健全立

---

〔1〕　邹玉华："立法语言规范化的语言哲学思考"，载《中国政法大学学报》2012年第1期，第49页。

〔2〕　张玉洁、张婷婷："论立法语言审查程序的设置理据与技术——基于韩国立法的经验借鉴"，载《中南大学学报（社会科学版）》2015年第3期，第41~49页。

法语言审查制度是我国立法语言的规范途径之一。[1]上述研究是十分有价值的。就目前的学术界而言,对立法语言侧重于从语言规则方面来进行探讨,对立法语言如何进行审查关注得较少。事实上,立法语言与一般的语言规则相比具有一定的特殊性,但这种特殊性只是在一般语言规则范围内选择的偏向性,并没有脱离一般的语言规则,对立法语言如何进行审查的研究也许具有更为重要的意义。

三、科学立法与立法逻辑技术

立法逻辑属于法律逻辑,法律逻辑可以分为立法逻辑和法律适用逻辑。立法逻辑指的是在立法过程中人们的思维活动。立法逻辑对科学立法的实现具有十分重要的作用。"立法逻辑着重阐述科学立法的逻辑准则和基本方法,以揭示逻辑在立法领域中应有的地位和作用。立法的最终目的是要将法律规范命题适用于真实个案并解决实际法律纠纷。因此,科学立法首先要逻辑立法,……"[2]

前述立法语言技术中立法语言的规范问题,实际上是立法语言的逻辑问题。例如,法律概念模糊或者混淆不清、立法事项划分不周全和法律行文混乱不一致等,既属于立法逻辑的失范,也属于立法语言的失范。那么,为什么还要专门研究立法逻辑的问题呢?原因在于,立法文件表述存在的语言逻辑并没有涵盖立法活动中的全部逻辑问题。立法中的逻辑问题,可能是语言本身使用不当造成的,也可能是非语言原因造成的,在

---

〔1〕 钟昆儿:"国家治理现代化视域下的立法语言问题研究",载《齐齐哈尔大学学报(哲学社会科学版)》2020年第7期,第101页。

〔2〕 吕玉赞、焦宝乾:"'法律逻辑'的本土化探究",载《济南大学学报(社会科学版)》2018年第6期,第7页。

立法中还存在权力、价值、利益、习俗和情理等非语言层面的诸多实质逻辑元素考虑，在法律法规形成和制作过程中还存在立法推理和立法论证等逻辑问题。从外延上讲，立法逻辑除了立法语言逻辑外，还包括立法推理逻辑和立法论证逻辑。

立法推理是发生在立法过程中的逻辑推理，一般由前提（事实或者法律规范）和结论（法律规范）两大部分汇成。前提与结论之间的必然或者或然的逻辑关系是立法推理的基础。立法推理的有效性，取决于前提的有效性（正当性）和推理方式的有效性（合规则性）。立法推理不同于司法推理，它的推理主体为立法者，秉承人性恶论，主要是一种价值推理，强调不同利益主体价值诉求的甄别和平衡，多采用因果推理方法以及从个别到一般的归纳推理；司法推理的推理主体主要为法官和律师，主张人性善论，主要是一种规则推理，强调独立、公正地选择适用不同的法律规则，多采用从一般到个别的演绎推理和从个别到个别的类比推理的方法。立法推理可以分为形式的立法推理和实质的立法推理。形式的立法推理，以追求法律概念的确定性和法律条款的一致性与充足性为逻辑依归，主要遵循全称归纳或者演绎推理规则，是一种必然性的法律推理；它是立法规范与形式逻辑的有机结合，追求立法规范的形式合法性，强调法律法规形成过程中立法技术规范的统一，侧重广义上的逻辑推理模式（即从前提到结论）、推理规则的有效性和推理结果的真实性要求，合规则性是其主要的追求。实质的立法推理，以确认、评判和权衡不同的立法价值冲突为现实考虑，主要遵循类比推理或者二难推理规则，是一种或然性的法律推理；它是辩证逻辑在立法中的具体体现，追求立法规范的合情合理，强调推理目的必须符合社会的主流价值和公序良俗，侧重广义上的逻辑论证模式（即从结论反推前提）以及结论的合情合理，可接受性是其主要的追求。

立法论证不同于立法推理，它要求前提是真实的或者可接受的，是对结论的肯定或者否定，不仅关注思维的形式，而且更关注思维的内容，具有目标导向性。立法推理只是判断前提与结论之间的逻辑性，并不要求前提是真实的或者可接受的，并不关注思维的内容，也不具有目标导向性，结论的肯定与否并不是其关注的重心。立法论证与立法推理都关注思维的形式，立法论证需要借助立法推理来进行，从某种意义上讲，立法论证的过程也就是运用立法推理的过程，是立法推理的延伸与应用。但是，立法推理不一定是立法论证，"单靠论证逻辑无法为法律推理提供有效性保障"。[1]因此，立法论证与立法推理具有十分密切的联系，但两者并不是同一概念。立法论证也不同于司法论证，目的在于证成具有普遍效力的立法规范，关涉所论证规则的合理性和正当性，它指向将来拟产生效力的立法规范。司法论证，目的在于证成司法判决，关涉某一法律法规的可适用性，它指向的是过去发生的事实和已经生效的法律法规。

与立法推理一样，立法论证也可以分为形式的立法论证和实质的立法论证。前者由论题、论据和论证方式三要素构成，主要运用形式逻辑的方法，对某一主张的正当化进行证明或者反驳，最终可归结为线性的逻辑价值追求（非真即假）；后者特别重视语言修辞和对话辩驳等非形式逻辑方法的运用，其基本要素不再是命题而是陈述和对话，它以似真的非形式逻辑观念追求其论证结论的可接受性，只要读者或者观众被说服或者形成共识就算达到论证目的。

在理论界，对什么是立法论证有不同的理解。有学者认为，

---

〔1〕 戴津伟、张传新："法律逻辑的论证转向"，载《上海政法学院学报（法治论丛）》2019年第1期，第49页。

立法机关邀请的有关专家、提出立法动议的人或者机关以及立法起草机关都是立法论证的主体。[1]还有学者认为，就全国人大立法而言，立法论证的形式包括专门委员会审议、常务委员会审议和代表团会议与小组讨论。[2]笔者不同意上述观点，因为立法论证强调的是技术性和专业性，[3]立法论证与立法评估实际上是同一概念，指的是针对立法中的技术性或专业性的问题，邀请有关方面的专家对其进行研究，以征求比较权威的专业意见。通过立法论证，能够使立法更加符合客观条件，有利于促进科学立法的实现。《立法法》第52条、《行政法规制定程序条例》第9条第1款和《规章制定程序条例》第12条规定了对立法规划的论证或评估论证，《立法法》第39条规定了宪法和法律委员会提出审议报告之前全国人大常委会工作机构对法律草案进行评估。[4]对于立法论证或者立法评估的其他相关问题，《立法法》《行政法规制定程序条例》和《规章制定程序条例》也作了规定。[5]从上述立法规定可以看出，使用了立法论

---

〔1〕　汪全胜："立法论证探讨"，载《政治与法律》2001年第3期，第14~15页。

〔2〕　陈光主编：《立法学原理》，武汉大学出版社2018年版，第122~123页。

〔3〕　李小红："法学专家参与立法论证的审视与改进"，载《四川理工学院学报（社会科学版）》2016年第1期，第54页。

〔4〕　上述规定的内容在前述"科学立法与立法程序"的问题中已作介绍。

〔5〕　《立法法》第36条第1款规定，列入全国人大常委会会议议程的法律案，法律委员会、有关的专门委员会和常委会工作机构听取各方面意见的形式之一是论证会；第2款规定，法律案有关问题专业性较强，需要进行可行性评估的，应当召开论证会，听取有关专家、部门和全国人大代表等方面的意见，论证情况应当向全国人大常委会报告。《立法法》第67条第1款规定，起草行政法规，论证会是听取意见采取的形式之一。《行政法规制定程序条例》第13条第1款和《规章制定程序条例》第16条第1款规定，起草行政法规或者规章，涉及社会公众普遍关注的热点难点问题和经济社会发展遇到的突出矛盾，减损公民、法人和其他组织权利或者增加其义务，对社会公众有重大影响等重大利益调整事项的，应当进行论证咨询，广泛听取有关方面的意见，《行政法规制定程序条例》第13条第1款还规定，论证会是听取意见的方式之一。《行政法规制定程序条例》第22条第1款和《规章制定程

证和立法评估两个概念，对立法论证从广义上来理解，没有体现立法论证强调技术性或专业性的特点，很难将立法论证与立法座谈、立法听证等相区分，2017 年全国人大常委会办公厅印发的《关于立法中涉及的重大利益调整论证咨询的工作规范》同样如此。此外，上述立法关于立法论证的规定对立法论证的适用条件、不同阶段立法论证的重点和立法论证的方式等问题没有作出规定。立法论证针对的立法过程中的技术性或专业性问题，在这些技术性或专业性问题存在疑问或者争议时，就应当进行立法论证。在立法过程的每一个阶段，都要进行立法论证。[1]不同的立法阶段，立法论证的重点是不同的。在制定立法规划阶段的立法论证，重点是对立法的必要性与可行性进行论述和说明；[2]在立法起草和审议阶段，重点是对立法运行中出现的有关内容和形式方面的问题进行论述和评估。如果在立法审议阶段再对立法的必要性与可行性进行论证，论证的结论是无必要性或者无可行性而不予立法，就可能使已经进行的立法工作归于徒劳，从而浪费立法资源。

就立法论证的方式而言，主要有两种：

一是召开由有关方面的专家参加的立法论证会，对立法中的

（接上页）序条例》第 23 条第 1 款规定，行政法规或者规章送审稿涉及重大利益调整的，法制机构应当进行论证咨询，广泛听取有关方面的意见，论证会、委托研究是论证咨询可以采取的形式。《行政法规制定程序条例》第 23 条第 1 款和《规章制定程序条例》第 24 条第 1 款规定，对行政法规或者规章送审稿有较大争议的重要立法事项，法制机构可以委托有关专家、教学科研单位、社会组织进行评估。《规章制定程序条例》第 15 条第 1 款还规定，起草规章，论证会是广泛听取有关机关、组织和公民的意见的形式之一。

〔1〕 王爱声："立法论证的基本方法"，载《北京政法职业学院学报》2010 年第 2 期，第 32 页。

〔2〕 对在制定立法规划阶段的立法论证，已在前述"科学立法与立法程序"的问题中作了具体的论述。

技术性或专业性问题进行辩论和说明。立法论证会不同于立法座谈会和立法听证会。立法座谈会由不特定的主体参加，主要的目的是听取公众代表的意见。立法听证会由立法中涉及的不同利益主体的代表参加，主要目的是通过参加者的发言和辩论来对立法所涉及的不同利益进行衡量。立法论证会的参加主体是有关方面的专家，主要目的是通过专家的辩论和说明来征求针对立法中技术性或专业性问题的比较权威的专业意见。

二是委托专家作为第三方进行立法论证。对第三方参与立法评估，有学者从政治参与理论、人民主权理论和法治理论进行了理论分析。[1]2017 年 12 月 18 日，全国人大常委会办公厅印发了《关于争议较大的重要立法事项引入第三方评估的工作规范》。在立法实践中，全国人大常委会法工委在 2002 年就举行了首次立法论证会，不少的地方人大常委会也对立法论证进行了探索。由专家作为第三方所进行的立法论证，具有提高立法质量、避免立法僵局和促进专家参与立法的有序性的内部功能，其外部功能为咨询研究功能、评论遏制功能和监督引导功能，其实践功能为平台功能、公开功能和证据功能，其主导功能为科学性的证据说明功能。[2]

在追求科学立法的过程中运用立法逻辑技术，要求在立法过程中应遵循同一律、矛盾律、排中律和充足理由律等逻辑思维的基本规律。同一律，是指每一思想在同一思维过程中必须与其自身是同一的。同一思维过程，是指同一对象、同一时间和同一关系等"三同"。依同一律的要求，在同一思维过程中，

---

〔1〕 邢亮："论地方政府立法评估的第三人参与权利和保护"，载《海峡法学》2014 年第 1 期，第 61~63 页。

〔2〕 于兆波："第三方立法评估制度的功能"，载《学术交流》2018 年第 5 期，第 68~73 页。

对同一对象的每个思想必须是确定的，必须保持前后一致，所运用的词项以及由此作出的判定必须是确定的；在立法推理和立法论证过程中，最终确立的法律法规必须有可界定的调整对象和可明确的法律内涵，不能混淆概念、偷换概念、转移论题和偷换论题，必须具有确定性和同一性。矛盾律，是指两个互相否定的思想，在同一思维过程中不能同时为真。矛盾律不同于实质逻辑的辩证矛盾律，后者真实反映了对象的现实矛盾性和对立统一状况。矛盾律也不影响从不同的方面或者在不同的时间对同一对象作出两种相反的判断。依矛盾律的要求，在同一思维过程中，不能自相矛盾，思维必须前后一贯，不能用互相反对或相互矛盾的两个命题来陈述同一对象，不能用两个相互否定的概念指称同一对象。在立法推理和立法论证过程中，不能自相矛盾，应当做到首尾一致。排中律，是指两个互相矛盾的思想，在同一思维过程中不可同为假。依排中律的要求，在同一思维过程中，不能对两个矛盾关系的命题、反映同一对象的两个矛盾关系的概念以及两个具有不同假关系的命题同时进行否定。但在具有矛盾关系的两个性质命题的主项共同反映的对象并不存在时，或者当这两个命题所反映的对象不确定或者除了这两种情况还存在第三种情况时，不适用排中律。在立法推理和立法论证过程中，为力求使法律规范明确、具体，对两不可的态度要务必予以排除，要防止和避免使用模棱两可的规范条款或者法律术语。充足理由律，是指在论证过程中，必须有充足的理由，才能确定一个论断或思想是真的。依充足理由律的要求，论证的理由必须是真实和充分的，从理由能必然推出结论。在立法推理和立法论证过程中，要对认识对象的前后因果关系进行全面把握，尽可能作出完整、周全的立法决定，不能犯推不出或理由虚假等逻辑错误。

四、科学立法与立法结构技术

一般认为，结构指的是系统构成要素中相对稳定的关系。这里所指的立法结构，是指一部法律法规的内部框架。学术界对立法结构技术的研究不太深入，较为普遍的观点是，立法结构分为立法的形式结构和立法的内容结构。立法是一种十分复杂而严肃的活动，如果不重视立法结构技术，很难制定出科学的法律，所制定的法律法规很难树立其权威性，进而得到公众的信仰。因此，科学的立法结构技术对科学立法的实现有十分重要的作用。

（一）立法的形式结构

立法的形式结构，又称法律法规的形式结构或者法的构造，是表现法律法规内容的方式，即对法律法规的内容在形式上如何进行布局和表现。立法的形式结构，通常包括法律法规名称的结构、制定机关和制定时间、立法条文结构单位和立法的公布形式。

法律法规名称的结构，要求法律法规的名称应做到规范化和科学化。这对法的制定、遵守和实施的科学化和完善化具有十分重要的意义。法律法规的名称指的是立法文件的标题，也就是一部法律法规的称谓。它是法的显性的外部符号和立法形式结构的重要组成部分。法律法规名称的内容一般包括三方面的要素：一是反映法律法规的空间效力范围，以表明其适用区域；二是反映法律法规的调整对象，以表明其核心内容；三是反映法律法规的性质和效力等级，以表明其法律地位。确定法律法规名称有以下基本要求：一是在格式上要规范、准确和统一，要注明法律法规的生效领域范围，不能随心所欲，不宜使用"若干"或"某些"等不确定的词汇；二是不宜过长或者过短，要精炼、简洁和醒目，一般不出现标点；三是不同性质和效力等级的法律法规在名称上要有所区别，不能混乱交错；四是要严肃，除授权立法中适用期限较短的法律法规以外，原则上不使用"暂行"等词，否则与法的稳定性不符；五是要做到形式与内容的高度统一，不能名实不符，要高度概括和真实反映法律法规的具体内容。

近年来，我国的立法文件在名称科学化和规范化方面做了大量的工作，从混乱不一逐步变为简单明了，从过多过杂逐步变为规范统一，但仍存在以下主要问题需要予以改进：一是存在杂乱的情形。例如，没有规定全国人大及其常委会立法文件的名称，实践中一般称为"法"，但有的称为决议、决定或规定，无法区分立法文件与非立法性的规范性文件。依《行政法规制定程序条例》第 5 条和《规章制定程序条例》第 7 条的规定，行政法规一般称为"条例"，也可称"规定"或"办法"；规章不得称"条例"，一般称"规定"或"办法"。地方人大及其常委会立法文件的名称各地的做法并不完全相同，如称"条例""实施办法""规定"或"规则"等。实际上，对不同性质的立法文件分别规定统一的名称就可以解决这一问题。例如，对全国人大及其常委会颁布的法律，称为"法"或者"法律"；对国务院颁布的行政法规，称为"条例"；对规章，称为"规则"；对地方人大及其常委会颁布的地方性法规，称为"办法"。同时要明确规定，无论何种国家机关，在制定非立法规范性文件时，都不得使用"法"或者"法律""条例""规则"和"办法"等名称。由于"规定"一词的使用范围较广，非立法规范性文件一般被称为"规定"。这样，就既能区分立法文件和非立法规范性文件，也能使不同性质的立法文件在名称上一目了然。二是存在适用范围模糊的问题。有的立法文件的名称只有对调整对象的概括，不能反映该法律法规的适用范围。可以考虑在立法文件名称上明确加上有关字样以示其适用范围。具体建议为：全国人大及其常委会颁布的法律，加上"中华人民共和国"或者"全国人大或者全国人大常委会"的字样；行政法规，加上"中华人民共和国"或者"国务院"的字样；地方性法规，加上地方行政区域名称或者地方人大或者地方人大常委会的字样；规章，加上制定主体的字样。三是存在名称过长的情形。有的立法文件由于受制于调整对象的清晰表达及其他方面的原因，名称过长，不便于记忆，不易被普通人掌握，也不方便日常引用。对此，可以通过名称的简称来加以解决，但应当在立法文件中设置专条来命名简称，不能任由法律法规的使用者随意简称。

制定机关和制定时间是法律法规名称下的题注，应当紧接法律法规名称，安排在法律法规名称下的括号内，以便让读者尽早了解题注的内容，《立法法》对此作了规定。[1] 对行政法规、规章和地方性法规的题注，我国的立法没有作出规定。由于题注能表明法律法规的合法性及效力等级，因此行政法规、规章和地方性法规标题的题注亦应载明制定机关和制定时间。不宜以立法文件以外的"公布令"来代替作为立法文件组成部分的题注，因为两者的作用和内容并不完全相同；经过批准的立法文件，其题注不仅应载明制定主体和制定时间，还要载明批准主体和批准时间。

立法条文结构单位是指立法文件正文中编、章、节、条、

---

〔1〕《立法法》第58条第1款规定，"签署公布法律的主席令载明该法律的制定机关、通过和施行日期"；《立法法》第61条第3款规定："法律标题的题注应当载明制定机关、通过日期。经过修改的法律，应当依次载明修改的机关、修改日期。"

款、项、目的设置与排列。判断一部立法文件是否优良的基本
标准之一，是立法条文结构单位在层次上是否分明。对立法条
文结构单位，《立法法》《行政法规制定程序条例》和《规章制
定程序条例》作出了明确的规定。[1]对地方性法规，法律没有
规定其立法条文结构单位，立法实践中与规章相同，大多只分
条、款、项和目这 4 个层次。在立法条文结构单位中，"编"是
最高层次的立法单位，只有内容重大复杂、层次较多、篇幅较
长和体例宏大的立法文件才用"编"，"编"下必设"章"，不
能在"编"下直接设"节"。"章"是次于"编"的立法单位，
内容较多的法律法规一般都设"章"。"节"是次于"章"且隶
属于"章"的立法单位，只能在"章"下设"节"，不能不设
"章"而在"编"下设节。"条"是次于"章"或者"节"的立
法单位，是立法最基本和最完整的必备单位，所有的立法文件
都必须设"条"。"款"是次于"条"且隶属于"条"的立法单
位，"款"只能在"条"下设置，"条"下设"款"的方式有并
列分款法、以次款补充前款法和混合分款法。"项"是次于
"款"的立法单位，"项"可以在"款"下设置，也可以在
"条"下不设"款"而直接设"项"，不一定隶属于"款"。
"目"是次于"项"且隶属于"项"的最小立法单位，我国在
立法中极少使用。一般而言，立法条文结构单位各层次的设置
原则是：就"条"以上的层次而言，具有两个或者两个以上相
同层次时，才设上一层次，即两条或者两条以上才能设"节"，

---

[1] 《立法法》第 61 条第 1 款规定，全国人大或者全国人大常委会制定的法
律根据内容需要可以分为编、章、节、条、款、项、目等 7 个层次；《行政法规制定
程序条例》第 6 条第 2 款规定，行政法规根据内容需要可以分为章、节、条、款、
项、目等 6 个层次，不分编；《规章制定程序条例》第 8 条第 3 款规定，除内容复杂
的以外，规章一般不分章节，也就是说，在多数情况下，规章分条、款、项、目等 4
个层次。

两节或者两节以上才能设"章",两章或者两章以上才能设
"编";就条以下的层次而言,一旦设"款""项"或"目"等
层次,该层次就必须有两个或者两个以上的单位;"条"是立法
条文最基本的单位,无论立法条文内容多少或者篇幅大小,都
必须设"条",至于其他立法条文结构单位可以根据内容需要来
决定是否设置,而不是必备的立法单位。

就"条"而言,其设立应当注意以下几点:一是同一内容
同条规定,即一个条文仅规定一项内容,不能一个条文同时规
定两项或者两项以上的内容,同一项内容只能规定在同一条文
中,不能把同一项内容分拆为两个或者两个以上的条文;二是
"条"内容的安排,不宜过长,也不宜过短,要长短适宜;三是
对调整同类行为或者同类关系的不同条文,要集中排列,不能
杂乱无章;四是表达不同内容的条文在排列上要科学,上下条
文之间应当有一定的逻辑关系,不能前后颠倒,不能出现理解
前面条文必须依赖于对后面条文理解的结构排序。为了叙述清
楚和方便使用,立法条文结构单位的各层次应当按序编号,正
确选择表示序号的文字。《立法法》第 61 条第 2 款和《行政法
规制定程序条例》第 6 条第 2 款对此作了规定。[1]

此外,立法条文结构单位的"编""章"和"节"都必须
设立标题,标题要名实相符,编名、章名和节名应当高度概括
本编、本章和本节的内容。一个完善的立法文件的标题,至少
应当做到以下几点:一是要尽量简洁明了、长短适度,文字表
达要科学和规范,标题与条文内容以及各级标题之间的字体要
有所区别,一般不用标点符号;二是对立法文件中各有关组成

---

〔1〕 依《立法法》第 61 条第 2 款和《行政法规制定程序条例》第 6 条第 2 款
的规定,编、章、节、条的序号用中文数字依次表述,款不编序号,项的序号用中
文数字加括号依次表述,目的序号用阿拉伯数字依次表述。

部分的主要内容和立法目的，要确切地进行表述；三是立法文件中各个同级标题，在文字风格、结构和其他方面，要尽可能一致，同一级别的立法文件中的标题，也应尽可能协调。"条"可以设标题，也可以不设标题。"条"设标题是不少国家的立法技术规范，我国有的立法也对"条"设立了标题。法律条文设立的标题，简称为"条标"，是对"条"具体内容的高度概括。"条标"可以强化立法条文外在结构的逻辑性，便于查阅和帮助理解，借助"条标"人们就可以对"条"的核心规范迅速、有效地予以抓住，可以对"条"的整体内涵提纲挈领地予以把握。因此，设立"条标"是我国立法的发展方向，建议我国所有的立法条文都使用"条标"。在表述"条标"时，内容概括必须准确无误，印刷要醒目，用语必须简洁明了；对几条同类内容的"条"设立"条标"时，既要表明其共同之处，又要突出其不同特点；在设立"条标"之后，"条标"之后的条文格式要规范和合理，条下不设款的，"条"的内容紧跟"条标"之后，条下设款的，各款均另起一段。

对立法的公布形式，《立法法》《行政法规制定程序条例》和《规章制定程序条例》作了规定。[1]

---

〔1〕《立法法》第 25 条和第 44 条规定，全国人大和全国人大常委会通过的法律，由国家主席签署主席令予以公布。《立法法》第 58 条第 2 款和第 3 款规定："法律签署公布后，及时在全国人民代表大会常务委员会公报和中国人大网以及在全国范围内发行的报纸上刊登。在常务委员会公报上刊登的法律文本为标准文本。"《立法法》第 59 条第 2 款和第 3 款规定："法律被修改的，应当公布新的法律文本。法律被废止的，除由其他法律规定废止该法律的以外，由国家主席签署主席令予以公布。"依《立法法》第 70 条和第 71 条、《行政法规制定程序条例》第 27 条和第 28 条之规定，行政法规由总理签署国务院令公布，有关国防建设的行政法规，可以由国务院总理、中央军事委员会主席共同签署国务院、中央军事委员会令公布；行政法规签署公布以后，及时在国务院公报和中国政府法制信息网以及在全国范围内发行的报纸上刊载；在国务院公报上刊登的行政法规文本为标准文本。《立法法》第

　　除上述法律法规名称的结构、制定机关和制定时间、立法条文结构单位和立法的公布形式外，在有的立法文件之中，立法的形式结构还有目录和附录，它们都是立法文件之外的辅助部分。目录的位置在立法文件的名称及其题注之后，是将立法文件各部分的标题在正文之前集中排列所载的目次。篇幅较长且设有章和节的立法文件（《刑法》《民事诉讼法》等）就设有目录。目录的作用在于便于查找立法文件的相关部分，便于了解立法文件的结构，便于在整体上和宏观上把握立法文件的基本内容。附录是设在立法文件的正文之后用来说明法律法规内容的辅助性资料，如附图、附表及其他文字，附录有时也被称为附件。在立法实践中，附录使用得较少，目的在于避免将与法的实施直接相关的图表、数据和细节杂糅在法律法规的条文之中，既保证立法文件的可读性，又确保立法文件的可操作性。就附录表述的规范性和科学性而言，附录本身应当统一命名，每

（接上页）78 条和第 79 条对地方性法规、自治条例和单行条例的公布作了如下规定：省级人大制定的地方性法规由大会主席团发布公告予以公布，省级人大常委会制定的地方性法规由常委会发布公告予以公布，市级人大及其常委会制定的地方性法规报经批准后由市级人大常委会发布公告予以公布，自治条例和单行条例经批准后分别由自治区、自治州、自治县的人大常委会发布公告予以公布；地方性法规、自治区的自治条例和单行条例公布后，及时在本级人大常委会公报和中国人大网、本地方人大网站以及在本行政区域内发行的报纸上刊载；在常委会公报上刊登的地方性法规、自治条例和单行条例文本为标准文本。依《立法法》第 85 条、第 86 条以及《规章制定程序条例》第 29 条、第 31 条之规定，规章由制定规章的国务院部门首长或者省级、市级政府主要负责人签署命令予以公布；部门规章签署公布后，及时在国务院公报或者部门公报和中国政府法制信息网以及在全国范围内发行的报纸上刊载，地方政府规章签署公布后，及时在本地政府公报和中国政府法制信息网以及在本行政区域范围内发行的报纸上刊载；在国务院公报或者部门公报和地方政府公报上刊登的规章文本为标准文本。《规章制定程序条例》第 30 条规定，公布规章的命令应当载明该规章的制定机关、序号、规章名称、通过日期、施行日期、部门首长或者省级、市级政府主要负责人署名以及公布日期，部门联合规章由联合制定的部门首长共同署名公布，使用主办机关的命令序号。

个附加资料都应当有自身的完整标题，标题应用全称而非简称，并且附录及其附加资料的标点应当统一。

（二）立法的内容结构

立法的内容结构，又称法律法规的内容结构，是指对立法文件的内容，按照其内在联系，作出科学、合理的排列组合和联结。立法的内容结构，一般是先总后分、先粗后细和先原则后具体，一般的排列顺序为总则、分则和附则。有的立法文件在总则之前还有序言，如《民族区域自治法》。

序言，是在立法文件正文之前叙述性或者论述性的文字部分，是立法文件的组成部分，不能违背其所阐述的原则和所概括的内容。有序言的立法文件，不一定都标明"序言"字样。序言的长短并不一致，有的很长、有的很短。在多数情形下，立法文件的序言不是规范性的内容，不能将其作为行为规范予以适用。

总则，是在立法文件中具有纲领性和居于统领地位的条文，是对一般要件的法律条文的总和，或者是承载统贯整个立法文件的概括规定，是立法文件必备的组成部分。总则为整个立法文件奠定法律基础，对整个立法文件起指导作用，既指导对立法文件的解释，也指导对立法文件的执行。立法文件如有序言，总则位于序言之后；无序言的立法文件，总则位于首要部分。总则不同于序言，它不是叙述性或者论述性的文字，而是以条文的形式出现，但其内容有的是规范性的，有的是非规范性的。总则不一定都明示"总则"字样，有明示与非明示两种形式。立法文件如设章，第一章为总则；立法文件如不设章，在第一部分集中规定总则的内容。在有的立法文件中，除设总则之外，在其他部分还有"一般规定"或"一般原则"的规定。这种规定不能被视为整个立法文件的总则，只能被视为某一部分的总则，因为其不对整个立法文件而只对立法文件的某一部分起统领作用。总则的内容主要有立法目的和依据、基本原则、基本制度以及效力和适用范围。此外，还有"实施的主管部门或者执法部门"或"预算经费或者专项资金"等内容。在立法时，要对总则的结构和体系进行合理安排，注重其结构和体系的完整性；总则不能过于简单，对应当写入总则内容的条文要作有序排列。总则也不能过繁、条文过多、篇幅过长和比重过大，不能把总则当作一个杂物袋，进而将非总则的内容写入总则之中。要对总则的各项内容科学地进行表达，具体要求为：一是目的和依据条文。目的和依据一般合并为一个条文，位于全文之首，即在立法文件的第一条一并表述，先阐述目的，再明示依据，分别以"为了"和"根据"来引导。应当注意的是，并不是每一个立法文件都要写立法目的，依据法定权限进行创制性的立法应当设置目的条文，但依据上位法明确规定的授权性立法不设置目的条文，因为上位法已有立法目的的宣告。依据法定权限进行的实施性立法，如已被上位法立法目的所涵盖，不设置立法目的的条文，如未被上位法立法目的所涵盖，则可设置立法目的条文。在阐述立法目的时，内容要切实，不要把非目的的内容写入立法目的之中。存在多重目的时，一般要按照从具体到抽象、从微观到宏观和从直接到间接的逻辑排列顺序。与立法目的不同，无论何种立法文件，都要设置立法根据条文，以示"立法有据"。要以法定根据作为立法根据，明示立法文件的依据，阐明立法文件的内容与上位法之间的法源关系。作为立法根据的法源应当是直接法源而不能是间接法源。二是基本原则条文。基本原则是用以统领整部立法文件各项规定之价值取向的条文。在我国，作为部门法的基本法律一般都设置了基本原则条文。基本原则是如何设定立法文件各项具体规定的依据，是如何制定实施性立法文件的准则。应以基本原则为指导来理解、解释和适用立法文件，在立法文件的具体规定难以解决新的或者遗漏的问题时，可以以基本原则条文作为解决问题的直接依据。因此，不能将基本原则仅仅视为宣示性的规定，基本原则条文的精神应当贯穿于整个立法文件，对整个立法文件起指导作用。只对立法文件某一部分起指导作用的只是一般原则而不是基本原则。不要混淆法律法规的基本原则和法的体系原则，不要混同法律法规的基本原则和作为其体现的具体规范，不要把非基本原则的条文写入基本原则之中。基本原则如存在多个，一般是依重要程度排列。三是基本制度条文。在有的立法文件中还有基本制度的规定，它一般是立法文件中有关问题的总制度，在排序上位于基本原则之后。四是效力和适用范围条文。一般按照空间效力、对人的效力、对事的效力和时间效力来排序，如果立法文件内容简单、规模较小，也可以用一个法律条文来表述。[1]

分则，是在立法文件中对总则的内容进行明确化和具体化的条文的总称。它与总则相对应，是立法文件的实质性内容，是立法文件中最庞大的部分，是实施立法文件最直接和最主要的依据，在立法文件中处于核心地位。分则位于总则之后和附则之前，在形式上有明示和非明示之分。有学者将罚则作为与分则并列的立法的内容结构，这种认识笔者并不赞同。罚则规范的是对违法者法律责任的追究，从广义上讲，补偿性法律规范也应包含在内。有少数的立法文件专设"法律责任"作为一个章节，但多数的立法文件是在分则条款中具体规定相应的法律责任。因此，罚则应当被视为是分则的内容之一，而不是与

---

〔1〕 在立法实践中，时间效力通常在附则中以施行日期的条文来加以规范。

分则并列的立法的内容结构。从内容上讲，分则应当包括行为规则和法律后果两个部分。分则是立法文件中对法律规范构成要素予以体现的主要部分。我们最早接受的法律规范构成要素是"假定—处理—制裁"的模式，由于其带有明显的制裁法烙印因而被否定，现存认同的是"假定—处理—法律后果"，其中"假定"和"处理"为行为规则，法律后果最主要的内容是法律责任。"假定"是行为规则的适用条件，每一行为规则只有在具备一定的条件时才能适用，"假定"就是适用某一行为规则条件的规定。对"假定"的规定要明确和具体，否则，该行为规则就可能难以被有效适用。"处理"是行为规则的行为模式。立法文件中对行为规则中行为模式的规定，可以分为可为模式、应为模式和禁为模式，一般用"鼓励什么或者允许什么""应当如何"和"禁止如何或者不得如何或者限制什么"来表达，因此，"处理"实际上是对有关主体权利义务的规定，是立法文件中最为核心的内容。对"处理"的规定同样应当明确和具体，以便让有关主体知道自己有权做什么、应当做什么和不得做什么。"法律后果"包括对违法的制裁和对守法的肯定。对违法的制裁就是法律责任的规定，是法律强制性的体现。法律责任条文的设置要与行为规则的权利义务规范相对应，一般采用分散模式，也可采用集中模式。对守法的肯定不是一般的宣示，主要是有关奖励的规定。在作出这种规定时，不仅要考虑必要性，而且要考虑可行性，对有必要予以奖励的行为才予以奖励。设立奖励性规定的条文之后，务必要使其能够得到实施，不能让其失信于民。从总体上而言，对分则的规定应当做到体系完整、结构合理、层次清楚和排序适当。

　　附则，是立法文件的辅助性内容，为立法文件的组成部分之一。附则的内容对总则和分则的实施有重要的意义。它与立法形式结构的附录（附件）不同，附录是立法文件之外的辅助部分。附则位于立法文件的最后部分，有明示和非明示的区分。一般说来，附则的内容主要包括以下几个方面：一是关于制定实施细则的授权规定；二是关于解释权的授权规定；三是关于宣布有关立法文件失效或者废止的规定；四是关于制定变通或者补充规定的授权规定；五是关于施行时间的规定；[1] 六是关于本法和其他法律关系的规定；七是关于过渡性条款的规定。过渡性条款，是指在更有利于保护当事人的权益时，在立法文件中用以对新设置的规范对其实施前的既成事实和行为的溯及力作出过渡安排的条款，是法的时间效力的一种特别规定，其实质是对法不溯及既往原则进行有条件的否定。在撰写附则时，表达要准确和简明，要有正确、合理的排列顺序，要使所写内容具有科学的规定性和确定性。

立法文件中关于名词或术语的定义，到底是放在总则、分则还是附则之中，要依不同的情形来考虑。该名词或术语统贯整个立法文件的内容时，关于名词或术语的定义应放在总则之中；该名词或术语统贯整个立法文件的某一章节时，关于名词或术语的定义放在该章或者该节的起始条文；该名词或术语仅适用于立法文件的某一条文时，关于名词或术语的定义放在该条之首款；该名词或术语不统贯整个立法文件或者某一章、节，但适用若干条文，关于名词或术语的定义放在附则之中，这种定义条文通常被冠以"相关术语的解释"的条标。对名词或术语的定义，可以有效地避免词语的模糊性和不必要的重复，但

---

〔1〕《立法法》《行政法规制定程序条例》和《规章制定程序条例》对此作了规定。《立法法》第 57 条规定："法律应当明确规定施行日期。"《行政法规制定程序条例》第 29 条和《规章制定程序条例》第 32 条规定，行政法规和规章应当自公布之日起 30 日后施行，但涉及国家安全、外汇汇率、货币政策的确定以及公布后不立即施行将有碍行政法规和规章施行的，可以在公布之日起施行。

应坚持必要性原则，只有在对立法文件中的名词或术语不予定义有可能引起歧义或者不同理解时，才需要对该名词或术语作出定义。立法文件中对名词或术语的定义，主要采用内涵式、外延式和内涵外延结合式三种方法。

最后需要指出的是，为了实现科学立法，强调立法结构技术虽然是必要的，但原则上不能为了追求立法结构技术而进行重复立法。《立法法》和《规章制定程序条例》对此提出了原则性要求。[1]在立法实践中，地方立法在结构上力求大而全或小而全，重复上位法的情形较为常见，使地方立法失去了特色，对地方立法的质量产生了不利影响。但是，在立法时，完全避免立法重复是难以做到的。我们可以将立法重复区分为非必要性重复和必要性重复。非必要性重复，主要是指因立法懈怠而进行的立法抄袭；必要性重复，主要是为了确保立法结构必要的完整性，以细化法律责任或者明确某些条款的具体适用。从总体上讲，立法结构应当质朴平易和精洁简约，不能进行非必要性重复，但可允许特定情形下必要性重复的存在。

五、科学立法与立法调研

《立法法》第 6 条第 1 款规定，立法应当从实际出发。立法应当从实际出发，就是要求立法要做到立足于中国的国情或者本地的实际情况。为了了解我国或者本地的经济、政治、法制、文化、风俗和民情等对所立之法的需求程度，明确所立之法所要解决问题的特殊性，必须进行立法调研，深入基层进行调查研究。立法调研是科学立法的客观需要，是依法立法的客观要

---

〔1〕《立法法》第 73 条第 4 款规定："制定地方性法规，对上位法已经明确规定的内容，一般不作重复性规定。"《规章制定程序条例》第 8 条第 2 款规定："法律、法规已经明确规定的内容，规章原则上不作重复规定。"

求，是开门立法的具体体现。[1]立法调研是立法正当程序的组成部分，是实现党的群众路线与立法民主以及立法科学相结合的需要，是我党治国理政经验在立法领域的要求和体现，有利于形成立法的特色。"没有调查研究就没有发言权"，立法调研最为重要的作用在于使立法者的主观符合客观，使所立之法能够反映客观规律，从而有利于科学立法的实现。

在我国，从总体上而言，对立法过程中的调查研究颇为重视。[2]但是，在立法实践中，也存在立法未从实际出发、不注重调查研究的情形，存在一定程度的主观化。有的立法人员不愿花必要的精力和时间下基层调查研究，不深入了解所立之法所要解决的问题，不能全面把握立法的条件，仅凭自己的主观认识、个人感情、有限的知识和个人经验等提出立法意见，从而使立法与实际条件以及客观规律之间存在一定程度的偏差。

调查研究是科学立法的基础，立法的科学性在很大程度上取决于调查研究的科学性。在进行立法调研时，主要应解决以下几个问题：

一是要科学地选择立法调研的对象，要针对立法中的重大问题和争议问题进行立法调研。

二是立法调研应当贯穿于立法的整个过程。《立法法》《行政法规制定程序条例》和《规章制定程序条例》没有规定制定立法规划和进行立法后评估的调研。对立法审议和表决过程中

---

[1] 孟令国："立法权下放与地方立法调研"，载《党政论坛》2015年第7期，第31页。

[2] 例如，2010年，全国人大常委会修订《村民委员会组织法》时，在广东、北京、山东、辽宁、陕西、河北等六省市进行调研，走访了30多个村，听取了200余村民、村民小组长、村委会成员和村党支部成员的意见。

的调研，《立法法》作了规定，[1]但《立法法》没有规定立法起草的调研。对立法起草和审查过程中的调研，《行政法规制定程序条例》和《规章制定程序条例》作了规定。[2]调研是立法的基础，无论是制定何种法律法规，调研都应当贯穿于立法的整个过程以及立法活动的延续，不仅立法起草和立法审议应当进行调研，制定立法规划和进行立法后评估也需要进行调研。只有在调研的基础上，才能制定出科学的立法规划。立法后评估的调研是对立法本身问题的调查研究，是做好立法后评估的重要方法。

三是要增强调研方式方法的科学性，立法调研的形式应当更加丰富。现行立法关于立法调研形式的规定主要有座谈会、论证会和听证会等。在立法实践中，立法调研的方式方法得到

---

〔1〕《立法法》第16条第2款在规定，常务委员会依法审议提请全国人大审议的法律案，应当通过多种形式征求全国人大代表的意见，并将有关情况予以反馈；专门委员会和常务委员会工作机构进行立法调研，可以邀请有关的全国人民代表大会代表参加。《立法法》第36条第1款规定，列入常务委员会会议议程的法律案，法律委员会、有关的专门委员会和常务委员会工作机构应当听取各方面的意见。听取意见可以采取座谈会、论证会、听证会多种形式。

〔2〕《行政法规制定程序条例》第13条第1款规定，起草部门在起草行政法规时应当深入进行调查研究，总结实践经验，广泛听取有关机关、组织、公民的意见。听取意见可以采取召开座谈会、论证会听证会等多种形式。《行政法规制定程序条例》第17条第2款规定，行政法规送审稿所附的有关材料主要包括所规范领域的实际情况和相关数据、实践中存在的问题、国内外的有关立法资料、调研报告、考察报告等。《行政法规制定程序条例》第21条规定，国务院法制机构应当就行政法规送审稿涉及的主要问题，深入基层进行实地调查研究，听取基层有关机关、组织和公民的意见。《规章制定程序条例》第15条第1款对起草规章规定的调研与《行政法规制定程序条例》第13条第1款的上述规定基本相同；第17条对起草部门规章和地方政府规章征求有关部门意见以及与其他部门的协调作了规定；第18条第4款规定，送审稿所附有关材料主要包括所规范领域的实际情况和相关数据、实践中存在的主要问题、汇总的意见、听证会笔录、调研报告、国内外有关立法资料等；第21条第1款规定，法制机构在审查规章时，应当将规章送审稿或者规章送审稿涉及的主要问题发送有关机关、组织和专家征求意见；第22条的规定与《行政法规制定程序条例》第21条的规定相同。

了很大程度的丰富。从实际情况来看，立法调研还有发函、电话征求意见或网络调研等形式。此外，有的享有立法权的机关采用问卷调查的方式进行调研，如南京市人大常委会在2008年制定轨道交通管理条例时，发放了近800份调查问卷；有的享有立法权的机关采用走访的方式进行调研，如南昌市人大常委会在2008年制定燃气管理条例时，用2个月的时间实地走访了100多个居民；有的享有立法权的机关采用蹲点和暗访的方式进行调研，如《旅游法》提请全国人大常委会三审前，有关领导亲自带队以蹲点和暗访形式进行调研，摸清了真实情况；有的享有立法权的机关采用委托调研的方式进行调研，例如，广西壮族自治区人大常委会于2011年首次委托市级人大常委会进行立法调研，就水利工程管理条例和实施人民防空法办法的有关问题分别委托桂林市和南宁市人大常委会进行立法调研。

四是立法调研应当做到点与面相结合。全国人大常委会和绝大多数地方人大常委会，为了加强立法调研工作的针对性，确立了基层立法联系点。十八届四中全会对基层立法联系点这一制度进行了肯定。习近平总书记于2019年11月考察了上海市人大常委会的立法联系点——虹桥街道古北市民中心，肯定了这种接地气和聚民智的有益探索。设立基层立法联系点，是民主立法的一个新创造，是防止立法谋利和立法作秀的新举措，是通过立法进行普法的一种新形式，体现了人民当家作主的国家本质，体现了中国人民追求良法善治的美好愿望，体现了立法、执法、司法和守法的有机统一。

五是应当规范立法调研的程序。立法调研对立法有十分重要的影响，应当有法定的程序予以规范。现行立法对此几乎完全缺失。立法调研的程序应当包括立法调研的决定、立法调研的准备、立法调研的进行和立法调研报告的形成等四个阶段。

立法调研的决定是指立法调研机关依照立法的目的和需要解决的问题来决定开展立法调研，有必要明确在制定立法规划、立法起草、立法审议和立法后评估都必须进行立法调研，没有进行立法调研，应当视为享有立法权的机关程序违法。立法调研的准备是顺利完成立法调研的基础，主要包括制定调研方案以及确定参加人员和调研的方法。立法调研的进行，应依不同的调研方法规定不同的程序规则。立法调研报告是对立法调研的总结，应当体现公众参与性和科学性，应当通过大众媒体向社会公开，应当就立法调研结果的取舍公开说明理由，从而增强立法调研的效力。

六、科学立法与立法后评估

立法后评估是对已立之法或已修改之法的实施情况进行的论证，之所以将其纳入立法技术与方法中进行研究，是因为立法不仅包括法的制定，还包括法的修改和废止，已经修改的法还可能再次修改，法的修改和废止应当以立法后评估作为基础。立法后评估，既可以视为是已立之法或已修改之法立法程序的延伸，也可以视为是确定对已立之法是否需要进行修改或对已修改之法是否需要再次进行修改和是否需要对法予以废止的前置程序。立法后评估也可以被归入立法论证的范畴，由于其不发生在立法过程中，自身存在某些特殊性，且学界一般对其单独予以研究，故本书也单独探讨这一问题。

立法后评估与立法评估都属于立法论证的范畴，但二者的区别是明显的。立法评估，是在法律法规生效之前所进行的立法论证，包括制定立法规划、立法起草和立法审议的论证，目的在于保证立法的质量。立法后评估，是在法律法规生效并实施一段时间以后所进行的立法论证，包括对其实施效果、功能作用、制度设计和存在的问题进行的论证，目的主要在于对立法的实施情况进行检验，为法律法规是否需要修改或者废止提供依据。立法后评估有利于及时跟踪社会反馈，及时发现法律法规在实施过程中存在的问题，以防止不科学的恶法对社会的侵犯，有助于进一步完善中国特色社会主义法律体系，有助于推进科学立法、民主立法和依法立法。

立法后评估在国外是普遍的做法，近年来，世界上许多法治发达国家的立法后评估制度均已经日益成熟和完善。

美国于20世纪60年代福特政府时期就已开始实行立法后评估制度。这一制度在卡特、里根和布什政府时期有了很大的发展，在克林顿政府时期得到了进一步完善。立法后评估的主体，包括总统联邦机构、总审计署、国会、制定规章的行政机构、非营利组织、地方相应机关和学术团体等第三方组织和公民；立法后评估的对象，主要是政府各部门制定的重要规章；立法后评估的内容，主要是评估法规解决的是什么问题和所解决问题的重要性、法规是否依法定的方法进行了成本效益评估以及与其他法规是否协调；立法后评估的程序，包括评估采取规制行为的必要性、可替代的方案和进行具体的成本效益评估；立法后评估的指标体系，要求明确、具体、现实和可评价，并具有一定的时限性；立法后评估的方法，主要有数据统计法、实验研究法、抽样调查法、直接观察法、案例研究法、工程成本研究、一般均衡研究和经济计量分析。

在英国，对立法后评估制度的探索始于1980年。1998年制定并于2000年修改的"良好规制原则"和2001年4月10日生效的《规制改革法案》，标志着英国立法后评估制度已经成熟。[1]

---

〔1〕 汪全胜："英国立法后评估制度探讨"，载《云南师范大学学报（哲学社会科学版）》2009年第5期，第111页。

立法后评估的主体，包括议会、政府特别机构、制定规章的主体本身、大臣、部长以及公众；立法后评估的对象，包括政府一级立法和政府二级立法，还包括议员个人的议案等；立法后评估的内容，主要适用效率性标准、经济性标准和效果性标准，在实践中也注重公众满意度指标和服务质量指标的设计，但评估指标的设计针对不同的法律并不完全相同；立法后评估的程序，基本上分为磋商、监督与审查、评估结果的确定三个步骤；立法后评估的方法，主要是成本与收益的评估，具体包括检验、咨询点、小公司影响检测、竞争影响评价和公众咨询等。

德国对立法后评估的运行程序，于 20 世纪 70 年代就已开始着手规范。20 世纪 90 年代，德国通过立法后评估制度的示范项目和相关研究，使这一制度的内涵和外延得到了正式确定。近些年来，由于立法密度和强度较大，为了限制新法的制定，德国通过立法后评估制度来对原有法律进行修订以提高立法的质量水平。立法后评估的主体包括专家和公民、部委机构、联邦政府和州政府；立法后评估的对象是已经生效实施的法律法规所产生的效果；立法后评估的内容，依据实现降低法律法规的总数、优化立法程序、增强立法过程中的透明度和节约稀缺的资源等目标来设定；立法后评估的程序，分为构想阶段、实施阶段和评价阶段；立法后评估的方法，主要为成本结果分析、企业经济学的核算成本和成本效益分析。

在日本，政府立法评估尤其是立法后评估，包含在 20 世纪中叶开始开展的"行政评价""政策评估"和"事业评估"之中，立法后评估制度的地方探索于 1995 年至 1997 年已经开始，中央政府于 1992 年至 2002 年对这一制度进行了推广，2002 年至现在为立法后评估制度化和全面实施的阶段，2002 年 4 月通过的《政策评估法》建立了一个统一的、全国性的制度体系，从而标志着日本立法后评估制度的成熟。立法后评估的主体，包括地方自治体的政府部门、内阁及政府各部门、独立行政法人评估委员会和行政评价局等；立法后评估的对象，主要是政府行政立法所确定的政策，包括地方行政立法和中央行政立法；立法后评估的内容，基本上围绕法律政策的实施状况、必要性、有效性和效率性来设计，但不同评估对象的评估指标也不完全相同；立法后评估的程序，一般经过准备阶段、实施阶段和结束阶段；立法后评估的方法，大多与评估对象的目标相联系，评估方法是多元的，评估主体可以根据评估项目，采取部门调查、调查问卷和专家访谈等灵活多样的方法。[1]

此外，法国、荷兰、西班牙、加拿大、澳大利亚和韩国等国家也建立了立法后评估制度。

在我国，对于立法后评估，《立法法》《行政法规制定程序条例》和《规章制定程序条例》作了规定。[2]全国人大常委会于2011年就开始了立法后评估。2004年国务院颁布的《全面推进依法行政实施纲要》，对规章施行后应定期就实施情况进行评估提出了要求。2018年的《国务院工作规则》规定了行政法规和部门规章的立法后评估。[3]从2006年开始，国务院就启动了

----

〔1〕 汪全胜："日本的立法后评估制度及其对中国的启示"，载《中州学刊》2009年第5期，第90~91页。

〔2〕《立法法》第63条规定，全国人大有关的专门委员会、常务委员会工作机构可以组织对有关法律或者法律中有关规定进行立法后评估，评估情况应当向常委会报告。《行政法规制定程序条例》第37条规定，国务院法制机构或者国务院有关部门可以组织对有关行政法规或者行政法规中的有关规定进行立法后评估，并把评估结果作为修改、废止有关行政法规的重要参考。《规章制定程序条例》第38条规定，国务院部门、省级政府和设区的市、自治州政府，可以组织对有关规章或者规章中的有关规定进行立法后评估，并把评估结果作为修改、废止有关规章的重要参考。

〔3〕 2018年6月25日印发的《国务院工作规则》第20条第3款规定："行政法规和部门规章实施后要进行后评估，发现问题，及时完善。"

行政法规的立法后评估活动。就部门规章而言，国土资源部、中国民航总局和国家质检总局等国务院部门制定了相关的规定，进行了立法后评估的实践。就地方政府规章而言，各地也制定了相关规定，开展了立法后评估的工作。例如，广东、安徽、陕西和重庆等省级政府以及厦门、哈尔滨、无锡、本溪、鞍山、西宁、宁波和桂林等市级政府都制定了关于地方政府规章立法后评估的规定或者办法。《立法法》没有对地方性法规的立法后评估作出直接的规定，但享有立法权的地方人大常委会大多对立法后评估作出了规定，开展了立法后评估的工作。

但是，我国的立法对立法后评估制度的规定较为原则，实践中对立法后评估进行探索的做法并不完全一致。近年来，学者们对立法后评估从不同的视角进行了研究，学术观点也存在分歧。笔者认为，我国立法后评估制度的完善，主要应当解决评估对象、评估时间、评估主体、评估内容、评估方法和评估结果的运用等问题。

立法后评估的对象，是指应对哪些生效实施的法律法规进行立法后评估。目前的主流观点是，由于立法后评估所需人力、财力和时间等成本较高，我国的立法资源和社会资源有限，立法后评估制度还不成熟，立法后评估的评估对象只能是部分已经生效实施的法律法规。有学者还对立法后评估对象的选择进行了研究，认为作为立法后评估对象的法律法规应当限于由于社会经济形势的变化需要进行修改的、对人民群众利益有重大影响的和公权力比较集中的等三种情形；[1]立法后评估对象的选择，应当具有必要性、有效性和可行性。所谓必要性，是指对某项法律法规进行立法后评估，是否有现实的需要；所谓有

---

[1]　丁贤、张明君："立法后评估理论与实践初论"，载《政治与法律》2008年第1期，第134页。

效性，是指立法后评估所选择的对象，必须确实有价值，能够通过评估达到一定的目的；所谓可行性，是指立法后评估所选择的对象，必须是可以进行评估的。[1]不论上述认识的正当性如何，都较为原则，无法对实践进行有效的指导，加上立法也没有对立法后评估对象作出规定，致使实践中立法后评估对象的选择较为随意。有的选择法律关系简单、调整社会关系相对简单单一、条文比较精炼的法律法规进行立法后评估，有的选择法律关系复杂、调整社会关系相对复杂、群众反映比较大的法律法规进行立法后评估；有的对整部法律法规进行立法后评估，有的仅对法律法规的特定条款进行立法后评估。就地方性法规而言，有的选择实施性的地方性法规进行立法后评估，有的选择自行创制的地方性法规进行立法后评估，有的只选择本地历史文化遗产保护和民族文化传承与创新类的地方性法规进行立法后评估。上述状况无疑会影响立法后评估工作的健康发展。笔者认为，对已经生效实施的法律法规都必须进行立法后评估，无论何种法律法规，没有任何理由不接受立法后评估，因为只有进行立法后评估，才能判明法律法规的实施状况，并且社会是发展的，当时被认为是科学的立法经历了一定时间后可能并不科学。至于立法后评估普遍开展的成本问题，在同一时间段如果立法后评估的对象较多，可以考虑采取单一评估和分类评估相结合的办法。对重要的法律法规采取单一评估的办法，对一般的法律法规则可分类评估，2010 年广东省人大常委会将 194 项地方性法规分为社会、经济和行政三大类进行评估就是很好的做法。分类评估不仅可以节省立法后评估的成本，并且可以突出立法后评估的专业特色。

---

[1] 汪全胜："立法后评估对象的选择"，载《现代法学》2008 年第 4 期，第 12~16 页。

　　立法后评估的时间，是指对法律法规的立法后评估，在什么时候予以开展。立法后评估是为了检验立法的实施，评估的结果应当作为决定是否需要修改或者废止法律法规的依据。因此，对法律法规的立法后评估，应在其生效实施后经过一段时间才能进行。评估时间的确定不能过早，否则无法了解立法的实施情况；评估时间的确定也不能过晚，否则无法及时对法律法规进行修改或者废止以使其适应经济社会发展的要求。国外的立法对此一般有明确的规定。[1]在我国，国务院曾在《关于行政法规、规章立法后评估的指导意见（讨论稿）》中规定立法后评估的时间为规章实施满 2 年、行政法规实施满 3 年。笔者认为，对我国立法后评估的时间拟作如下规定：在一般情形下，规章实施满 2 年，行政法规、地方性法规以及自治条例和单行条例实施满 3 年，全国人大及其常委会制定的法律实施满 5 年，应当进行立法后评估。还需要明确的是，对法律法规进行立法后评估，如果该法律法规没有被废止，在继续实施达到上述时间后，应当再次进行立法后评估。规章立法后评估的时间之所以较短，是因为规章制定的程序较为单一，在我国法律体系中的地位较低，在实践中违法的情形也较为常见。全国人大及其常委会颁布的法律，立法后评估的时间之所以设立较长，是因为其立法质量相对而言较高，并且是我国社会主义法律体系最为重要的组成部分，需要保持一定时期的稳定性。

　　立法后评估的主体，是指由谁来实施立法后评估。《立法法》《行政法规制定程序条例》和《规章制定程序条例》对法

────────

　　〔1〕　例如，在英国，2001 年 4 月生效的《规制改革法案》规定，在过去两年没有进行实质性修改的法律都要进行规制影响的评估；2001 年 6 月 7 日新当选的内阁要求政府部门在重要规则执行后三年内审议其影响。汪全胜："英国立法后评估制度探讨"，载《云南师范大学学报（哲学社会科学版）》2009 年第 5 期，第 113 页。

律、行政法规和规章立法后评估的主体作出了规定。[1]对于地方性法规以及自治条例和单行条例立法后评估的主体，《立法法》没有作出规定，在实践中，有的由人大专门委员会进行立法后评估，有的由人大专门委员会和执法部门进行立法后评估，有的由人大常委会法制工作委员会或者人大法制委员会和立法实施部门进行立法后评估，有的由负责立法实施的政府的法制部门和相关组成部门进行立法后评估，有的以人大为主体进行联合评估，有的委托第三方进行立法后评估。

归纳立法的规定和实践中的做法，我国的立法后评估的主体主要有以下几种模式：第一种模式是由法律法规制定机关或者部门进行立法后评估；第二种模式是由法律法规实施部门进行立法后评估；第三种模式是委托第三方对法律法规进行立法后评估；第四种模式是以法律法规制定机关或者部门为主体的联合评估。

第一种模式的评估主体是法律法规的制定者，这一评估主体对法律法规较为了解，掌握的法律资源和法律信息也较多，对评估结果的回应性也较强，但这种模式是一种自评自查，属于自我评估，对立法后评估的客观公正性可能会造成一些影响，从而使立法后评估流于形式，不能真正反映立法所存在的问题。

第二种模式的评估主体是法律法规的实施者。这一评估主体对法律法规的执行和实施状况最为了解，对执行和实施过程

---

〔1〕 依《立法法》第63条的规定，全国人大及其常委会制定的法律，由全国人大有关的专门委员会、常务委员会工作机构组织立法后评估。《行政法规制定程序条例》第37条规定，行政法规由国务院法制机构或者国务院有关部门组织立法后评估。《规章制定程序条例》第38条规定，规章由国务院部门、省级政府和市级政府组织立法后评估，但具体对哪一机构具体负责立法后评估，并没有作出规定，大多是由国务院部门、地方政府的法制机构（部门）或者执法机构（部门）进行立法后评估。

中遇到的困难和问题把握得较为真实、详细和准确，对立法是否具有可操作性有很大的发言权，并且人员集中、组织效率高、获取信息的成本较低、数据也较为可靠，但这种模式因为评估主体与被评估的法律法规具有最密切的关系，可以说评估主体本身就是被评估的对象，可能从部门利益的角度来考虑问题从而突出对其有利的结论而忽略对其不利的结论，使社会公众对立法后评估的公正性和客观性产生怀疑。

第三种模式的评估主体是由专家组成的第三方。这一评估主体地位超然、中立，是体制外的异体监督，能够进行较为公正、客观和独立地评估，并且评估者的理论水平高，对所评估对象拥有专门的知识，评估结果具有专业性，且大多会关注公民的诉求，但这种模式评估主体难以获得较为全面的评估信息和数据，评估结论不容易受到重视。

第四种模式为联合评估，可以发挥作为第三方的专家的监督作用和专业优势，可以对立法部门和执法部门所掌握的法律资源予以充分利用，促进立法与社会的互动，从而保证立法后评估的有效性和客观性，但这一模式组织起来较为困难，在评估过程中起主导作用的仍然是法律法规的制定者或实施者，作为第三方的专家的意见往往得不到采纳。

上述不同的立法后评估主体模式既有优点，也存在不足。那么，对我国立法后评估的主体应当如何确定呢？有学者建议，应当构建多元化的立法后评估主体，对"利益相关者"的评估予以进一步拓展，对内部评估主体进行完善，扩大公众参与的评估，培育"独立第三方"评估主体。[1]笔者从整体上赞同这一主张，但认为"公众"和"利益相关者"只是立法后评估的

---

〔1〕汪全胜："论立法后评估主体的建构"，载《政法论坛》2010年第5期，第47~49页。

参与者。立法后评估的主体，仅指组织和实施立法后评估并提交立法后评估报告的主体。笔者建议的立法后评估的多元主体，是指由法律法规的制定者、法律法规的实施者和作为第三方的专家分别实施立法后评估，分别提交立法后评估报告。就法律法规的制定者而言，各级人大及其常委会的法律、地方性法规以及自治条例和单行条例立法后评估的主体为人大常委会的法制工作委员会；行政法规的立法后评估的主体为国务院法制部门；部门规章立法后评估的主体为国务院部门的法制机构；地方政府规章立法后评估的主体为地方政府的法制机构。就法律法规的实施者而言，如实施主体单一，由其作为立法后评估主体。法律法规的实施主体有多个，对人大及其常委会制定的法律、地方性法规以及自治条例和单行条例，由政府法制部门组织多个的实施主体共同进行立法后评估，由政府法制部门统一提出立法后评估报告；对行政法规和规章，多个实施主体均作为独立的立法后评估主体。就专家作为第三方进行立法后评估而言，一定要委托熟悉所评估对象的专家，可以采用招标的方式或者课题申报的方式，以体现第三方评估的专业性。

立法后评估的内容，是指针对被评估对象的哪些内容实施评估，又称立法后评估的标准。对这一问题，我国在立法上没有作出规定，理论界的认识存在分歧，实践中的做法五花八门。

有学者认为，立法后评估的标准为合法性、针对性和操作性；[1]立法后评估的一般指标体系，包括法律法规自身的评估、法律法规社会影响的评估和法律法规经济影响的评估三个维度，其中法律法规自身的评估包括合法性、合理性和技术性，法律法规社会影响的评估包括法律法规的实现程度和法律

---

〔1〕 丁贤、张明君："立法后评估理论与实践初论"，载《政治与法律》2008年第1期，第136页。

法规的其他社会影响，法律法规经济影响的评估包括法律法规的经济影响和法律法规的运行成本；[1]立法后评估的重点问题为，评估法律法规对经济、社会和环境产生的成本和收益，评估法律法规对经济、社会和环境产生的影响，评估法律法规实施过程中存在的问题；[2]立法后评估指标，应由合法性、合理性、协调性、实效性、专业性、立法技术性、社会认同和成本效益等八个一级指标所构成，每一个一级指标下又有若干二级指标；[3]地方立法的立法后评估指标体系，应从宪法性地方性法规、行政类地方性法规、经济类地方性法规和社会类地方性法规分类设计，建立地方立法文本质量评价、地方立法实施效益评价和地方立法质量综合评价的指标子体系，明确地方立法后质量评价中的"一票否决"。[4]

在实践中，以地方性法规的立法后评估为例，甘肃省采用的是法理标准、实效标准、技术标准和实践标准；山东省采用的是合法性、合理性、协调性、适应性、技术性、可操作性、效益性和实效性的标准；江西省采用的是法理标准、实效性标准、技术性标准和地方立法自身特色标准；广东省采用的是公平性、实效性和适宜性标准。就某一具体的地方性法规的立法后评估来考察，评估内容也各具特色。

笔者认为，立法后评估的内容不宜过于细化，不宜设置十

---

〔1〕 孙晓东："立法后评估的一般指标体系分析"，载《上海交通大学学报（哲学社会科学版）》2012年第5期，第33~37页。

〔2〕 席涛："立法评估：评估什么和如何评估（上）——以中国立法评估为例"，载《政法论坛》2012年第5期，第71~75页。

〔3〕 刘平：《立法原理、程序与技术》，学林出版社、上海人民出版社2017年版，第278~279页。

〔4〕 俞荣根："不同类型地方性法规立法后评估指标体系研究"，载《现代法学》2013年第5期，第171~184页。

分具体的标准予以量化，否则，立法后评估可能流于形式，可能与一般的绩效评估相混同。立法后评估是基于良法的追求，是为了从动态的过程来保证科学立法的实现，以判明是否需要对被评估的法律法规进行修改或者废止。

从这个角度出发，对立法后评估的内容，主要应确定为以下几个方面：一是法律法规在制定时，是否符合法定程序和法定权限；二是法律法规在被评估时，其内容是否与上位法相抵触；三是法律法规在被评估时，是否与其等级相同的法律法规不相协调；四是法律法规在被评估时，其调整对象是否已经消失或者适用期已过，是否还需要通过法律法规来规范，是否有继续存在的必要性；五是法律法规在被评估时，其内容是否不适应经济社会发展的需要，尤其是是否与党的路线、方针和政策以及党和国家的工作重点相矛盾；六是法律法规在实施过程中，是否存在含义不明或者缺乏可操作性的情形；七是法律法规在实施过程中，对所调整的对象起了何种积极作用和消极作用，实际效果如何，是否达到了预期目标；八是法律法规实施的成本效益分析，包括管理制度的投入与产出，违法成本与守法成本的比较，执法成本、社会成本与社会效益之比；九是法律法规权利义务的设定是否科学合理，在实施过程中的社会认同义感如何；十是法律法规的立法技术情况，包括文本结构、内在逻辑和语言表达等。

立法后评估的方法，对实现立法后评估的目标十分重要，因为立法后评估要以一定的方法作为支撑，评估信息的掌握和处理离不开各种具体的方法。对于立法后评估的方法，《立法法》《行政法规制定程序条例》和《规章制定程序条例》没有作出规定，但有的地方人大常委会、地方政府和国务院部门对此作了规定，如海南省人大常委会、广东省政府和国土资源部对立法后评估的方法作出了规定。在实践中，对于立法后评估的方法，各地的做法并不完全相同。例如，福建省的立法后评估，采用了实地调研、考察、走访座谈和问卷调查等方法；上海市的立法后评估，采用的是实地调研、专题调研、座谈会研讨、问卷调查、代表视察、个案分析和赴有关兄弟省市进行学习等方法。对于立法后评估的方法，学者们进行了探讨。有的学者认为，立法后评估一般应当采用系统评价法、比较分析法和成本效益分析法，具体的评估方式通常有座谈会、问卷调查、实地调研、定量分析和个案分析。[1]

笔者认为，对立法后评估的方法，应依不同的评估主体来分析。专家作为第三方实施的立法后评估，是以被评估的法律法规作为对象进行研究的，可能采取理论分析的方法，也可能采用实证分析、比较分析和历史分析等研究方法，也可能综合采用上述研究方法，不必对其作出规定，因为选取何种研究方法要由作为第三方评估主体的专家依自身的情形来决定。例如，对被评估对象所涉及法律部门理论功底较为深厚的，可能侧重于选择理论分析的方法；对被评估对象的历史演变或者国外立法较为熟悉的，可能侧重于选择历史分析或者比较分析的方法。

但是，对法律法规的制定者和实施者作为立法后评估的主体，应对其立法后评估的方法作出原则性的规定，主要有以下几方面的要求：

一是要进行调研。调研可以采用召开座谈会、实地调研、问卷调查、个别访谈和赴国外或者外地考察等方法。

二是要组织利益相关者参加的听证会。立法后评估制度较为发达的国家，都比较注重听取利益相关者对被评估对象的意

---

〔1〕 丁贤、张明君："立法后评估理论与实践初论"，载《政治与法律》2008年第1期，第136~137页。

见。利益相关者，主要是与法律法规的实施具有密切关联的利益群体，他们对法律法规实施的情况最为了解，不同的利益相关者对法律法规实施情况进行不同意见的交流，可以使评估主体获得多层次和多元的信息。

三是要组织专家参加的论证会。立法后评估虽有专家实施的第三方评估，法律法规的制定者和实施者在进行立法后评估时组织专家参加论证会并不多余，可以更加广泛地听取对被评估对象专业方面的意见，从而对被评估对象的科学性有更为准确的把握，使评估结论的专业性更强。

四是要拓宽公众参与立法后评估的渠道。立法后评估不仅要进行一般的调研，而且要通过互联网、电视和报纸等新闻媒体征求社会公众的意见。在国外，公众参与在立法后评估过程中受到普遍重视，是立法后评估不可缺少的一个环节，因为它是了解被评估对象社会认同度的重要方法。

五是要尽可能地进行理论分析、历史分析和比较分析。这种方法对评估主体的要求较高，在法律法规的制定者和实施者进行评估的人员素质有较大提高的情形下，是完全有可能采用此种方法的。

对于立法后评估结果的运用，《立法法》第63条只规定了"评估情况应当向常委会报告"；《行政法规制定程序条例》第37条和《规章制定程序条例》第38条规定，要把评估结果作为修改、废止有关行政法规或者规章的重要参考。在实践中，有的享有立法权的机关仅对评估工作本身予以关注，为了评估而评估，在评估工作结束撰写评估报告后即告完成，这种立法后评估并无多大的价值，会使立法后评估流于形式，失去立法后评估的真正意义。立法后评估的结果是立法后评估工作结束的标志，但评估结果又是发现法律法规实施情况的有效途径，能为被评估对象是否需要进行修改或者废止提供依据。

笔者认为，应当将立法后评估的结果与立法规划的制定联系起来，对立法后评估结果的运用，应规范以下程序：

一是法律法规的制定者和实施者以及作为第三方评估主体的专家，在进行立法后评估后，应当分别撰写立法后评估报告，并通过媒体向社会公开。

二是上述三个方面的立法后评估报告，针对的是人大及其常委会制定的法律、地方性法规以及自治条例和单行条例，由人大常委会法制工作委员会印发享有立法提案权的主体，由其决定是否行使对法律、地方性法规以及自治条例和单行条例进行修改或者废止的立法提案权，由对立法提案权具有决定权的主体进行审议；属行政法规的，由国务院法制机构提交国务院常务会议审议；针对的是部门规章或者地方政府规章的，由国务院部门或者地方政府的法制机构提交国务院部门部务会议或委员会会议或者地方政府常务会议审议。

三是对立法后评估报告进行审议后，应当作出对被评估的法律法规是否进行修改或者废止的结论，评估报告所提意见如未被采纳，应作出说明。上述程序的设计，能够使立法后评估不流于形式而具有实际意义，可以通过立法后评估使法律法规随着经济社会的发展而日益科学和完善，从而有效地发挥立法的引领作用。

七、科学立法与现代科学技术

现代科学技术对生产力的发展起到了巨大的促进作用，使城乡关系发生了改变，优化了产业结构和消费结构，使人类物质文化水平有了长足的进步。现代科学技术发展的系统特征为学科领域日益扩大、层次性日益凸现、结构性日渐增强、功能日益强化和丰富、关联度日前紧密、整体性日益突出。习近平总书记指出："要发展就必须充分发挥科学技术第一生产力的作用。"[1]

现代科学技术的发展，要求将现代科学技术运用于立法的过程中。有学者认为，一是互联网、"大数据"和"人工智能"背景下的"立法变革"体现为：连接一切——立法可以广泛征求民意，更需要高度关注网络舆情；大数据时代——立法要靠数据说话，更要有数据思维和相关性思维；跨界融合——立法要么主动创新，要么被动改革；去中心化——破除部门利益法制化的重要机遇，也是寻找立法共识的重大难题；计算一切——立法可能部分地为人工智能所替代，人工智能将成为立法者的重要工具或者伙伴。二是通过互联网、大数据和人工智能，使立法更加科学，具体表现为充分发挥"众智"作用，有效防止和剔除部门利益与地方保护主义法律化；树立数据思维，充分运用大数据推进精细化立法，增强法律法规的及时性、系统性、针对性和有效性；以创新思维推进跨界融合，提高立法效率；深入进行数据挖掘，让制度反映客观规律；敞开怀抱拥抱互联网，让立法充分反映人民意愿和增进人民福祉；应用人工智能，推进科学立法。[2]有学者在论述大数据的运算逻辑与预测功能的基础上，认为立法预测应用大数据有利于增强立法预测的实效，有利于完善立法预测的工作机制，有利于提高立法预测的系统性。[3]就智能互联网对民主立法的影响，有学者从智能互联网的多重指向、智能互联网对民主立法传统理论的

---

[1] 习近平："让工程科技造福人类、创造未来"，载《人民日报》2014年6月4日。

[2] 江必新、郑礼华："互联网、大数据、人工智能与科学立法"，载《法学杂志》2018年第5期，第1~7页。

[3] 陈方政、孙凯茵："立法预测中的大数据应用"，载《中共青岛市委党校·青岛行政学院学报》2019年第3期，第84~85页。

动摇、智能互联网对民主立法经典概念的重塑、智能互联网对
民主立法传统方法的改进和智能互联网对于公共生活的影响等
方面进行了分析。[1]有学者从新技术为立法机关提供有效的决
策支持、人工智能在立法前评估中不断提高立法的科学化水平
和新技术及时规避地方立法中的越权立法等方面，对新技术融
入推进科学立法、民主立法和依法立法进行了分析。[2]有学者
从大数据的特点及其与立法的关联性、立法运用大数据的重点
环节、立法运用大数据的优势与挑战和立法运用大数据的限度
等方面，对立法运用大数据的空间与限度进行了探讨。[3]

　　在笔者看来，现代科学技术对立法的影响主要在于，在立
法过程中应当注意运用现代科学技术所提供的手段，使立法的
方法更为科学，从而更加有利于科学立法目标的实现。在立法
实践中，运用现代科学技术所提供的手段，已成为我国立法的
通常做法。例如，浙江省人大法制委员会于 2002 年 12 月 20 日
主办了全国第一家地方立法的专门网站，以广泛征集公民的意
见和建议；广州市人大法工委于 2011 年 6 月在腾讯网开设了全
国人大系统第一个立法官方微博"广州人大立法"，2012 年 5 月
升级为常委会立法官方微博，同时在腾讯网和新浪网开设，
2014 年 8 月率先开通"广州人大立法"官方微信，立法官方微
博和微信成了广州市人大常委会公开立法信息、收集立法意见
和讨论立法内容的重要场所；广州市人大常委会于 2012 年、广
东省人大常委会于 2015 年首次举行了网上立法听证。

---

　　〔1〕　王怡："智能互联网能为民主立法贡献什么"，载《北方法学》2019 年第
6 期，第 116~122 页。

　　〔2〕　李若兰："用新技术加速推进国家治理法治化"，载《中国领导科学》
2020 年第 5 期，第 84~85 页。

　　〔3〕　周婧："立法运用大数据的空间与限度"，载《行政管理改革》2020 年第
9 期，第 78~84 页。

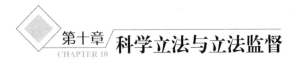

第十章 科学立法与立法监督
CHAPTER 10

一、加强立法监督是实现科学立法的需要

对立法监督的概念，学者们多从狭义上来理解，是指对立法过程和立法结果，享有监督权的主体在法定的权限内，依法定的程序进行审查和监控的活动。但从我国立法的规定来看，对立法监督不能仅从狭义上来理解，对立法监督还应从更为广泛的意义上来认识，一切国家机关、组织和公民通过发表意见、提出建议和批评等方式对立法进行监督，都应属于立法监督。立法监督可以被分为事先监督和事后监督、行为监督和结果监督、常规监督和非常规监督、纵向监督和横向监督以及交叉监督、重叠监督和非重叠监督、单向监督和非单向监督。[1]

对立法之所以要进行监督，最为重要的理由在于：立法权作为一种公权力，可能被滥用。与滥用行政权而形成的违法行政行为相比，滥用立法权而形成的"恶法"对公民、法人和其他组织合法权益造成的损失更大，对法治的破坏更大。如果说立法制度的核心是立法权限，立法公正的关键是立法程序，那么制定良法的根本保障便在于立法监督。立法监督的意义在于：监督立法过程，促进政治民主；解决立法冲突，保证法律体系

---

〔1〕 徐向华主编：《立法学教程》（第2版），北京大学出版社2017年版，第244~246页。

的内在和谐统一；提高立法的科学性，促进经济社会的发展。[1]立法监督有利于防止越权立法和滥用立法权，有利于促进立法的规范化，是法治立法的保障。立法监督也有利于保护公民、法人和其他组织的合法权益，促进政治民主，是我国政治民主化的现实选择。立法监督在推动科学立法和提高立法质量方面的作用可以被概括为预防、补救、改进和评价，通过监督，对不科学因素的干扰予以排除，能预防违法立法或者不当立法的产生；通过纠正和摒弃不科学的因素，能使监督中发现的问题得到有效的补救；及时归纳总结监督中发现的问题，认真探索立法活动的规律，能为今后的立法提供科学指导；通过监督，对立法行为和效果作出客观公正的评价，为立法责任的确定奠定基础，督促立法者增强使命感和责任意识。[2]在中国特色社会主义法律体系基本形成以后，强化立法监督显得更为重要。

在我国，立法监督是随着法治建设的逐渐强化而得以形成和逐步发展的，可以分为四个阶段。一是立法监督制度的萌芽阶段，时间为中华人民共和国成立至1954年《宪法》公布之前。1949年《中央人民政府组织法》第7条规定了立法监督的主体为中央人民政府委员会。《省各界人民代表会议组织通则》和《各级人民政府组织通则》也有关于立法监督制度的规定。这一时期的立法监督，监督主体呈现出性质单一和层次复杂的特点，除乡级以外的各级人民政府委员会都是立法监督的主体。二是立法监督制度的形成阶段，时间为1954年《宪法》公布至"文化大革命"前。1954年《宪法》第31条规定了立法监督的

---

〔1〕　朱力宇、叶传星主编：《立法学》（第4版），中国人民大学出版社2015年版，第219~220页。

〔2〕　徐向华主编：《立法学教程》（第2版），北京大学出版社2017年版，第247页。

主体为全国人大常委会；对于国务院和地方各级人大的立法监督权，《宪法》第 49 条和第 60 条分别作出了规定。上述规定弥补了原立法监督体制的不足，肯定了县级以上权力机关是立法监督主体，标志着我国立法监督制度的形成。三是立法监督制度的停滞和倒退阶段，时间为"文化大革命"开始至 1978 年。"文化大革命"对法治造成了破坏，立法监督制度也不例外。1975 年《宪法》并没有对立法监督体制予以重构，立法监督无论从制度上还是在实践中仍处于消失的状态。1978 年《宪法》对立法监督制度的恢复和发展基本上没有实质的作用，收效甚微。四是立法监督制度的恢复和发展阶段，时间为 1978 年至现在。1979 年颁布的《地方人大和地方政府组织法》在第 6 条、第 7 条、第 27 条和第 28 条对全国人大常委会、国务院和县级以上各级人大及其常委会的立法监督权进行了肯定。1982 年《宪法》对立法监督制度作了较为全面的规定，在根本法层面上使立法监督制度得以恢复和发展。此后，《国务院组织法》等法律的相继出台和《地方人大和地方政府组织法》的几次修改，使得立法监督制度得以完善和加强。1990 年，国务院制定了《法规规章备案规定》。2000 年颁布的《立法法》对裁决和备案等制度作了规定，设立了审查监督的启动机制。2000 年，全国人大常委会规定了备案审查的工作程序。2001 年，国务院制定了《法规规章备案条例》。2004 年，全国人大常委会成立了法规备案审查室，国务院法制办成立了法规规章备案审查司。2005 年，全国人大常委会对备案审查的工作程序进行了修订。2015 年，《立法法》的修改对立法监督制度进行了修补，但并没有使之得到实质性的完善。2016 年，全国人大常委会通过了《监督法》[1]，细化了

---

[1] 本书所称《监督法》是指 2006 年 8 月 27 日第十届全国人大常委会第 23 次会议通过《中华人民共和国各级人民代表大会常务委员会监督法》。

《立法法》规定的立法监督制度。党的十八届四中全会要求，要加强备案审查制度和能力建设，要完善全国人大及其常委会宪法监督制度。党的十九大报告专门强调了推进合宪性审查工作。

二、完善立法监督制度促进科学立法的实现

依据我国现行宪法和法律的规定，立法监督的主要方式有以下几种：一是批准。包括《立法法》第72条第2款和第3款规定的对市级地方性法规的批准以及《立法法》第75条第1款和《民族区域自治法》第19条规定的对自治条例和单行条例的批准。二是备案审查。包括《立法法》第98条规定的对行政法规、地方性法规、自治条例和单行条例、规章以及授权立法的备案审查以及《行政法规制定程序条例》第30条和《规章制定程序条例》第34条规定的对行政法规和规章的备案审查。三是被动审查。被动审查是指有权机关依有关主体的请求进行的审查，包括《立法法》第99条第1款和第2款规定的对行政法规、地方性法规、自治条例和单行条例的被动审查和《规章制定程序条例》第35条规定的对规章的被动审查。四是改变或者撤销。《立法法》第96条和第97条对此作了规定。五是裁决。《立法法》第94条和第95条针对没有明确效力等级的法律法规就同一事项的规定发生冲突时的裁决制度作了规定。

我国的立法监督制度在提高立法质量和促进科学立法等方面发挥了较为重要的作用，但仍存在不少的问题需要对其进行完善。立法监督机制存在的问题主要为：一是关于立法监督的法律构建，还有许多空白的地方需要弥补，缺乏创新性；二是关于立法监督的规定，没有形成囊括监督的启动、监督主体以及监督的运行、处理、救济和责任机制等系统性的规范；三是立法监督缺乏一个专门化的监督主体，导致立法监督缺乏必要

的物力和人力的保障；四是立法监督缺乏具体、细致和具有可操作性的程序规定，没有具体规定在出现与上位法相抵触、超越法定权限等情形下如何启动改变或者撤销的程序。[1]对立法监督制度存在的问题予以完善，一方面要从总体上予以探讨，明确立法监督制度的方向和原则；另一方面由于我国实行的是多元立法体制，因此要对不同种类法律法规的监督进行个体研究。

从整体上探讨立法监督制度的完善，应当明确以下几个问题：

一是要坚持人民代表大会制度。我国的根本政治制度是人民代表大会制度。依据人民代表大会制度的要求，在我国的国家机构体系中，人大及其常委会处于核心地位，行政机关和司法机关等其他国家机关从属于同级人大及其常委会。因此，人大及其常委会有权监督行政机关的立法，但行政机关和司法机关等其他国家机关无权监督人大及其常委会的立法。人民代表大会制度的核心在于确保人民当家作主，立法监督制度还应当关注如何保障人民享有监督立法的权利。

二是要明确立法监督的内容。关于立法监督的内容，《立法法》和《监督法》有相应的规定。[2]这些规定虽然明确了立法

---

〔1〕 冯玉军："中国法律规范体系与立法效果评估"，载《中国社会科学》2017年第12期，第158页。

〔2〕 依《立法法》第96条的规定，法律、行政法规、地方性法规、自治条例和单行条例，有超越权限、下位法违反上位法规定、规章之间对同一事项规定不一致经裁决应当改变或者撤销一方的规定、规章的规定被认为不适当应当予以改变或者撤销、违背法定程序的情形之一的，由有权机关依立法法规定的权限予以改变或者撤销。《监督法》第30条规定，县级以上地方各级人民代表大会常务委员会对下一级人民代表大会及其常务委员会作出的决议、决定和本级人民政府发布的决定、命令，经审查有超越法定权限，限制或者剥夺公民、法人和其他组织的合法权利，或者增加公民、法人和其他组织的义务的；同法律、法规规定相抵触的；有其他不适当的情形，应当予以撤销的不适当的情形之一的，有权予以撤销。

监督的核心内容，但不太系统和完备。在理论界，一般认为立法监督的内容包括立法合法性的监督、立法恰当性的监督和立法技术性的监督。立法合法性的监督包括立法实体合法性的监督和立法程序合法性的监督。立法实体合法性的监督主要审查主体是否合法、下位法在内容上是否与上位法相抵触、立法权限是否合法以及效力等级相同的立法是否协调。立法程序合法性的监督是审查立法的程序是否合法。立法适当性的监督，主要审查立法是否符合常理、立法是否顺应民意、立法是否遵循节制的原则、立法是否符合社会生活的实际和立法是否遵循最小成本的原则。[1]立法技术的监督主要审查立法的结构体系是否合理、逻辑是否严密、内容要素是否齐全和语言风格是否恰当。

　　三是要以不同国家机关之间的关系以及同一国家机关上下级之间的关系为基础，明确立法监督的方式。在我国，人大及其常委会与同级政府之间是监督与被监督的关系，人大与同级人大常委会之间是领导与被领导的关系，上级人大及其常委会与下级人大及其常委会之间是监督与被监督的关系，上级政府与下级政府之间是领导与被领导的关系。立法监督的方式要依立法监督主体与立法主体之间的关系来确定。立法监督主体与立法主体之间存在领导与被领导的关系，一般采用审查审批、依职权审查和依申请审查的方式，不能采用备案审查的方式。在审查时，对存在立法主体不合法、下位法在内容上与上位法相抵触或者立法权限不合法的情形，立法监督主体既可以改变，也可以撤销；对效力等级相同的立法存在不协调的情形，立法监督主体应当作出裁决；对立法程序不合法的，立法监督主体

---

〔1〕　朱力宇、叶传星主编：《立法学》（第4版），中国人民大学出版社2015年版，第224页。

应当追究有关人员的责任；对立法技术不符合要求的，立法监督主体可责成立法者在以后的立法过程中予以改进；对立法不适当的，立法监督主体可以依具体情形予以改变或者撤销。立法监督主体与立法主体只存在监督与被监督的关系而不存在领导与被领导的关系时，一般采用备案审查、依职权审查和依申请审查的方式，不能采用审批审查的方式。在审查时，对存在立法主体不合法、下位法在内容上与上位法相抵触或者立法权限不合法的情形，立法监督主体只能撤销，不能改变；对效力等级相同的立法存在不协调的情形，立法监督主体应当作出裁决；对立法程序不合法、立法不适当以及立法技术不符合要求的，立法监督主体应当向立法主体提出相应的建议。

四是要建立立法复议和一定范围内的立法诉讼制度，赋予国家机关、社会团体、企业事业组织和公民对立法提出复议申请或者提起行政诉讼的权利。《立法法》第99条第1款和第2款分别对行政法规、地方性法规、自治条例和单行条例的审查要求和审查建议作了规定。[1]《立法法》之所以对审查要求和审查建议分别作出规定，是考虑到"要求审查"主体的政策水平较高，所提"审查要求"质量一般较高，可直接进入审查程序，而"建议审查"的主体范围广泛，只有在被认为有"必要"时才能决定进入审查程序。但是，在实践中，提出"审查

---

〔1〕 即国务院、中央军事委员会、最高人民法院、最高人民检察院和各省、自治区、直辖市的人民代表大会常务委员会认为行政法规、地方性法规、自治条例和单行条例同宪法或者法律相抵触的，可以向全国人民代表大会常务委员会书面提出进行审查的要求，由常务委员会工作机构分送有关的专门委员会进行审查、提出意见。前款规定以外的其他国家机关和社会团体、企业事业组织以及公民认为行政法规、地方性法规、自治条例和单行条例同宪法或者法律相抵触的，可以向全国人民代表大会常务委员会书面提出进行审查的建议，由常务委员会工作机构进行研究，必要时，送有关的专门委员会进行审查、提出意见。

要求"的情形几乎没有，往往是发端于民间的提出"审查建议"，提出"审查建议"只有在被认为有"必要"时才能决定进入审查程序，使得对立法的社会监督程序不顺利、渠道不通畅，《立法法》的上述规定还有违平等原则，一律由全国人大常委会进行审查也难以操作，并且对法律和规章如何进行社会监督没有作出规定。笔者认为，对立法的社会监督可考虑建立立法复议制度和一定范围内的立法诉讼制度。这里所指的立法复议制度不同于欧美的立法复议制度，[1] 是指国家机关、社会团体、企业事业组织和公民认为已经生效的法律法规不合法，[2] 有权向享有立法监督权的主体提出申请，由其对法律法规进行审查并作出决定的制度。立法复议制度的建立，可以使得国家机关、社会团体、企业事业组织和公民在认为立法不合法申请进行审查时必然会得到审查的结论，可以将对立法的社会监督纳入法制的轨道。一定范围内的立法诉讼制度，是指国家机关、社会团体、企业事业组织和公民认为已经生效的规章不合法，有权向人民法院提起诉讼，由人民法院进行审理并作出裁判的制度。对法律、地方性法规、自治条例和单行条例之所以不适用立法诉讼制度，是因为我国实行的是人民代表大会制度，法院无权对人大及其常委会的立法进行司法审查。由法院对国务院的行政立法行使司法审查权，从宪法层面来讲并不存在障碍，但基于我国目前的行政诉讼制度并无国务院作为被告的规定，暂时还不宜将行政法规纳入立法诉讼制度的范畴。将规章作为立法诉讼制度的对象，不仅在宪法层面不存在障碍，并且在立

---

〔1〕 立法复议是由美国众议院于 1789 年创立并成为众议院的规则，继而发展为完整的立法监督制度而为世界许多国家所效仿，它指的是法案在立法表决后，在议员要求重新讨论时，由原表决机关根据一定程序决定是否变更表决结果的活动。

〔2〕 对立法不适当以及立法技术不符合要求，不宜允许提出复议的申请，但可通过其他途径提出意见。

法实践中规章违法的情形最为常见，将规章纳入法院司法审查的范围也是法学界多数学者的共同认识。对规章同时适用立法复议和立法诉讼制度，可以由当事人自由选择，但当事人对复议决定不服的，还可以依法向法院提起诉讼。立法复议和一定范围内立法诉讼制度的建立，对促进我国立法监督制度的完善和立法质量的提高无疑会起到十分重要的作用。

对全国人大立法的监督，我国在立法上尚付阙如。对全国人大常委会立法的监督，依《立法法》第 97 条第 1 项的规定，监督的主体为全国人大，监督的方式为改变或者撤销。这一规定似乎不存在问题，但在实际操作的程序上存在明显的困难，因为全国人大会期短，每年只开一次会，会议议题较多，其对全国人大常委会立法的监督往往心有余而力不足，并且从议事程序上看，全国人大的会议议程是由全国人大常委会来安排的，这种立法监督实际上属于自我监督，因而往往监督不力。完善对全国人大及其常委会的立法监督，关键在于完善宪法监督制度。全国人大及其常委会的立法是宪法监督最为主要的对象。从域外宪法监督的方式来讲，主要有以英国为代表的议会监督方式、以美国为代表的司法审查监督方式、以法国为代表的宪法委员会方式和以德国为代表的宪法法院方式。对于我国宪法监督方式的确立，学者们进行了探讨，有的主张借鉴美国的司法审查的监督方式，采用普通法院审查模式；[1]有的主张采用宪法法院模式；[2]有的主张在全国人大设立一个与全国人大常委会地位平行的宪法委员会；[3]有的主张在全国人大设立专门

---

〔1〕 这一主张与人民代表大会制度相悖，明显不具有正当性。

〔2〕 刘旺洪："关于建立我国宪法审查制度的几个问题"，载《江苏社会科学》2003 年第 6 期，第 119~125 页。

〔3〕 费善诚："试论我国违宪审查制度的模式选择"，载《政法论坛》1999 年第 2 期，第 3~5 页。

委员会性质的宪法委员会；[1]有的主张在全国人大常委会下设工作委员会性质的宪法监督委员会；[2]有的主张设立党中央的宪法委员会，授权法院行使部分的宪法监督权；[3]有的主张采用宪法监督委员会和宪法法院虚实结合的监督机制，宪法法院为宪法监督委员会的日常办事机构。[4]

笔者认为，我国可设立党中央的宪法监督委员会和国家的宪法监督委员会，"两块牌子一套人马"，国家宪法监督委员会的地位与全国人大常委会相同。这种宪法监督机制的设置，有利于加强党对立法工作的领导，有利于加强宪法的实施，有利于树立宪法的权威，有利于大力推进依法治国的进程，并且符合人民代表大会制度的要求。基于全国人大和全国人大常委会的宪法地位的差异性，对全国人大和全国人大常委会的立法，宪法监督委员会的监督程序应当分别设计。宪法监督委员会监督全国人大常委会的立法，建议设计以下程序：全国人大常委会制定的法律，报宪法监督委员会备案；对全国人大常委会制定的法律，宪法监督委员会可依职权进行审查；国家机关、社会团体、企业事业组织和公民认为全国人大常委会制定的法律违宪或者违法，可以向宪法委员会申请复议，宪法委员会在审查后，可直接作出决定。还需要指出的是，从宪法角度来讲，全国人大可直接对全国人大常委会进行监督，在全国人大会议期间，全国人大可就全国人大常委会制定的法律进行立法监督

---

〔1〕 王叔文："论宪法实施的保障"，载《中国法学》1992年第6期，第16~22页。

〔2〕 陈晓枫："宪法监督模式论"，载《武汉大学学报（哲学社会科学版）》1998年第3期，第40~45页。

〔3〕 刘松山："健全宪法监督制度之若干设想"，载《法学》2015年第4期，第124~137页。

〔4〕 夏引业："我国应设立虚实结合的宪法监督体制"，载《政治与法律》2016年第2期，第69~80页。

的议案进行讨论和表决。由于全国人大是我国的最高权力机关，不能规定全国人大制定的法律报宪法委员会备案，宪法监督委员会也不能对全国人大制定的法律依职权进行审查，只有在国家机关、社会团体、企业事业组织和公民认为全国人大制定的法律违宪或者违法向宪法委员会申请复议时，宪法委员会才可以进行审查，并且只能提出审查意见交全国人大决定。之所以允许国家机关、社会团体、企业事业组织和公民对全国人大制定的法律申请复议，是因为全国人大是国家最高权力机关，但国家的一切权力属于并来源于人民，应当接受人民的监督。宪法委员会对复议申请只能提出审查意见而最终应由全国人大决定，是因为宪法委员会隶属于全国人大，这是我国立法监督制度在特殊情形下的自我监督。

对于行政法规的监督，《宪法》《立法法》和《行政法规制定程序条例》作了规定。[1]这些规定明确了行政法规的监督主体为全国人大常委会，所规定的监督程序也看似完善，但在实践中

---

[1] 《宪法》第67条第7项和《立法法》第97条第2项规定，全国人大常委会有权撤销国务院制定的同宪法、法律相抵触的行政法规；《立法法》第98条第1项和《行政法规制定程序条例》第30条的规定，国务院制定的行政法规应当报全国人大常委会备案，《行政法规制定程序条例》第30条还具体规定了呈报机关为国务院办公厅，呈报时间为行政法规公布后的30日内；依《立法法》第99条第3款、第100条的规定，全国人大有关的专门委员会和常务委员会的工作机构可以对报送备案的行政法规进行主动审查；在审查、研究中，认为行政法规同宪法、法律相抵触的，可以向国务院提出书面审查意见、研究意见，也可以由法律委员会与有关的专门委员会、常委会工作机构召开联合审查会议，要求国务院到会说明情况，再向国务院提出书面审查意见，国务院应当在两个月内研究提出是否修改的意见，并向全国人大法律委员会和有关的专门委员会或者常委会工作机构反馈；国务院依所提审查意见、研究意见对行政法规进行修改或者废止的，审查程序终止；全国人大法律委员会、有关的专门委员会、常委会工作机构经审查、研究认为行政法规同宪法或者法律相抵触而国务院不予修改的，应当向委员长会议提出予以撤销的议案、建议，由委员长会议决定提请常委会会议审议决定。

却几乎流于形式。行政法规的地位仅次于宪法和法律，实施范围广泛，如果其同宪法和法律相抵触，对法治的破坏将十分严重。

笔者认为，对行政法规的监督，宜从以下几个方面予以设计：一是由于全国人大常委会、全国人大专门委员会和全国人大常委会工作机构负有制定和修改法律等繁重任务，往往无力履行立法监督的职能，应当在全国人大设立与专门委员会地位平行的立法监督委员会，由其负责对行政法规、省级地方性法规和部门规章进行立法监督。在权力机关设立专门机构对行政立法进行审查是不少国家的通常做法。例如，在英国，"法令法规联合委员会"隶属于议院上下院，专职于对行政立法的监督审查。二是在行政法规公布后 30 日内，国务院法制机构应报全国人大立法监督委员会备案。三是对行政法规，全国人大立法监督委员会可依职权进行审查。四是国家机关、社会团体、企业事业组织和公民认为行政法规违法，可以向全国人大立法监督委员会申请复议。五是在对行政法规备案审查、依职权审查或者复议审查以后，全国人大立法监督委员会应当向委员长会议提出审查意见，由委员长会议提请常委会会议审定。此外，全国人大也可以作为行政立法监督的主体，依照全国人大对全国人大常委会进行立法监督的程序予以办理。

对地方性法规的监督，包括对省级地方性法规的监督和对市级地方性法规的监督，《宪法》和《立法法》作了规定。[1]

---

〔1〕 依《宪法》第 67 条第 8 项、《立法法》第 97 条第 2 项的规定，全国人大常委会有权撤销省级权力机关制定的同宪法、法律和行政法规相抵触的地方性法规；《宪法》第 100 条第 1 款规定，省级权力机关地方立法报全国人大常委会备案。依《宪法》第 100 条第 2 款、《立法法》第 72 条第 2 款的规定，市级权力机关地方立法报省级人大常委会批准后施行，《立法法》第 72 条第 2 款和第 3 款对省级人大常委会批准市级权力机关地方立法的规则作了规定。依《立法法》第 98 条第 2 项的规定，省级权力机关地方立法报全国人大常委会和国务院备案，市级权力机关地方立法

对地方性法规立法监督的上述规定存在以下问题：

一是国务院作为地方性法规的立法监督主体不妥，应当"取消国务院对地方性法规的审查权"。[1]现行立法规定地方性法规报国务院备案，可能是考虑到地方性法规可能与国务院制定的行政法规相抵触。但是，确定立法监督主体不能仅仅以此作为理由，立法监督主体即使不是上位法的制定者，也可以监督下位法与上位法是否相抵触。更为重要的是，依我国宪法所规定的人民代表大会制度，权力机关对行政机关的监督是单向的，行政机关无权对权力机关进行监督。

二是市级地方性法规由省级人大常委会批准后施行的规定不妥，应由批准改为"备案"。《宪法》和《立法法》规定由省级人大常委会批准市级地方性法规，主要考虑的是从整体上市级人大及其常委会的地方立法权刚被普遍赋予，市级人大及其常委会无论从人员素质还是立法经验来讲都较为欠缺，有必要通过省级人大常委会的批准来保证其立法质量。但这只是一种暂时的情形，随着时间的推进，市级人大及其常委会人员的素质会不断得到提高，立法经验会不断得到积累。问题的关键还在于，权力机关上下级之间只存在监督与被监督的关系，不存在领导与被领导的关系，市级地方性法规由省级人大常委会审批不符合我国权力机关上下级关系的体制。

（接上页）由批准其的省级人大常委会报全国人大常委会和国务院备案。《立法法》第97条第4项规定，省级人大有权改变或者撤销其人大常委会制定的和批准的不适当的地方性法规，《地方各级人民代表大会和地方各级人民政府组织法》第8条第10项也规定了县级以上地方人大有权改变或者撤销其人大常委不适当的决议。《立法法》第99条第1款和第2款规定的提出"审查要求"和"审查建议"、《立法法》第99条第3款规定的全国人大有关的专门委员会和常务委员工作机构对报送备案的主动审查、《立法法》第100条、第101条所规定的全国人大有关的专门委员会和常务委员工作机构的审查程序适用于省级权力机关地方立法和市级权力机关地方立法。

〔1〕 汪庆红："地方立法监督实证研究：体制与程序"，载《北方法学》2010年第6期，第107页。

三是由全国人大常委会作为市级地方性法规的监督主体不具有可操作性。市级地方性法规数量众多，全国人大常委会负有监督行政法规、部门规章和省级地方性法规的职能，无力对市级地方性法规实施监督，并且权力机关上下级之间的监督一般应逐级进行而不宜越级。此外，为了使立法监督专门化，笔者建议在省级人大设立与省级人大专门委员会地位平行的立法监督委员会专司立法监督工作。[1]

依据上述分析，我国可以对地方性法规的立法监督作如下设计：

一是省级地方性法规，报全国人大立法监督委员会备案，市级地方性法规，报省级人大立法监督委员会备案；

二是全国人大立法监督委员会和省级人大立法监督委员会，可依职权分别对省级地方性法规和市级地方性法规进行审查；

三是国家机关、社会团体、企业事业组织和公民认为省级地方性法规和市级地方性法规违法，可以分别向全国人大立法监督委员会和省级人大立法监督委员会申请复议；

四是全国人大立法监督委员会和省级人大立法监督委员会在分别对省级地方性法规和市级地方性法规进行备案审查、依职权审查或者复议审查后，应当向委员长会议或者主任会议提出审查意见，由委员长会议或者主任会议提请常委会审定。此外，省级人大和省级人大常委会之间、市级人大和市级人大常委会之间都是领导与被领导的关系，除上述立法监督委员会对地方性法规进行监督外，对省级人大常委会制定的地方性法规，省级人大有权改变或者撤销；对市级人大常委会制定的地方性法规，市级人大有权改变或者撤销。省级人大也可对市级地方

----

〔1〕　市级人大因立法监督任务不太重，没有必要设立立法监督委员会。

性法规进行监督，但只能行使撤销权而无权加以改变，因为省级人大与市级人大及其常委会只存在监督与被监督而不存在领导与被领导的关系。

对自治条例和单行条例的监督，《宪法》《民族区域自治法》〔1〕和《立法法》作了规定。〔2〕从这些规定可以看出，宪法和有关立法对自治条例和单行条例的立法监督是十分严格的。之所以作出这样的规定，是考虑到自治条例和单行条例会变通法律、行政法规或者地方性法规的规定。〔3〕在我国现行的监督制度下，目前还有 22 个民族自治地方没有制定自治条例，其中5 个自治区没有一个自治条例，制定的单行条例不足 400 件，广西壮族自治区甚至尚无单行条例出台。当然，对自治条例和单行条例应当进行必要的监督，否则可能造成片面追求民族本位和民族立法权的膨胀，可能损害国家利益和法制统一，但对自

---

〔1〕 本书所称《民族区域自治法》是指 2001 年第九届全国人大常委会第 20 次会议修正的《中华人民共和国民族区域自治法》。

〔2〕 《宪法》第 116 条、《立法法》第 75 条第 1 款、《民族区域自治法》第 19 条规定，自治区的自治条例和单行条例，报全国人大常委会批准后生效；自治州、自治县的自治条例和单行条例，报省级人大常委会批准后生效。《宪法》第 116 条还规定了自治州、自治县的自治条例和单行条例在报省级人大常委会批准生效后，还应报全国人大常委会备案，《民族区域自治法》第 19 条、《立法法》第 98 条第 3 项则规定自治州、自治县自治条例和单行条例要同时报全国人大常委会和国务院备案。《立法法》第 97 条第 1 项规定全国人大有权撤销全国人大常委会批准的违背宪法和《立法法》第 75 条第 2 款规定的自治条例和单行条例；第 97 条第 2 项规定全国人大常委会有权撤销省级人大常委会批准的违背宪法和《立法法》第 75 条第 2 款规定的自治条例和单行条例。与行政法规和地方性法规一样，《立法法》第 99 条第 1 款和第 2 款规定的提出"审查要求"和"审查建议"、《立法法》第 99 条第 3 款规定的全国人大有关的专门委员会和常务委员会工作机构对报送备案的主动审查、《立法法》第 100 条、第 101 条所规定的全国人大有关的专门委员会和常务委员会工作机构的审查程序适用于自治条例和单行条例。

〔3〕 《立法法》第 98 条第 3 项要求省级人大常委会对其批准的自治州、自治县的自治条例和单行条例报送备案时应说明对法律、行政法规、地方性法规作出变通的情况。

治条例和单行条例的监督力度也不能过大，不然最终会损害制定自治条例和单行条例这一民族自治权。因此，对自治条例和单行条例的立法监督，应当把握一个合理的度，如果对其监督过于严格，民族立法权限就会过小，最终会损害民族立法权；如果对其监督过于宽松，民族立法权限就会过大，最终可能导致享有民族立法权的机关任意为之，从而破坏国家整体利益和法制统一。

我国的地方制度有普通行政区制度、特别行政区制度和民族区域自治制度。从一般意义上来讲，对自治条例和单行条例的监督力度，应高于特别行政区的立法，但应低于地方性法规，民族立法权应该得到比地方立法权更高的自由度。国务院不宜对地方性法规进行监督，也不能作为自治条例和单行条例的监督主体；全国人大常委会对省级地方性法规不享有审批权，省级人大常委会不宜对市级地方性法规进行审批，对自治条例和单行条例，也不能以其变通法律、行政法规或者地方性法规的规定为由而规定由上级人大常委会审批。依上述理由，可对自治条例和单行条例的立法监督制度作如下设计：

一是自治区的自治条例和单行条例以及自治州的自治条例和单行条例，分别报全国人大立法监督委员会和省级人大立法监督委员会备案；自治县的自治条例和单行条例，由市级人大常委会提出意见后报省级人大立法监督委员会备案。

二是全国人大立法监督委员会和省级人大立法监督委员会，可依职权分别对自治区的自治条例和单行条例、自治州以及自治县的自治条例和单行条例进行审查。

三是国家机关、社会团体、企业事业组织和公民认为自治区的自治条例和单行条例、自治州以及自治县的自治条例和单行条例违法，可以分别向全国人大立法监督委员会和省级人大立法监督委员会申请复议。

四是全国人大立法监督委员会和省级人大立法监督委员会，在对自治区的自治条例和单行条例、自治州以及自治县的自治条例和单行条例进行备案审查、依职权审查或者复议审查后，应当向委员长会议或者主任会议提出意见，由委员长会议或者主任会议提请常委会审定。此外，对自治区、自治州、自治县的自治条例和单行条例，全国人大、省级人大、市级人大也分别享有立法监督权。

对规章的监督分为对部门规章的监督和对地方政府规章的监督。国务院部门为部门规章的制定主体；省级政府和市级政府为地方政府规章的制定主体，地方政府规章可以分为省级政府规章和市级政府规章。《宪法》《立法法》和《规章制定程序条例》对规章的立法监督作了规定。[1]从这些规定可以看出，

---

[1] 依《立法法》条98条第4项和《规章制定程序条例》第34条规定，部门规章报国务院备案；《规章制定程序条例》第34条还规定了部门规章由国务院部门法制机构报送备案，时间为规章公布之日起30日内。依《宪法》第89条第13项和《立法法》第97条第3项的规定，国务院有权改变或者撤销不适当的部门规章。《规章制定程序条例》第34条规定地方政府规章由地方政府法制机构报送备案，时间为规章公布之日起30日内。依《宪法》第104条的规定，县级以上地方人大常委会有权撤销本级政府不适当的决定和命令；《立法法》第97条第5项规定，县级以上地方人大常委会有权撤销本级政府不适当的规章。依《宪法》第108条和《地方组织法》第59条第3项的规定，省级政府有权改变或者撤销市级地方政府不适当的决定、命令；《立法法》第97条第6项规定，省级政府有权改变或者撤销市级地方政府不适当的规章。依《宪法》第89条第14项的规定，国务院有权改变或者撤销各级国家行政机关不适当的决定和命令；《立法法》第97条第3项和第6项规定，国务院有权改变或者撤销不适当的地方政府规章，省级政府有权改变或者撤销下一级政府制定的不适当的地方政府规章。《立法法》第99条第1款、第2款关于向全国人大常委会提出"审查要求"和"审查建议"以及第99条第3款、第100条、第101条所规定的全国人大有关的专门委员会和常务委员会工作机构的审查程序不适用于规章。依《规章制定程序条例》第35条的规定，国家机关、企业事业组织、社会团体、公民认为部门规章和省级地方政府规章同法律、行政法规相抵触的，可以向国务院书面提出审查的建议，由国务院法制机构研究并提出处理意见按照规定程序办理；如果认为市级地方政府规章同法律、行政法规相抵触或者违反上位法规定

我国对规章的立法监督似乎较为全面，既有行政系统的内部监督，又有权力机关的监督。但细究起来，仍有不少的问题：

一是行政系统内部对规章的立法监督，应由备案改为审批。部门规章和省级政府规章应报国务院审批，市级政府规章应报省级政府审批。行政机关上下级之间是领导与被领导的关系，采用审批的方式对规章进行立法监督，符合行政机关管理体制的要求，有利于提升对规章的审查力度，并且也符合国际上的通常做法。例如，在美国，各部委的行政立法（相当于我国的部门规章）在生效前要报美国信息与规制事务办公室进行统一审核，主要进行规制影响性分析、风险性分析和特定的影响分析。

二是权力机关对规章的立法监督，要符合宪法原则并予以强化。现行立法的规定未将部门规章明确纳入全国人大常委会立法监督的范围，审查建议未规定向权力机关提出，规定省级人大常委会为市级政府规章的备案机关但其不具有撤销的权力。

三是市级政府规章数量众多，国务院的工作量过大，难以对市级政府规章进行监督。

笔者认为，为提升对规章的立法监督力度，在国务院和省级政府的法制部门，应当设立专门从事规章监督的机构。依上述分析，对部门规章的监督，可以设计如下的规则：部门规章，报国务院审批，并报全国人大立法监督委员会备案；国家机关、社会团体、企业事业组织和公民认为部门规章违法，可以向全国人大立法监督委员会申请复议；全国人大立法监督委员在对部门规章进行备案审查、依职权审查或者复议审查后，应当向

（接上页）的，既可以向国务院提出书面审查的建议，也可以向省级政府提出书面审查的建议。

委员长会议提出意见，由委员长会议提请常委会会议审定。对地方政府规章的监督，可以设计如下的规则：省级政府规章，报国务院审批，并报省级人大立法监督委员会备案，市级政府规章，报省级政府审批，并报市级人大常委会备案；国家机关、社会团体、企业事业组织和公民认为省级政府规章和市级政府规章违法，可分别向省级人大立法监督委员会和市级人大常委会申请复议；省级人大立法监督委员会在对省级政府规章进行备案审查、依职权审查或者复议审查后，应当向主任会议提出意见，由主任会议提请常委会审定，市级人大常委会对市级政府规章在进行备案审查、依职权审查或者复议审查后，应当依法作出审查结论。此外，全国人大、省级人大和市级人大分别对部门规章、省级政府规章和市级政府规章享有监督的权力。对规章还可依法提出立法诉讼，这一问题前述相关内容已有阐述。

对于授权立法的监督，《立法法》规定采用备案审查的方式。[1]笔者认为，对授权立法采用备案审查的立法监督方式不妥，应改为审批。在授权立法中，被授权的机关本身并不享有相应事务的立法权限，是由对相应事务享有立法权限的机关委托被授权的机关行使立法权力。从法律关系角度来讲，被授权的机关与授权的机关是代理人与被代理人的关系，代理人的活动应当经被代理人同意，从一定意义上讲，被授权的机关依授权机关的授权所进行的立法可以被视为授权机关自身的立法，因此，授权立法时，被授权的机关所进行的立法要报授权的机

---

〔1〕 依《立法法》第98条第5项和第97条第7项的规定，根据授权制定的法规应当报授权决定规定的机关备案，经济特区法规在报送备案时还应说明对法律、行政法规、地方性法规作出变通规定的情况；授权机关有权撤销被授权机关制定的超越授权范围或者违背授权目的的法规，必要时可以撤销授权。

关审批。英国议会对授权立法的监督也是以审批制度为主的。在我国，1982 年《宪法》出台之前，宪法上并没有规定国务院享有制定行政法规的权力，当时也存在全国人大常委会授权国务院制定法律性文件报全国人大常委会批准后生效的情形。[1] 对授权立法，不仅需要对被授权的机关所进行的立法进行监督，而且还要对授权机关所进行的授权实施监督，因为授权的机关可能滥用授权，对授权机关所进行的授权适用针对授权机关自身立法的监督制度。

在研究立法监督制度时，还有必要探讨立法的效力等级问题。就我国立法效力等级的体系而言，立法的效力等级大体上与制定机关的地位是一致的，并且立法权的性质也对立法效力的等级有重要的影响。从《立法法》的规定来看，立法的效力等级在大多数情况下是十分明确的。例如，宪法具有最高的法律效力；法律的效力高于行政法规、地方性法规和规章；行政法规的效力高于地方性法规和规章；地方性法规的效力高于本级和下级政府规章；省级政府规章高于市级政府规章。但是，《立法法》规定自治条例和单行条例在本自治区适用，并没有对其效力等级作出规定；对授权立法，《立法法》没有规定其等级效力；对享有立法权的人大制定的法律、地方性法规与其人大常委会制定的法律、地方性法规的等级效力，《立法法》也没有规定相互之间的等级效力；《立法法》规定部门规章与所有的地方政府规章具有同等的效力，并不完全恰当；《立法法》对部门规章与省级地方性法规的等级效力没有作出规定，对省级政府规章、部门规章与市级地方性法规的等级效力也没有作出规定。

在笔者看来，既然自治条例和单行条例可以依法对法律、

---

[1] 如 1978 年《国务院关于工人退休、退职的暂行办法》就是经全国人大常委会授权国务院制定并经全国人大常委会批准生效的。

行政法规或者地方性法规作出变通规定，就应当明确规定在本自治地方应当优先适用自治条例和单行条例。就授权立法而言，由于笔者主张授权立法应被视为授权机关自身的立法，只是被授权的机关代其行使立法权而已，因此授权立法的效力应等同于授权机关自身立法的效力。由于人大常委会是从属于同级人大的，因此，人大制定的法律、地方性法规的等级效力应当高于本级人大常委会制定的法律、地方性法规。部门规章之间、部门规章与省级政府规章具有同等效力是不存在争议的，但部门规章与市级政府规章具有同等效力并不具有合理性，因为既然省级政府规章的效力高于市级政府的规章，省级政府规章与部门规章又具有同等的效力，市级政府规章与部门规章具有同等效力在逻辑上是讲不通的。因此，市级政府规章的效力应当低于部门规章。关于部门规章与省级地方性法规的效力问题，从制定机关的地位来讲，两者地位平等，但从立法权的性质来讲，后者优于前者，省级地方性法规的等级效力应高于部门规章。关于省级政府规章、部门规章与市级地方性法规的效力问题，从制定机关的地位来讲，前者的地位高于后者，从立法权的性质来讲，后者又优于前者，可以规定市级人大制定的地方性法规的效力高于省级政府规章、部门规章，市级人大常委会的地方性法规则与省级政府规章、部门规章具有同等效力。

依据上述分析，立法的效力等级可以被划分为以下几个层次：第一层次为宪法；第二层次为在民族自治地方优先适用自治条例和单行条例；第三层次为全国人大制定的法律和依其授权所进行的立法；第四层次为全国人大常委会制定的法律和依其授权所进行的立法；第五层次为行政法规；第六层次为省级人大制定的地方性法规和依其授权所进行的立法；第七层次为省级人大常委会制定的地方性法规和依其授权所进行的立法；

第八层次为市级人大所制定的地方性法规；第九层次为市级人大常委会制定的地方性法规、部门规章、省级政府规章；第十层次为市级政府规章。在立法监督时，对立法的等级效力作出明确，有利于判断下位法与上位法是否相抵触。但这种明确只是相对的，仍然存在相同等级效力的立法不协调。这种不协调如何解决，《立法法》在第 92 条、第 94 条和第 95 条中有原则性的规定。[1]

---

[1]《立法法》第 92 条规定："同一机关制定的法律、行政法规、地方性法规、自治条例和单行条例、规章，特别规定与一般规定不一致的，适用特别规定；新的规定与旧的规定不一致的，适用新的规定。"《立法法》第 94 条规定："法律之间对同一事项的新的一般规定与旧的特别规定不一致，不能确定如何适用时，由全国人民代表大会常务委员会裁决。行政法规之间对同一事项的新的一般规定与旧的特别规定不一致，不能确定如何适用时，由国务院裁决。"《立法法》第 95 条："地方性法规、规章之间不一致时，由有关机关依照下列规定的权限作出裁决：（一）同一机关制定的新的一般规定与旧的特别规定不一致时，由制定机关裁决；（二）地方性法规与部门规章之间对同一事项的规定不一致，不能确定如何适用时，由国务院提出意见，国务院认为应当适用地方性法规的，应当决定在该地方适用地方性法规的规定；认为应当适用部门规章的，应当提请全国人民代表大会常务委员会裁决；（三）部门规章之间、部门规章与地方政府规章之间对同一事项的规定不一致时，由国务院裁决。根据授权制定的法规与法律规定不一致，不能确定如何适用时，由全国人民代表大会常务委员会裁决。"

参考文献

一、著作类

1. 邓世豹主编：《立法学：原理与技术》，中山大学出版社 2016 年版。

2. 杨临宏：《立法学：原理、制度与技术》，中国社会科学出版社 2016 年版。

3. 徐向华主编：《立法学教程》（第 2 版），北京大学出版社 2017 年版。

4. 夏征农：《辞海》（缩印本），上海辞书出版社 2002 年版。

5. 陈光主编：《立法学原理》，武汉大学出版社 2018 年版。

6. 刘平：《立法原理、程序与技术》，学林出版社、上海人民出版社 2017 年版。

7. ［丹］努德·哈孔森：《立法者的科学：大卫·休谟与亚当·斯密的自然法理学》，赵立岩译，刘斌校，浙江大学出版社 2010 年版。

8. ［法］孟德斯鸠：《论法的精神》（上），张雁深译，商务印书馆 1961 年版。

9. ［美］伯尔曼：《法律与宗教》，梁治平译，中国政法大学出版社 2003 年版。

10. 朱力宇、叶传星主编：《立法学》（第 4 版），中国人民大学出版社 2015 年版。

11. ［英］J. S. 密尔：《代议制政府》，汪瑄译，商务印书馆 1984 年版。

12. 张越编著：《英国行政法》，中国政法大学出版社 2004 年版。

13. 易有禄：《立法权正当行使的控制机制研究》，中国人民大学出版社 2011 年版。

14. 周旺生：《立法学》（第 2 版），法律出版社 2009 年版。

15. ［英］边沁：《道德与立法原理导论》，时殷弘译，商务印书馆 2000

年版。

16. 张千帆：《宪法学导论：原理与应用》，法律出版社 2004 年版。

二、期刊、论文类

1. 于德胜："科学法学"，载《科学学与科学技术管理》1982 年第 6 期。

2. 翁其银："试论'科学法学'"，载《当代法学》1989 年第 1 期。

3. 黄湘："我国科学立法的宪法原则"，载《科学学与科学技术管理》1985 年第 4 期。

4. 陈先贵："科研体制改革必须科学立法"，载《科学学与科学技术管理》1984 年第 8 期。

5. 张文显："民法典的中国故事和中国法理"，载《法制与社会发展（双月刊）》2020 年第 5 期。

6. 陈文琼："论少数民族自治地方的科学立法"，载《经济与社会发展》2012 年第 6 期。

7. 张伟："科学立法初探"，载《人大研究》2016 年第 10 期。

8. 高旭军、张飞虎："欧盟科学、民主立法保障机制研究：以法律起草为例"，载《德国研究》2017 年第 1 期。

9. 方军贵："科学立法的内涵及实现路径初探"，载《安徽工业大学学报（社会科学版）》2013 年第 6 期。

10. 黄瑶、庄瑞银："科学立法的源流、内涵与动因"，载《中山大学法律评论》2014 年第 4 期。

11. 王存河："科学立法的内涵"，载《西部法学评论》2014 年第 6 期。

12. 张津："依法治国背景下地方立法科学化与民主化研究"，载《漯河职业技术学院学报》2019 年第 1 期。

13. 高中、廖卓："立法原则体系的反思与重构"，载《北京行政学院学报》2017 年第 5 期。

14. 曹胜亮："论地方立法的科学化"，载《法学论坛》2009 年第 3 期。

15. 王珍："科学立法背景下思想政治教育内容的确立"，载《胜利油田党校学报》2015 年第 1 期。

16. 刘松山："科学立法的八个标准"，载《中共杭州市委党校学报》2015 年第 5 期。

17. 汪全胜："科学立法的判断标准和体制机制"，载《江汉学术》2015 年第 4 期。

18. 王志祥、戚进松："从危险驾驶入刑看立法的民主性与科学性"，载《山东警察学院学报》2012 年第 3 期。

19. 冯玉军："中国法律规范体系与立法效果评估"，载《中国社会科学》2017 年第 12 期。

20. 欧修权："试论科学立法的含义及其实现途径"，载《人大研究》2009 年第 1 期。

21. 杨小勤："论科学发展观下科学立法的实现途径"，载《宁夏社会科学》2009 年第 6 期。

22. 李玉星："坚持科学立法 努力提高质量"，载《天津人大》2011 年第 5 期。

23. 胡明："科学立法应高度重视的三个问题"，载《中国律师》2015 年第 3 期。

24. 田成有："科学立法的三个维度"，载《人大研究》2018 年第 7 期。

25. 杜忠文："地方人大理论创新综述"，载《人大研究》2009 年第 6 期。

26. 周俐、闫鹏涛："关于科学立法的几个层次"，载《人大研究》2012 年第 11 期。

27. 崔英楠："从立法科学化到科学立法"，载《新视野》2010 年第 2 期。

28. 吕世伦、金若山："法治中国建设的纵深发展探析——一种文本性的解读"，载《南京师范大学学报（社会科学版）》2014 年第 2 期。

29. 熊明辉、杜文静："科学立法的逻辑"，载《法学论坛》2017 年第 1 期。

30. 徐战菊、沙林、范晓譞："欧盟的科学立法"，载《中国标准化》2017 年第 1 期。

31. 关保英："科学立法科学性之解读"，载《社会科学》2007 年第 3 期。

32. 洪冲："科学立法的法理探微：基于理性概念嬗变的分析"，载《地方立法研究》2017 年第 6 期。

33. 何亦邨："依法治国与大国之路——《管子》法治思想对大国崛起的重要作用"，载《2015 第十届全国管子学术研讨会交流论文集（二）》。

34. 许晓峰："'中国法治建设年度报告（2008 年）'中立法工作的几个亮点"，载《北京政法职业学院学报》2009 年第 3 期。

35. 周宗良："立法的科学原则探析——一种概念学的研究进路"，载《福建法学》2015 年第 2 期。

36. 朱冬玲："法治是实现人权的保障"，载《领导之友（理论版）》2016 年第 19 期。

37. 封丽霞："面向实践的中国立法学——改革开放四十年与中国立法学的成长"，载《地方立法研究》2018 年第 6 期。

38. 刘永红、刘文怡："科学立法对于法治现代化的意义及路径"，载《西华师范大学学报（哲学社会科学版）》2019 年第 3 期。

39. 徐平、薛侃："论构建和谐社会视野下的地方立法"，载《福建法学》2006 年第 4 期。

40. 谭世贵："依法治国贯彻实施的四大方略"，载《法治论坛（第五辑）》2007 年第 1 期。

41. 浙江省人大常委会课题组，王永明："推进立法科学化的体制机制保障研究"，载《法治研究》2010 年第 5 期。

42. 钟华、赵璐："以'科学立法'为指针，重构'拐卖人口罪'的罪与刑"，载《云南大学学报（法学版）》2013 年第 4 期。

43. 董珍祥："科学立法：一个划时代的重大课题（上）"，载《人大研究》2016 年第 12 期。

44. 杨小军、陈建科："法治中国的内涵与时代特征"，载《社会主义研究》2014 年第 5 期。

45. 习近平："在十八届中央政治局第四次集体学习时的讲话"，载中共中央文献研究室编：《习近平关于全面依法治国论述摘要》，中央文献出版社 2015 年版。

46. 程宗璋："良法论纲"，载《玉溪师范学院学报》2003 年第 3 期。

47. 王利明："法治：良法与善治"，载《中国人民大学学报》2015 年第 2 期。

48. 杨景宇："站在新的历史起点上做好立法工作的几点思考"，载朱景文、沈国明主编：《中国特色社会主义立法理论与实践——中国法学会立法学研究会 2016 年年会论文集》，法律出版社 2017 年版。

49. 刘风景："基于'正反合'定律的良法重述"，载朱景文、沈国明主编：《中国法学会立法学研究会 2017 年年会论文集》，法律出版社 2018 年版。

50. 封丽霞："新时代中国立法发展的理念与实践"，载《山东大学学报（哲学社会科学版）》2018 年第 5 期。

51. 张希坡："科学立法、民主立法是人民法制建设历史经验的总结"，载孙琬钟、杨瑞广主编：《董必武法学思想研究文集》（第 12 辑），人民法院出版社 2013 年版。

52. 季长龙："董必武的立法科学性思想与当代立法"，载孙琬钟、杨瑞广主编：《董必武法学思想研究文集》（第 11 辑·上），人民法院出版社 2012 年版。

53. 季长龙："科学立法原则在董必武法学思想中的体现"，载孙琬钟、杨瑞广主编：《董必武法学思想研究文集》（第 13 辑），人民法院出版社 2014 年版。

54. 卢华锋、牛玉兵："邓小平行政立法思想探析"，载《毛泽东思想研究》2006 年第 1 期。

55. 黄建武："科学立法与民主立法的潜在张力及化解"，载《地方立法研究》2020 年第 2 期。

56. 孙莹："立法过程研究述评"，载《中山大学法律评论》2014 年第 4 期。

57. 冯祥武："民主立法是立法与社会资源分配的理性路径"，载《东方法学》2010 年第 4 期。

58. 牛旭："双元协商民主视角下的民主立法——兼论公众参与立法问题"，载《社会科学论坛》2017 年第 12 期。

59. 叶一舟："常识理性下科学立法与民主立法的统一内涵"，载姜明安主编：《行政法论丛》，法律出版社 2014 年版。

60. 汤维建："从立法法修改看科学立法关键所在"，载《人民政协报》2015 年 3 月 9 日。

61. 尹林、路国连："关于立法科学性的若干思考"，载《法治研究》2010

年第 2 期。

62. 张强："调和法律的强制性与自由性——论民主立法通向法律信仰的实践理性根据"，载《石河子大学学报（哲学社会科学版）》2017 年第 6 期。

63. 朱应平："孜孜追求立法科学化的四十年"，载《法治现代化研究》2018 年第 5 期。

64. 江国华、肖妮娜："人民政协参与立法协商的法理与机制"，载《湖南大学学报（社会科学版）》2019 年第 2 期。

65. 刘裕："民主立法的完善途径"，载《安庆师范学院学报（社会科学版）》2003 年第 5 期。

66. 郑文睿："新时代科学立法民主立法依法立法的价值意蕴"，载《光明日报》2018 年 5 月 31 日。

67. 陈俊："依法立法的理念与制度设计"，载《政治与法律》2018 年第 12 期。

68. 何海波："行政法治，我们还有多远"，载《政法论坛》2013 年第 6 期。

69. 代水平："立法不作为的存在逻辑、识别困难及认定依据"，载朱景文、沈国明主编：《中国法学会立法学研究会 2017 年年会论文集》，法律出版社 2018 年版。

70. 刘敏："论立法理念"，载《牡丹江大学学报》2012 年第 9 期。

71. 刘树桥："立法理念的当代诠释"，载《湖北警官学院学报》2013 年第 10 期。

72. 孙潮："论立法观念的变革"，载《中国法学》1992 年第 6 期。

73. 梁保安："论经济立法观念的转变"，载《宿州师专学报》2000 年第 2 期。

74. 刘武俊："中国主流立法观念检讨"，载《学术界》2001 年第 2 期。

75. 李君莉："法文化视角下的现行立法观念剖析"，载《淮江煤炭师范学院学报（哲学社会科学版）》2005 年第 4 期。

76. 徐路、刘万洪："社会转型背景下的立法者——从 1980—2014 年人大常委会公报看立法理念的发展变化"，载《法律科学（西北政法学院学报）》2005 年第 6 期。

77. 董志霄、李来和："文化哲学视域的和谐立法观念系统"，载《中国青年政治学院学报》2006 年第 1 期。

78. 高其才："现代立法理念论"，载《南京社会科学》2006 年第 1 期。

79. 曲玉萍、刘明飞："反思'宜粗不宜细'的立法观念"，载《长春师范学院学报（人文社会科学版）》2006 年第 5 期。

80. 郭道晖："立法理念与重心的与时俱进——以'十七大'精神审视我国法律体系"，载《政治与法律》2008 年第 6 期。

81. 韩锴："'四个全面'视域下立法理念之善治意蕴"，载《观察与思考》2015 年第 7 期。

82. 马宜生："坚持科学立法 提高立法质量"，载《天津人大》2007 年第 11 期。

83. 徐凤英："提升我国立法质量的路径选择"，载《东岳论丛》2016 年第 10 期。

84. 赵蓉、黄明理："社会主义核心价值观融入法治建设的逻辑理路"，载《理论探讨》2018 年第 5 期。

85. 李锦："社会主义核心价值观融入科学立法的路径选择"，载《新疆师范大学学报（哲学社会科学版）》2019 年第 1 期。

86. 陈兵："把社会主义核心价值观融入人工智能立法的必要与可能"，载《兰州学刊》2020 年第 6 期。

87. 李晓明："论行政刑法教义学的前提和基础"，载《法治现代化研究》2017 年第 4 期。

88. 李宝山："关于精细化立法的思考"，载《人民代表报》2015 年 4 月 7 日。

89. 张晓晓："立法精细化的实现路径探析——兼评'法的结构规范化研究'"，载《山东工商学院学报》2017 年第 2 期。

90. 习近平："加快建设社会主义法治国家"，载《求是》2015 年第 1 期。

91. 陈文琼："论少数民族自治地方的科学立法"，载《经济与社会发展》2012 年第 6 期。

92. 何珊君："科学立法的总要求与具体路径"，载《江西社会科学》2015

年第 4 期。

93. 郝铁川:"庞德对中国法治的忠劝",载《法制日报》2016 年 5 月 5 日。

94. 庞凌:"依法赋予设区的市立法权应注意的若干问题",载《学术交流》 2015 年第 4 期。

95. 秦前红、李元:"关于建立我国立法助理制度的探讨",载《法学论坛》 2004 年第 6 期。

96. 毕可志:"论建立地方立法的立法助理制度",载《吉林大学社会科学 学报》2005 年第 5 期。

97. 俞荣根、刘霜:"立法助理制度述论",载《法学杂志》2007 年第 2 期。

98. 曹海晶:"西方国家立法助理制度及其借鉴",载《政治与法律》2003 年第 1 期。

99. 胡弘弘、白永峰:"地方人大立法人才培养机制研究",载《中州学刊》 2015 年第 8 期。

100. 刘风景:"需求导向的立法人才培育机制",载《河北法学》2018 年 第 4 期。

101. 李伟:"法学本科院校立法人才培养若干问题研究",载《大学教育》 2019 年第 5 期。

102. 范健、王涌、张晨:"当代中国经济立法的回顾与展望",载《安徽大 学学报（哲学社会科学版）》1996 年第 3 期。

103. 肖强:"促进科学立法与民主立法",载《天津人大》2015 年第 6 期。

104. 王怡:"论我国立法过程中专家参与机制的规范化建构",载《东南大 学学报（哲学社会科学版）》2018 年第 3 期。

105. 何磊:"专家参与地方人大立法制度的反思与完善",载《扬州教育学 院学报》2019 年第 4 期。

106. 朱力宇、熊侃:"专家参与立法的若干问题研究",载《法学杂志》 2010 年第 2 期。

107. 刘风景、李丹阳:"中国立法体制的调整与完善",载《学术交流》 2015 年第 10 期。

108. 刘松山："人大主导立法的几个重要问题"，载《政治与法律》2018年第 2 期。

109. 孙晓红："人大主导立法的保障机制"，载朱景文、沈国明主编：《中国特色社会主义立法理论与实践　中国法学会立法学研究会 2016 年年会论文集》，法律出版社 2017 年版。

110. 沈广明："论中央与地方立法权限的划分标准——基于公共服务理论的研究"，载《河北法学》2020 年第 4 期。

111. 王晨："在第二十五次全国地方立法工作座谈会上的讲话"，载《中国人大》2019 年第 23 期。

112. 阿计："人大立法权限须合理平衡民主与效率"，载《公民导刊》2016年第 3 期。

113. 姜明安："改进和完善立法体制《立法法》呈现七大亮点"，载《行政管理改革》2015 年第 4 期。

114. 王春业："论赋予设区市的地方立法权"，载《北京行政学院学报》2015 年第 3 期。

115. 易有禄："设区市立法权行使的实证分析——以立法权限的遵循为中心"，载《政治与法律》2017 年第 6 期。

116. 陈书全、陈佩彤："论设区的市地方立法权限范围的困境与出路"，载《人大研究》2019 年第 4 期。

117. 李吉映、孟鸿志："困境与因应：设区的市立法权限范围之'等'字探析"，载《华北理工大学学报（社会科学版）》2019 年第 4 期。

118. 邓佑文："论设区的市立法权限实践困境之破解——一个法律解释方法的视角"，载《政治与法律》2019 年第 10 期。

119. 郑泰安、郑文睿："地方立法需求与社会经济变迁——兼论设区的市立法权限范围"，载《法学》2017 年第 2 期。

120. 伊士国、杨玄宇："论设区的市立法权限——兼评新《立法法》第 72条"，载《河北法学》2017 年第 11 期。

121. 王腊生："新立法体制下我国地方立法权限配置若干问题的探讨"，载《江海学刊》2017 年第 1 期。

122. 刘振磊："论设区的市地方立法权限划分——从地方立法实践的角

度"，载《人大研究》2017 年第 9 期。

123. 曹海晶、王卫："设区的市立法权限限制研究"，载《湖南大学学报（社会科学版）》2020 年第 5 期。

124. 赵立新："地方性法规和地方政府规章立法权限划分初探"，载《人大研究》2015 年第 8 期。

125. 李瀚琰："论地方人大与地方政府的立法权限划分"，载《山西农业大学学报（社会科学版）》2015 年第 5 期。

126. 李克杰："'人大主导立法'原则下的立法体制机制重塑"，载《北方法学》2017 年第 1 期。

127. 李红梅："我国职权立法辨析"，载《西安建筑科技大学学报（社会科学版）》2003 年第 1 期。

128. 林宜灿："立法与行政之间的授权立法——授权国务院立法制度研究"，载《中国人民公安大学学报（社会科学版）》2018 年第 5 期。

129. 钱宁峰："立法后中止实施：授权立法模式的新常态"，载《政治与法律》2015 年第 7 期。

130. 周宇骏："论地方国家权力机关的授权立法：问题与理据"，载《福建师范大学学报（哲学社会科学版）》2017 年第 2 期。

131. 赵一单："央地两级授权立法的体系性思考"，载《政治与法律》2017 年第 1 期。

132. 童之伟、苏艺："我国配套立法体制的改革构想"，载《法学》2015 年第 12 期。

133. 易有禄："立法程序的功能分析"，载《江西社会科学》2010 年第 5 期。

134. 练崇潮、易有禄："立法程序的价值分析"，载《浙江学刊》2014 年第 4 期。

135. 张伟："立法程序的理论问题探讨"，载《青海师范大学学报（哲学社会科学版）》2015 年第 4 期。

136. 马贵翔、黄国涛："立法程序正当化探析"，载《人大研究》2017 年第 8 期。

137. 孙潮、徐向华："论我国立法程序的完善"，载《中国法学》2003 年第 5 期。

138. 刘松山："立法规划之淡化与反思"，载《政治与法律》2014 年第
12 期。

139. 李雅琴："论立法规划的性质"，载《河北法学》2010 年第 9 期。

141. 孔德王："议程设置视角下的立法规划"，载《人大研究》2019 年第
5 期。

141. 冯玉军："创新思维科学编制立法规划"，载《法制日报》2013 年 5
月 4 日。

142. 黄晓慧："构建科学立法预测机制"，载《人民之声》2016 年第 3 期。

143. 康佳宁："预案研究：民主立法与科学立法有机结合的新探索"，载
《北京人大》2012 年第 3 期。

144. 赵越："略论地方立法规划的立项标准"，载《沈阳干部学刊》2010
年第 5 期。

145. 张钦："制定立法计划应当考虑的主要因素——以设区的市立法实践
为参照"，载《人大研究》2018 年第 6 期。

146. 陈俊："《立法法》修改后地方立法体制发展的前景"，载《地方立法
研究》2017 年第 1 期。

147. 杨铜铜："论立法起草者的角色定位与塑造"，载《河北法学》2020
年第 6 期。

148. 金凤："论地方行政立法的科学化规范化"，载《政治与法律》1993
年第 2 期。

149. 肖子策："论地方立法起草方式改革"，载《法学》2005 年第 1 期。

150. 徐劲："推进政府立法科学化与民主化的思考"，载《政府法制》2009
年第 1 期。

151. 刘权："政府立法的科学化探讨"，载《湖北民族学院学报（哲学社会
科学版）》2009 年第 1 期。

152. 汤维建："建立健全第三方立法体制和机制"，载《人民政协报》2015
年 8 月 11 日。

153. 王书娟："委托第三方起草之立法模式探析"，载《东南学术》2019
年第 1 期。

154. 朱述洋："地方人大主导立法起草的困境与出路"，载《人大研究》2016 年第 5 期。

155. 王起超："从专门到专业：全国人大专门委员会立法职能的理论阐释"，载《地方立法研究》2020 年第 2 期。

156. 刘风景："重要条款单独表决的法理与实施"，载《法学》2015 年第 7 期。

157. 李店标："立法辩论的价值维度"，载《理论导刊》2013 年第 7 期。

158. 刘忠伟、林蕾："我国人大立法辩论制度的建构"，载《经济研究导刊》2014 年第 14 期。

159. 吴秋菊："立法技术探讨"，载《时代法学》2004 年第 4 期。

160. 董晓波："我国立法语言规范化的法社会学分析"，载《甘肃理论学刊》2013 年第 3 期。

161. 贺音："立法语言模糊性成因及其语用研究"，载《湖北函授大学学报》2011 年第 8 期。

162. 和万传、姜彩虹："论立法语言的模糊性"，载《云南警官学院学报》2019 年第 1 期。

163. 周菊兰："模糊立法语言的功能分析"，载《求索》2006 年第 10 期。

164. 朱涛："民法典编纂中的立法语言规范化"，载《中国法学》2017 年第 1 期。

165. 丁建峰："立法语言的模糊性问题——来自语言经济分析的视角"，载《政法论坛》2016 年第 2 期。

166. 邹玉华："立法语言规范化的语言哲学思考"，载《中国政法大学学报》2012 年第 1 期。

167. 张玉洁、张婷婷："论立法语言审查程序的设置理据与技术——基于韩国立法的经验借鉴"，载《中南大学学报（社会科学版）》2015 年第 3 期。

168. 钟昆儿："国家治理现代化视域下的立法语言问题研究"，载《齐齐哈尔大学学报（哲学社会科学版）》2020 年第 7 期。

169. 吕玉赞、焦宝乾："'法律逻辑'的本土化探究"，载《济南大学学报（社会科学版）》2018 年第 6 期。

170. 戴津伟、张传新："法律逻辑的论证转向"，载《上海政法学院学报（法治论丛）》2019 年第 1 期。

171. 汪全胜："立法论证探讨"，载《政治与法律》2001 年第 3 期。

172. 李小红："法学专家参与立法论证的审视与改进"，载《四川理工学院学报（社会科学版）》2016 年第 1 期。

173. 王爱声："立法论证的基本方法"，载《北京政法职业学院学报》2010 年第 2 期。

174. 邢亮："论地方政府立法评估的第三方参与权利和保护"，载《海峡法学》2014 年第 1 期。

175. 于兆波："第三方立法评估制度的功能"，载《学术交流》2018 年第 5 期。

176. 孟令国："立法权下放与地方立法调研"，载《党政论坛》2015 年第 7 期。

177. 汪全胜："英国立法后评估制度探讨"，载《云南师范大学学报（哲学社会科学版）》2009 年第 5 期。

178. 汪全胜："日本的立法后评估制度及其对中国的启示"，载《中州学刊》2009 年第 5 期。

179. 丁贤、张明君："立法后评估理论与实践初论"，载《政治与法律》2008 年第 1 期。

180. 汪全胜："立法后评估对象的选择"，载《现代法学》2008 年第 4 期。

181. 汪全胜："论立法后评估主体的建构"，载《政法论坛》2010 年第 5 期。

182. 孙晓东："立法后评估的一般指标体系分析"，载《上海交通大学学报（哲学社会科学版）》2012 年第 5 期。

183. 席涛："立法评估：评估什么和如何评估（上）——以中国立法评估为例"，载《政法论坛》2012 年第 5 期。

184. 俞荣根："不同类型地方性法规立法后评估指标体系研究"，载《现代法学》2013 年第 5 期。

185. 习近平："让工程科技造福人类、创造未来"，载《人民日报》2014 年 6 月 3 日。

186. 江必新、郑礼华："互联网、大数据、人工智能与科学立法",载《法学杂志》2018 年第 5 期。

187. 陈方政、孙凯茵："立法预测中的大数据应用",载《中共青岛市委党校 青岛行政学院学报》2019 年第 3 期。

188. 王怡："智能互联网能为民主立法贡献什么?",载《北方法学》2019 年第 6 期。

189. 李若兰："用新技术加速推进国家治理法治化",载《中国领导科学》2020 年第 5 期。

190. 周婧："立法运用大数据的空间与限度",载《行政管理改革》2020 年第 9 期。

191. 刘旺洪："关于建立我国宪法审查制度的几个问题",载《江苏社会科学》2003 年第 6 期。

192. 费善诚："试论我国违宪审查制度的模式选择",载《政法论坛》1999 年第 2 期。

193. 陈晓枫："宪法监督模式论",载《武汉大学学报（哲学社会科学版）》1998 年第 3 期。

194. 王叔文："论宪法实施的保障",载《中国法学》1992 年第 6 期。

195. 刘松山："健全宪法监督制度之若干设想",载《法学》2015 年第 4 期。

196. 夏引业："我国应设立虚实结合的宪法监督体制",载《政治与法律》2016 年第 2 期。

197. 汪庆红："地方立法监督实证研究：体制与程序",载《北方法学》2010 年第 6 期。